청소년을 위한

시사
노트

청소년을 위한 **시사노트**

- -

초판 1쇄 펴낸날 2014년 1월 20일
지은이 김성수

펴낸이 조병훈
펴낸곳 좋은친구
등록번호 제2013-000026호
주소 서울특별시 강북구 인수봉로 41길 19-1
전화 02 923 6718
팩스 02 923 6719
E-mail : jobooks@hanmail.net

ISBN 979-11-951404-2-8 43030

잘못 만들어진 책은 바꾸어 드립니다.

청소년을 위한

시사노트

김성수 지음

Welcom

좋은
친구

21세기는 정보 과잉의 시대라고 할 만큼 매일매일 엄청난 양의 새로운 정보들이 생산되고 있다. 이런 정보들이 각자의 주관적인 가공을 거쳐 인터넷 포털 사이트나 개인 홈페이지 또는 각종 소셜네트워킹서비스를 통해 게시된다. 하나의 새로운 정보가 생기면 그와 관련된 수많은 정보들이 실시간으로 확대재생산되는 것이다. 때문에 하나의 정보는 수많은 해석과 주석이 붙여져서 전혀 다른 의미로 쓰이기도 하고, 유행에 편승해 예상치 못했던 영역까지 그 의미가 확장되기도 한다.

이러한 속성 때문에 하나의 정보를 검색했을 때 모니터에 나타나는 그 수많은 정보들 중 옳은 정보와 왜곡된 정보를 고르는 안목이 필요하다. 시사와 관련된 정보일수록 더욱 그러하다.

시사와 관련된 어휘는 한 시대를 반영한다. 때문에 시사상식을 공부한다는 것은 단지 그 사전적 설명을 알고자 하는 데 있는 게 아니라, 그 어휘가 가지고 있는 배경, 즉 시대정신을 읽고자 하는 데 있는 것이다. 인류의 역사는 형식만 달리할 뿐 그 본질적인 부분에 있어서는 계속 반복되고 있다. 따라서 기본적인 상식만 갖추어도 새롭게 만들어지는 시사용어들을 분석할 수 있는 힘이 생긴다.

이 책에 실린 시사상식은 중고등학생 정도의 수준에서 충분히 이해 가능한 기본적인 항목들을 선정했고, 또 가능한 한 새로운 정보들을 다루었다. 깊이 있는 시사문제들을 공부하기 위한 입문서 혹은 안내서라고 생각하고 부담없이 다가설 수 있을 것이다. 이 책을 읽는 시간이 지식과 지혜가 모두 성장하는 의미 있는 시간이 되기를 바란다.

2014년 1월 김성수

목 차

일러두기

1. 각 장의 항목들은 숫자, 영문, 한글의 순서를 따랐다.
2. 각 항목들은 앞에 ◈를 두고 색을 넣어 구별하였다.
3. 찾아보기를 두어 필요할 때마다 쉽게 찾을 수 있도록 하였다.

제1장

철학
역사
지리

◈ 30년 전쟁 三十年戰爭

1618~1648년에 걸쳐 독일을 중심으로 유럽 제국 사이에 벌어진 종교전쟁이다. 합스부르크가의 구교 통일책을 신교도 제후가 거부함으로써 종교분쟁이 격화되었다. 그 결과로 프랑스에 유리한 베스트팔렌 조약이 체결되었고 신교도 측의 승리로 끝났다.

◈ 4·19혁명

1960년 4월 19일, 12년간에 걸친 이승만 정권의 독재정치와 3·15부정선거에 항거하여 학생을 주축으로 시민들이 일으킨 민주시민혁명이다. 4월 25일, 대학교수단의 시국선언으로 이승만 대통령이 하야함으로써, 경제적·사회적 파탄을 불러일으켰던 자유당 독재정권이 붕괴되었다.

◈ 갑신정변 甲申政變

조선 고종 21년(1884)에 개화당의 김옥균(金玉均)·박영효(朴泳孝) 등이 중심이 되어 사대당(事大黨)인 민 씨 일파를 몰아내고 개화된 정부를 수립하기 위해 일본의 힘을 빌어 우정국(郵政局) 낙성식에서 일으킨 정변이다. 청나라의 간섭으로 3일 만에 무너지고, 김옥균·박영효 등은 일본으로 망명했으며, 이 사건을 계기로 한성조약이 체결되었다.

◈ 갑오경장 甲午更張

조선 고종 31년(1894), 일본의 강압으로 김홍집(金弘集)을 수반으로 하는 혁신내각이 실시한 정치·경제·사회·문화 전반에 걸친 근대적 개혁이다. 근대 봉건사회제도의 청산과 근대화의 출발점이 되었으나, 보수적 봉건잔재로 인해 기형적 근대화가 이루어지게 되었다. 개혁의 내용은 청나라와의 모든 조약 파기, 개국기년(開國紀年) 사용, 관제개혁, 과거제 폐지, 세제개혁, 은본위제(銀本位制) 채택, 사회계급 타파, 노비해방, 조혼(早婚) 금지, 신교육령의 실시 등이다.

◈ 강화도조약 江華島條約

고종 13년(1876) 2월 강화도에서 조선과 일본이 체결한 우리나라 최초의 근대적 조약으로 공식 명칭은 조일수호조규이며, 병자수호조약이라고도 한다. 일본의 군사력을 동원한 강압에 의해 체결된 불평등조약이다. 일본은 국내 사족(士族)들의 불만을 밖으로 돌리고, 구미 제국과의 불평등조약을 개정하기 위한 방법으로, 부산항에서 함포 위협 시위를 벌이고 강화도에서 운요호 사건을 유발했다. 결국 이것이 빌미가 되어 1876년 2월 27일 신헌과 구로다 기요다카 사이에 12조의 조약을 체결하게 되었다.

◈ 경험론 經驗論 Empiricism

인식론에 있어 지식의 근원을 경험에서만 구하는 철학적 경향으로, 초경험적 존재나 선천적인 능력보다 경험을 통해 얻는 구체적인 사실을 중시한다. 베이컨(F. Bacon)이 경험론의 기초를 확립했고, 로크(J. Loke)는 이를 완성시켰다. 경험론은 학문의 방법으로 귀납적 방법을 택했으며 경험론에 입각한 베이컨의 윤리사상은 홉스, 로크 등을 거쳐 공리주의 윤리사상으로 발전했다.

◈ 계몽주의 啓蒙主義 Enlightenment

18세기 프랑스에서 전성기를 이룬 혁신적 사상으로, 중세의 전통적이고 권위적인 사상을 철저히 비판하며, 인간과 자연에 대한 합리적·과학적 인식에 의한 이성의 계발로 인류의 보편적 진보를 꾀했다. 볼테르(Voltaire), 루소(J. J. Rousseau), 베이컨(F. Bacon), 로크(J. Loke) 등이 대표적인 사상가이다. 프랑스 혁명의 사상적 배경이 되었다.

◈ 계유정난 癸酉靖難

조선 단종 1년(1453) 수양대군이 정인지·한명회 등과 공모해서 일으킨 정변이다. 수양대군은 안평대군·김종서·황보인 등을 죽이고 난을 성공시킨 뒤 조카인 단종을 몰아내고 왕위에 올라 세조가 되었다.

◆ 공리주의 功利主義 Utilitarianism

18세기 말부터 19세기 중엽까지 영국을 지배했던 사회사상으로, 인생의 목적은 쾌락과 행복이고 도덕은 이를 실현하기 위한 수단이라고 보는 견해이다. 자유방임을 주장하고 경제에 대한 국가의 간섭을 배제하는 야경국가론을 주장했고, 정치적으로는 선거법 개정을 통해 민주주의적 의회제도의 확립을 주장했다. 벤담(J. Bentham)은 '최대 다수의 최대 행복(The greatest happiness of the greatest number)'을 추구하는 공리주의를 내세웠다.

◆ 공산주의 共産主義 Communism

사유재산제도의 부정과 공유재산제도의 실현을 통해 빈부의 차를 없애려는 사상과 운동을 말한다. 19세기 후반 자본주의 사회를 근본적으로 정면 비판한 마르크스(K. Marx)와 엥겔스(F. Engels)에 의해 확립되었으며, 20세기 초 레닌(V. Lenin)에 의해 실천적인 측면이 덧붙여졌다. 마르크스·레닌주의라고도 한다.

◆ 과거제도 科擧制度

중국과 우리나라에서 시행되었던 관리 채용시험 제도로, 우리나라에서는 고려 광종 9년(958)에 시작되어 조선 말기까지 존속했다. 이후 갑오경장에 의해 폐지되었고 새로운 관리등용법이 채용되면서 신분 구별도 없어지게 되었다.

◆ 관념론 觀念論 Idealism

관념을 물질보다 근원적인 원리라고 보는 주의로, 실재론 또는 유물론에 대립하는 용어이다. 객관적 관념론은 데카르트(R. Descartes)로부터 시작되어, 라이프니츠(G. W. Leibniz), 스피노자(B. Spinoza) 등의 대륙 이성론으로 발전했다. 이후 칸트(I. Kant), 헤겔(G. W. F. Hegel)에 이르러 절대적 관념론으로 이어졌다.

◆ 광개토왕비 廣開土王碑

정식 명칭은 국강상광대토경평안호태왕비(國崗上廣開土境平安好太王碑)이며 우리나라 최대의 비석이다. 414년에 장수왕이 세운 비석으로 만주 집안현(輯安縣) 통구(通溝)에 위치하고 있다. 이 비석에는 신라를 도와 왜군을 물리친 것을 비롯해, 64성 1,400여 촌을 정복한 사실 등이 상세히 기록되어 있다.

◆ 광혜원 廣惠院

일반인의 병을 치료하던 우리나라 최초의 근대식 의료기관이다. 미국인 알렌(H. N. Allen)에게 주관(主管)하게 하였으며, 제중원(濟衆院)으로 이름이 바뀌었다. 조선 고종 22년(1885)에 지금의 서울 재동(齋洞)에 세워졌다.

◆ 교부철학 敎父哲學 Patristic Philosophy

초기 그리스도 교회의 건설, 교의의 발전에 공헌하고 그 사상을 체계화한 신학적 철학이다. 교부(敎父)는 고대 교회에서 교의와 교회의 발달에 큰 공헌을 한 스승들과 저술가들을 일컫는 말이다. 그중에서도 1~2세기부터 8세기경까지 활동한 교부들의 철학을 교부철학이라고 한다. 클레멘스(Clemens)에 의해 창시되었으며, 아우구스티누스(A. Augustinus)에 이르러 전성기를 이루었다.

◆ 국자감 國子監

고려 성종(成宗) 11년(992)에 유학을 가르치기 위해 설치한 국립대학이다. 숙종(肅宗) 6년(1101)에는 국자감에 서적포라는 국립도서관을 설치했고, 충선왕(忠宣王) 때는 성균관(成均館)으로 이름이 바뀌었다. 다시 공민왕(恭愍王) 때 국자감으로 환원되었다가 다시 성균관으로 바뀌어 조선에 계승되었다.

◆ 군국주의 軍國主義 Militarism

군사적 가치를 가장 우선하는 주의나 정책으로, 대외적으로는 호전주의, 대

내적으로는 파시즘화하는 경향이 있다. 군부가 정치에 개입해서 실권을 쥐면 군국주의로 가는 경우가 많다. 독일의 나치정권, 스페인의 프랑코정권, 일본의 군국주의 등이 있다.

◈ 권리청원 權利請願 Petition of Rights

1628년에 영국 국왕 찰스 1세가 왕권신수설을 내세우며 전제정치(專制政治)를 펼치자 의회가 인민의 헌법상 권리를 주장하기 위해 제출한 청원서이다. 의회의 동의 없는 과세, 이유의 명시가 없는 구속, 병사(兵士)의 민가숙박 금지 등이 주요 내용이다.

◈ 귀납법 歸納法 Inductive method

각각의 특수한 경험적 사실에서 공통된 일반성을 찾아냄으로써 보편적 · 일반적 원리에 도달하는 추리 방법이다. 아리스토텔레스는 완전 귀납과 불완전 귀납으로 나누었고, 베이컨(F. Bacon)에 의해 학문으로 중시되었으며, 영국의 밀(J. S. Mill)에 의해 집대성되었다.

◈ 규장각 奎章閣

조선 정조(正祖) 때 궁중에 설치한 관아로, 역대 국왕의 시문, 친필, 서화, 유교(遺敎), 고명(顧命), 보감(寶鑑) 등을 관리 보관하던 곳이다. 학문을 연구하고 경사를 토론하게 해서 정치의 득실을 살피는 한편, 왕권을 신장시키고 문예 · 풍속을 진흥시키기 위해 설치했다. 이덕무, 박제가, 유득공, 서이수 등의 실학자들이 검서관이었다.

◈ 균역법 均役法

조선 영조 때 백성들의 부담을 줄이기 위해 실시한 납세제도이다. 종래의 양포세(良布稅)를 반으로 줄이고, 나머지는 어업세(漁業稅), 염세(鹽稅), 선박세(船舶稅), 결작(結作) 등의 징수로 보충했다. 시간이 지나면서 폐단이 생기기 시작했고, 19세기에는 '3정문란'의 하나로 지목되었다.

◈ 그리스 문명 Greek Civilization

유럽 최초의 청동기 문명을 바탕으로 해서 꽃핀 고대 그리스의 문명이다. 그리스의 폐쇄적인 자연조건 속에서 탄생한 폴리스에서는 상공업이 발달하고 평민의 권력이 커지면서 민주주의가 발달했다. 이는 다른 고대 국가에서는 찾아볼 수 없는 그리스만의 특색이었다. 그리스 문명은 알렉산더에 의해 오리엔트 문명에 융합되었으며, 헬레니즘 문화로서 로마 제국을 비롯한 각지로 전파되었다.

◈ 금속활자 金屬活字

쇠붙이로 만든 활자로 우리나라에서는 고려 고종(高宗) 때부터 사용되었다. 고종 21년(1234)에 만들어진 '상정고금예문(詳定古今禮文)' 50권 28부가 세계 최초의 금속활자이며, 1450년에 독일인 구텐베르크(Gutenberg)가 만든 금속활자보다 216년이나 빠르다.

◈ 금욕주의 禁慾主義 Asceticism

욕구나 욕망을 이성(理性)과 의지로 억제함으로써 도덕이나 종교상의 이상을 성취하려는 사상이나 태도이다. 제논(Zenon)에 의해 창시되었으며, 엄격한 금욕생활과 외물에의 욕망·격동에 동하지 않는 무정념을 아파테이아(Apatheia)라 한다. 인간은 누구나 보편적인 이성을 가졌으므로 모두가 평등하다는 만민평등사상은 후에 로마의 만민법, 근대 자연법에 영향을 주었다. 크리시포스(Chrysippos)가 학문적 체계를 세웠고, 로마의 세네카(L. A. Seneca), 에픽테토스(Epictetus) 등이 집대성했다.

◈ 길드 Guild

중세 후기 서유럽의 도시상인들과 수공업자들이 생산과 판매를 통제하면서 일정한 지역 안의 산업과 거래를 독점했던 동업조합(同業組合)이다. 왕권 또는 영주권의 착취에 대항한 것으로 상인 길드와 수공업 길드가 주를 이루었다. 처음에는 생산을 조직화해서 발달했지만, 나중에는 이 통제가 오히려 생산의 자유로운 발전을 가로막게 되었다.

◈ 낙천주의 樂天主義 Optimism

원어는 '최선(最善)'을 뜻하는 라틴어 'optimum'으로, 최선관(最善觀)이라고도 한다. 라이프니츠(G. W. Leibniz)의 학설로, 신은 최선만의 세계를 창조해서, 악(惡)은 필연적으로 존재할지라도 전체적으로 보면 이 세계는 최선이며, 악의 존재조차 신의 예정조화(豫定調和)를 돕고 있다는 것이다. 또한 악은 겉모습일 뿐, 모든 것은 선이라는 교설(敎說)에 널리 적용되었다.

◈ 남북전쟁 南北戰爭 American Civil War

노예제 폐지와 연방주의를 표방하던 링컨이 대통령으로 선출되자 남부 7주가 연방에서 탈퇴함으로써 1861년에 미국에서 일어난 남북전쟁이다. 당시의 미국은 각 주의 역사와 전통, 국가 관념, 정책의 대립 등으로 남부와 북부 사이에 갈등이 많았다. 링컨은 1863년 노예 해방을 선언하면서 전쟁의 명분을 밝혔고, 5년의 전쟁 끝에 1865년 북부의 승리로 끝났다.

◈ 네오마르크시즘 Neo-Marxism

1920년대 이탈리아의 그람시(A. Gramsci), 헝가리의 루카치(G. Lukacs) 등과 1930년대 독일의 호르크하이머(M. Horkheimer)를 중심으로 한 아도르노(T. Adorno), 프롬(E. Fromm), 폴록(F. Pollock), 마르쿠제(H. Marcuse) 등에 의해 계승된 마르크스와 프로이트의 이론적 접촉을 주장하는 학파 등의 사상을 네오마르크시즘이라 한다. 정통 마르크스주의의 주요 관심사가 역사 및 사회발전이었던 반면 네오마르크시즘의 주 요관심사는 휴머니즘과 인간 소외의 문제였다. 마오쩌뚱주의나 트로츠키즘(Trotskyism)을 뜻하기도 하고,

자본주의 국가의 사회주의 운동 중에서 기존의 조직이나 운동 방침에 대항하는 좌익 여러 파들의 사상을 말하기도 한다.

◈ 누비아 유적 Nubia 遺蹟
아프리카 동북부의 나일 강 상류에 있는 고대 이집트 왕국의 유적이다. 이 일대에는 고대 이집트에서 로마 시대 초기까지의 유물과 유적이 있었으나 아스완 댐의 건설로 수몰(水沒)되었다. 그러자 유네스코와 각국의 유적애호가(遺蹟愛護家)들이 유적의 대부분을 해체 이동해서 복원했다.

◈ 뉘른베르크 재판
1945년 11월부터 10개월 동안 독일의 뉘른베르크에서 제2차 세계대전 도발국인 독일의 전쟁범죄자를 재판한 국제군사재판(國際軍事裁判)이다. 로렌스 경이 재판장이 되었고, 미국, 영국, 프랑스, 소련이 법정을 구성했으며, 독일의 괴링 · 리벤트로프 등 12명이 교수형, 24명이 종신형 · 금고형을 언도받았다.

◈ 니힐리즘 Nihilism
'무(無)'를 의미하는 라틴어 니힐(nihil)이 어원으로, 허무주의라고 한다. 참다운 의미에서는 아무것도 존재하지 않고 또 인식할 수도 없기 때문에 아무런 가치도 없다는 사상이다. 주의나 사상이라기보다는 오히려 근원적인 생의 감정에 가깝다고 할 수 있다. 문학에서는 1862년에 투르게네프(Turgenev)가 『아버지와 아들』에서 처음 이 말을 사용했으며, 니체는 니힐리즘의 대두를 예언하고 이를 극복해야 한다고 주장했다.

◈ 다라니경 陀羅尼經
1996년 불국사 3층석탑 보수공사 때 발견된 것으로 현존하는 세계에서 가장 오래된 목판 인쇄물이며, 국보 제126호이다. '다라니경'은 700년대 초에서 751년 사이에 출간된 것으로 추정되는데 지질(紙質)이나 인경의 형태로 보아 신라에서 조판되었음이 밝혀졌다.

◈ 도가사상 道家思想

노장사상(老莊思想)이라고도 하며, 유가(儒家)와 함께 중국 철학의 두 주류를 이루었던 학파이다. 노자(老子)와 장자(莊子)를 대표로 하며 우주의 절대적 존재를 무(無)라고 하는 무위자연설(無爲自然說)을 주장했던 사상이다.

◈ 도첩제 度牒制

조선 태조(太祖) 6년(1397)에 실시된 억불책(抑佛策)으로, 승려에게 신분증명서인 도첩(度牒)을 지니도록 한 제도이다. 국가에 일정한 의무를 지게 한 다음 도첩을 주어 함부로 승려가 되는 것을 억제했다. 승려가 죽거나 환속(還俗)하게 되면 도첩을 반드시 반환하도록 했다. 성종 때부터는 이 제도를 폐지하고 백성이 출가하는 것을 금지했다.

◈ 동방견문록 東方見聞錄 Livre des merveilles du monde

이탈리아의 여행가 마르코 폴로(Marco Polo)가 17년 동안 중국에 머무른 뒤 1298년에 '세계의 불가사의 不可思議'라는 제목으로 펴낸 책이다. 내용이 기이해서 처음에는 믿지 않았지만 아시아 여행을 하는 사람들이 많아지면서 이 책의 내용이 정확하다는 것을 알게 되었다. 콜럼버스(Columbus)가 아메리카 대륙을 발견하게 되는 계기가 되는 등 지리상의 발견에 큰 영향을 주었다.

◈ 동인도회사 東印度會社 East India Company

17세기 초 영국, 프랑스, 네덜란드 등이 동양에 대한 무역을 경영하기 위해 동인도에 설립한 무역 독점회사이다. 1600년에는 영국, 1602년에는 네덜란드, 1664년에는 프랑스가 각각 설립했다. 영국의 경우에는 정치적으로 발전해서 인도의 여러 왕족을 항복시키고 속령(屬領)으로 만든 뒤 정치적인 실권을 잡았다. 독점무역에 따른 이윤은 유럽 여러 나라들의 자본 축적에 크게 공헌했다.

◈ 동학혁명 東學革命

조선 고종 31년(1894)에 전봉준(全琫準)이 중심이 되어 일으킨 혁명이다. 교조신원운동(敎祖伸怨運動)의 묵살, 고부(古阜) 군수 조병갑(趙秉甲)의 착취와 동학교도 탄압에 항거해 시작되었으며 농민운동으로 확대되어 전라도·충청도 일대의 농민들이 참가했다. 이 운동의 결과 청일전쟁(淸日戰爭)이 일어났다.

◈ 라마단 Ramadan

아라비아어로 '더운 달' 이라는 뜻으로 이슬람력의 9월을 가리킨다. 이슬람에서는 9월을 코란이 내려진 신성한 달로 여겨서 27일 일출에서 일몰까지 의무적으로 금식을 한다. 현재는 라마단이라는 말 자체가 단식을 의미하는 경우도 있다.

◈ 러다이트 운동 Ludditism

1811~17년에 영국의 공장 지대에서 일어난 노동자들의 기계파괴 운동으로, 이 노동자들을 러다이트(luddite)라고 부른 데서 유래했다. 산업혁명이 진전되면서 노동 조건이 악화되자 그 원인을 기계 때문이라고 생각한 노동자들이 기계를 파괴한 운동이다.

◈ 레지스탕스 Resistance

제2차 세계대전 동안 프랑스 국민들이 벌인 지하 저항 운동이다. 1940년 6월 독일군에 의해 비시 정부가 들어서자 산발적으로 일어나기 시작했다. 드골 장군의 지휘로 조직을 갖춰 지하 신문을 만들어 독일군과 비시 정부의 비합법성을 폭로하고, 유태인들을 피난시키는 비밀 조직을 만드는 등의 활

동을 벌였다. 이 활동으로 인해 프랑스는 승전 연합국과 어깨를 나란히 할
수 있는 명분을 갖게 되었다.

◆ 로고스 Logos

원래의 뜻은 언어 · 이성이지만 철학용어로는 만물을 지배하고 구성하는 질
서 혹은 원리를 의미한다. 이론적인 것뿐만 아니라 실천상의 도덕적 질서를
나타내는 뜻으로도 사용된다. 헤라클레이토스(Herakleitos)는 만물은 하나의
로고스에 의해 지배되며 로고스를 인식하는 것 안에 지혜가 있다고 했다.

◆ 마그나 카르타 Magna Carta

 1215년 영국 존(John) 왕의 실정(失政)에 분노한 귀족들과 승려들이 왕의 권
한을 제한하고, 인민의 자유와 권리를 보장하기 위해 국왕에게 강요해 받은
약정서(約定書)이다. 영국헌법(불문법)의 기초가 되었으며 국민의 권익을 보
장하는 근대 헌법의 토대가 되었다.

◆ 마야 문명 Maya 文明

멕시코 남부, 유카탄(Yucatan) 반도, 과테말라, 온두라스에 걸친 중미에서
고도로 발달했던 고대문명이다. BC 6~7세기와 10~15세기의 두 번에 걸쳐
제국을 건설했으며, 풍작을 기원하는 농업신에 대한 종교적 의식을 지냈으
며, 천체의 운행을 관찰해서 마야력(曆)을 만들었다. 수학과 계수법(計數法)
이 발달했으며 상형문자가 발명되었다.

◆ 메이지유신 明治維新

일본에서 왕정복고(王政復古)와 함께 시작된 근대화 운동이다. 1867년 무인
지배체제가 무너지고 천황제의 정부가 수립되면서 정치개혁이 시작되었
다. 주요 내용으로는 근대적인 중앙집권체제 강화, 계급제도 타파, 교육 ·
세제 · 사회 · 문화 등의 전반적 개혁 실시 등이 있다.

◈ **면죄부** 免罪符 Indulgence

중세 가톨릭 교회가 기부를 받은 대가로 신자의 죄를 면해주면서 교황의 이름으로 발행한 증명서이다. 원래는 회개, 고백, 선행 등으로 죄를 씻었지만 교회에 돈을 바치는 것으로 면죄부를 얻음으로써 신앙의 타락을 초래했다. 루터(M. Luther)가 종교개혁을 외친 이유가 되었다.

◈ **명예혁명** 名譽革命 Glorious Revolution

1688년 영국에서 일어난 무혈 시민혁명으로, 피를 흘리지 않고 이루었기 때문에 명예혁명이라고 한다. 국왕인 제임스 2세가 전제정치를 강화하고 가톨릭 교회를 부활시키려고 하자 의회 지도자들이 제임스 2세를 추방하고 네덜란드 총독 윌리엄을 새로운 왕으로 추대했다. 국왕은 의회의 동의 없이 법률의 폐지·과세·상비군 모집을 할 수 없으며, 의회에서의 언론 자유를 보장해야 한다는 것을 주요 내용으로 한다. 절대왕정을 무너뜨리고 의회 중심의 입헌정치를 수립한 데 의의가 있다.

◈ **묘청의 난** 妙淸-亂

고려 인종 13년(1135)에 풍수지리의 이상을 표방하고 서경(西京)으로 천도할 것을 주장하며 묘청(妙淸)이 일으킨 난이다. 묘청은 서경으로의 천도를 주장했지만 받아들여지지 않자 서경을 중심으로 난을 일으켰으나 1년 만에 진압 당했다.

◈ **미국의 독립전쟁** 獨立戰爭 War of Independence

1775년 영국의 식민지였던 미국의 13개 주가 영국에 대항해 일으킨 전쟁이다. 워싱턴(G. Washington)을 독립군의 총사령관으로 추대하고 독립을 선언했다. 유럽 여러 나라의 원조를 얻으며 승리해서 1783년에 영국으로부터 독립하게 되었다.

◈ 밀라노 칙령 Edict of Milano

313년 밀라노(Milano)에서, 콘스탄티누스 1세가 신교의 자유와 그리스도교를 공인한 칙령이다. 1807년, 나폴레옹 1세가 밀라노(Milano)에서 영국과 통상하는 상선의 나포(拿捕)를 명한 칙령도 밀라노 칙령이라 한다.

◈ 바이킹 Viking

노르만(Normans) 또는 데인인(Dane 人)이라고도 하며, 북유럽인의 선조이다. 이들은 호전적이고 모험을 좋아했으며, 정착지를 찾기 위해 바이킹 선(船)을 타고 돌아다니며 약탈과 파괴를 일삼았다. 911년에는 북부 프랑스를 정복해서 노르망디 공국을 세웠고, 1066년에는 영국까지 지배했다.

◈ 방곡령 防穀令

조선 고종 26년(1889) 함경도 감사 조병식(趙秉式)이 곡물의 일본 수출을 금지한 명령이다. 일제의 경제적 침탈로 일어나는 경제파탄을 막기 위해 내린 미곡수출 금지령이다.

◈ 범신론 汎神論 Pantheism

18세기 영국의 사상가인 톨런드(J. Toland)에 의해 그리스어 '전체(pan)'와 '신(theos)'이 결합되어 만들어졌다. 신과 전 우주를 동일시하는 종교적 · 철학적 · 예술적인 사상체계이다. 가장 일관성 있는 전형적인 범신론으로는 스피노자의 철학을 들 수 있다.

◈ 범주 範疇 Category

근본적 개념, 최고 유개념(類概念)이라는 뜻으로 사용되며, 일상적으로는 부문(部門)을 뜻하는 철학 용어이다. 그리스어 'kategorein'에서 유래하며, 한자어인 범주는 '서경(書經)'의 '홍범구주(洪範九疇)'에서 유래한다. 대표적인 범주론으로는 아리스토텔레스의 10범주론과 칸트의 12범주론이 있다.

◆ 베스트팔렌 조약 Westfalen 條約

1648년, 종교분쟁을 최종 타결한 세계 최초의 국제조약으로, 독일에서 루터 파 외에도 칼뱅 파를 새로 인정하고, 스위스와 네덜란드의 독립을 승인한 조약이다.

◆ 변증법 辨證法 Dialetics

모순 또는 대립을 근본원리로 해서 사물의 운동을 설명하려는 논리이다. 창시자인 제논(Zenon)은 모순을 찾아내 논쟁하는 방법이라 했고, 플라톤(Platon)은 개념의 분석으로 결론에 도달하는 방법이라고 했다. 이후 헤겔(G. W. F. Hegel)은 모든 사물의 변화하고 발전하는 근본 법칙을 정·반·합의 3단계 변화 과정이라고 했다.

◆ 병인사옥 丙寅邪獄

고종 3년(1866)에 흥선대원군이 프랑스 신부 12명 중 9명과 남종삼(南鍾三) 등 8천여 명의 천주교도를 학살한 사건이다. 탈출에 성공한 리델(Ridel) 신부가 이 사실을 톈진(天津)에 있던 프랑스군 수사제독(水師提督) 로스에게 보고했고, 이에 프랑스 함대가 강화도를 공격·점령했다. 하지만 40여 일 만에 조선군에게 패배하면서 강화성을 불사르고 도망갔다.

◆ 병자호란 丙子胡亂

조선 인조 14년(1636), 청이 명을 정벌하기 위해 군량과 병선(兵船)의 징발과 함께 군신관계를 요구하자, 조선정부가 반발함으로써 일어난 전쟁이다. 청의 태종(太宗)이 10만 대군을 이끌고 침입해, 결국 조선은 삼전도(三田渡; 松坡)에서 굴욕적인 항복을 했다.

◆ 봉건제도 封建制度

원래 중국의 고대사에서 군현제도에 대응되는 말로 사용되었지만 요즘은 서양의 leudalism을 가리키는 말로 사용한다. 13~14세기 영국·프랑스·독일에서 발달된 사회·정치제도로, 지방권력자인 영주는 토지를 부하(기사)들에게 나누어 주고, 그 토지에 딸린 농민에게는 군사적 의무를 지웠다.

◈ 부조리 不條理

실존주의 철학에서 배리(背理)와 같은 말로 사용하는 철학 용어로, 인생의 무의미 또는 절망적인 한계상황을 뜻한다. 사르트르(J. P. Sartre), 하이데거(M. Heidegger), 키에르케고르(Kierkegaard)에서 발전하여 카뮈(A. Camus)의 핵심적인 사상으로 완성되었다. 카뮈의 '이방인'은 부조리의 전형을 그린 작품으로 널리 알려져 있다.

◈ 분서갱유 焚書坑儒

중국의 진시황(秦始皇)이 학자들의 정치비판을 금하기 위해, 유가(儒家)를 비롯한 모든 사상가들을 탄압하고, 의(醫)·약(藥)·농(農)·복서(卜書)를 제외한 모든 학술서적을 불태워 버린 세기적인 사건이다.

◈ 분석철학 分析哲學 Analytic Philosophy

오늘날 영미 철학의 주류로, 인간의 사고·인식은 물론 감정이나 의사 표시가 언어로 이루어지는 데 착안한 철학 사상이다. 러셀(B. A. W. Russell), 비트겐슈타인(L. J. J. Wittgenstein)으로부터 시작되었고, 다양한 경향과 계파가 있다.

◈ 사대사화 四大士禍

조선시대 무오(戊午), 갑자(甲子), 기묘(己卯), 을사(乙巳)의 4개 사화를 가리킨다. 연산군 4년(1498) 김종직이 지은 조의제문(弔意祭文) 때문에 일어난 무오사화, 연산군 10년(1504) 성종 때 윤비(연산군의 생모) 폐모 사건을 들고 일어난 갑자사화, 중종 14년(1519) 조광조(趙光祖)와 구세력의 대립으로 일어난 기묘사화, 명종 원년(1545) 왕위 계승 문제로 왕의 외척인 대윤(大尹)과 소윤(少尹)의 대립으로 일어난 을사사화를 말한다.

◈ 사라센 문화 Saracen Civilization

이슬람교와 헬레니즘 문화를 바탕으로 해서 지중해 연안의 문화, 인도문화, 중국 문화가 종합되고 절충된 문화이다. 수학, 화학, 천문학, 지리학, 특히 자연과학이 발달했으며, 비잔틴식의 건축, 아라베스크식의 미술 등 독특한 양식을 만들어냈다. '아라비안 나이트'는 대표적인 문학작품이다.

◈ 사육신 死六臣

조선시대 수양대군의 왕위 찬탈에 의분을 느낀 집현전 학사들이 단종의 복위를 꾀하다가 실패하고 처형당했던 사건이 있었다. 이때 처형당한 성삼문(成三問), 백팽년(朴彭年), 하위지(河緯地), 유응부(俞應孚), 유성원(柳誠源), 이개(李塏) 등을 사육신이라 부른다. 생육신(生六臣)은 불사이군(不事二君)이란 명분을 내세워 벼슬을 거부하고 절개를 지켰던 김시습, 원호, 이맹전, 조여, 성담수, 권절, 또는 남효온 등을 가리킨다.

◈ 산업혁명 産業革命 Industrial Revolution

1760~1830년경, 기계의 등장으로 소규모 생산에서 대량생산의 공장제 기계공업으로 전환된 일대변혁을 말한다. 방직기계의 등장으로 영국에서 가장 먼저 일어났고, 차츰 세계 각국으로 확대되었다. 산업혁명을 거치면서 자본주의 경제체제가 확립되었다.

◈ 삼단논법 三段論法 Syllogism

이미 알려진 두 가지 판단으로부터 제3의 새로운 판단을 내리는 형식논리학에서의 대표적인 간접추리논법이다. '너는 인간이다', '인간은 죽는다', 그러므로 '너는 죽는다'와 같은 논법이다. 먼저 대전제를 설정하고, 두 번

째로 소전제를 내건 뒤 이 전제로부터 결론을 도출하는 방식으로 모든 논법의 기본 형식이다.

◈ 삼정 三政

조선시대 국가재정의 근원이 된 전정(田政), 군정(軍政), 환곡(還穀)을 말한다. 전정은 토지에 따라 세를 거두는 것이고, 군정은 군역(軍役) 대신 베 한 필을 받는 것이며, 환곡은 빈민 구제책으로 봄에 곡식을 빌려주었다가 가을에 1/10의 이자와 함께 받는 것이다.

◈ 생의 철학 Philosophy of Life

19세기 후반에서 20세기 초에 걸쳐 유럽에서 일어난 인간의 의지를 중시한 반이성주의 철학의 총칭이다. 쇼펜하우어(A. Schopenhauer), 니체(F. W. Nietzsche), 딜타이(W. Dilthey), 지멜(G. Simmel), 베르그송(H. Bergson)의 철학을 들 수 있다. 이들의 사상은 합리적 · 과학적 사고를 피하고 직관이나 직접적 체험을 중시했다는 점에서 공통점을 가지고 있다.

◈ 샤머니즘 Shamanism

시베리아 · 몽고 등 북방 민족에게서 흔히 볼 수 있는 원시 종교의 일종이다. 주술과 제사를 맡아 진행하며 신에게서 계시를 받아 사람들에게 전하는 사람을 샤먼이라 하며 세습되는 경우가 많다. 우리나라에도 불교와 유교 등의 종교가 전래된 뒤에도 계속 남아서 영향을 끼치고 있다.

◈ 성균관 成均館

고려 말과 조선시대의 최고 국립종합교육기관이다. '성균'이라는 명칭이 처음 사용된 것은 고려 충렬왕 때인 1289년이다. 성균관 유생의 정원은 개국 초에는 150명이었으나, 세종 11년(1429)부터 200명으로 정착되었다. 유생들은 당대의 학문과 정치현실에 매우 민감해서 문묘종사(文廟從祀)나 정부의 불교숭상 움직임에 대해 집단상소를 올렸다. 요구가 받아들여지지 않으면 권당(捲堂 : 수업거부)이나 공관(空館 : 귀가)의 형태로 실력행사를 했다.

◈ 성리학 性理學

송·명나라에 걸쳐 발달한 유학의 하나로 주자학(朱子學)이라고도 한다. 공자의 학설에 불교와 도교의 사상을 섞어 인성의 원리·인심·천리와의 관계를 논한 학문으로 주자(朱子)에 이르러 집대성되었다.

◈ 성선설 性善說

맹자(孟子)가 주장한 학설로 인간의 본성은 선하다는 윤리사상이다. 맹자(孟子)는 인간은 본래 선(善)을 따르는 경향을 가지고 있으므로 이 본성을 발전시키고 확충시킴으로써 인의예지신(仁義禮智信) 5덕을 쌓을 수 있다고 했다. 서양에서는 루소(J. J. Rousseau)가 성선설을 주장했다.

◈ 성악설 性惡說

순자(荀子)가 주창한 학설로 인간의 본성은 악하다는 윤리사상이다. 순자(荀子)는 인간의 본성은 악하므로 그대로 두면 혼란에 빠져 악을 범하게 되므로 예의와 교육이 필요하다고 했다. 서양에서는 홉스(T. Hobbes)가 성악설을 주장했다.

◈ 소도 蘇塗

마한(馬韓)을 중심으로 한 삼한(三韓) 시대에 제사를 지내던 신성한 장소이다. 매년 1·2차에 걸쳐 각 읍(邑) 단위로 제주(祭主)인 천군(天君)을 선발하고, 소도에서 제사를 지내며 질병과 재앙이 없기를 기원했다. 죄인이 들어와도 잡지 못는 치외법권 같은 곳이었다.

◆ 소피스트 Sophist

'지혜 있는 사람'이라는 뜻으로, BC 5세기 무렵부터 BC 4세기에 걸쳐 그리스에서 활약한 지식인들을 가리킨다. 변론술(辯論術)을 가르치기도 하고 법정에서 변론 원고를 써주는 것을 업으로 했던 사람들을 뜻하기도 한다. 처음에는 시민들로부터 존경을 받았으나, 이익을 챙기고 남을 괴롭히는 궤변가(詭辯家)로 불리기도 했다. 대표적인 인물로는 '인간은 만물의 척도'라고 말한 프로타고라스(Protagoras)가 있었다.

◆ 쇄국정책 鎖國政策

대원군(大院君)이 조선 말기에 실시했던 정책으로, 외국과의 교역을 엄금했다. 이 정책으로 인해 대륙 진출을 원했던 일본에서 정한론(征韓論)이 대두되기도 했다.

◆ 스콜라 철학 Scholasticism

중세 교회 또는 수도원의 부속학교인 스콜라를 중심으로, 그리스도교의 교의를 학문적으로 체계화하기 위해 연구된 종교적 철학이다. 스콜라학의 방법을 확립한 사람은 안셀무스(Anselmus)인데, 그리스 철학을 전승하면서 근대 철학에 커다란 영향을 미쳤다. 토마스 아퀴나스(T. Aquinas)는 『신학대전』으로 스콜라 철학의 체계를 집대성했다.

◆ 스토아 학파 Stoic school

제논이 스토아 포이킬레에 창설한 철학의 한 유파로, 이성에 의한 금욕주의, 극기주의, 만민평등주의를 주장했다. 최고의 선이자 최고의 행복의 경지인 정념이 없는 마음 상태를 '아파테이아(apatheia)'라고 했다. 스토아 학파의 이러한 사상은 로마의 만민법(萬民法), 자연법(自然法) 사상에 영향을 주었다.

◈ 신사유람단 紳士遊覽團

일본에 보내 새로운 문물제도를 견학하게 한 시찰단으로, 고종 13년에 일본과 병자수호조약을 맺은 뒤 신문화를 받아들이기 위해 파견했다. 박정양, 어윤중 등 10여 명으로 이루어졌다.

◈ 신유사옥 辛酉邪獄

조선 순조(純祖) 원년(1801)에 당파 싸움에 편승한 천주교도에 대한 탄압을 가리킨다. 이승훈, 이가환, 정약종 등 남인 학자와 청나라 신부 주문모가 사형당했다. 이에 남인파인 황사영이 베이징(北京)에 있는 서양인 주교에게 사건의 전말을 보고하고, 신앙의 자유를 얻게 해달라는 서한을 보내려다 발각되어 처형되었다. 이를 벽서사건(帛書事件)이라고 한다.

◈ 신해혁명 辛亥革命

청조말(淸朝末 : 1911~1912), 중국에서 일어난 한민족(漢民族)에 의한 청조 타도를 꾀하던 혁명운동이다. 쑨원(孫文)의 삼민주의(三民主義)가 각계각층에 널리 파급되되면서, 식민지화를 비난하는 민족자본가와 민중의 반대운동으로 쓰촨성(四川省) 폭동을 불러일으키게 되었다. 이 혁명으로 청조가 무너지고 중화민국이 탄생하게 되었다.

◈ 실용주의 實用主義 Pragmatism

현대 미국의 대표적 철학으로, 인간의 관념·사상·지식은 실용성이 있을 때만 가치가 있다고 생각해서 가치와 진리의 기준을 실생활에 두는 경향을 가진다. 따라서 절대적인 진리라는 존재하지 않으며 일체의 진리는 상대적이라는 입장을 취한다. 퍼스(Pierce)에 의해 제창되고 듀이(J. Dewey)가 뒤를 이었으며, 이후 미국 사상의 주류를 이루게 되었다.

◈ 실존주의 實存主義 Existentialism

20세기 전반, 독일과 프랑스를 중심으로 일어난 철학 사상으로, 부조리한 현실의 허무와 한계상황을 극복하고, 진정한 인간상을 확립하면서 잃었던 자아를 발견하는 것을 강조했다. 케에르케고르(Kierkegaard)에서 출발, 니체(F. W. Nietzsche)를 거친 후, 하이데거(M. Heidegger), 야스퍼스(K. T. Jaspers), 셰스토프(L. L. Shestov) 등에 의해 철학 일반의 근본적 입장이 되었다. 제2차 세계대전 후 사르트르의 『구토』, 카뮈의 『이방인』 등이 대표적인 작품이다.

◈ 실증주의 實證主義 Positivism

경험, 관찰, 실험에 의해 얻어진 실증적인 지식만이 참된 지식이라고 간주하는 사고 방식을 말한다. 이 말은 사회학자이며 철학자인 콩트(A. Comte)의 저서 『실증철학강의』에서 처음 사용되었는데, 영국의 경험론과 프랑스의 계몽주의를 바탕으로 하고 있으며, 미국의 실용주의에 큰 영향을 주었다.

◈ 실천이성 實踐理性 Practical Reason

도덕적인 실천의 의지를 규정하는 이성을 말한다. 칸트(E. Kant)는 자연의 법칙(인과법칙)을 규명하는 이성을 순수이성이라 정의하고, 사회법칙(규범법칙)을 만들어 내는 이성을 실천이성이라고 정의했다.

◈ 실크 로드 Silk road

후한(後漢) 이후 내륙 아시아를 횡단하던 동서교통로를 일컫는 말이다. 비단길이라는 말은 중국의 명주와 비단이 로마 제국으로 수출되는 길이라는 데서 유래했다. 한(漢)나라의 서울인 장안(長安) 또는 뤄양(洛陽)에서부터 툰황(敦煌)을 거쳐 타림 분지의 북쪽이나 혹은 남쪽을 지나 대륙을 횡단하던 교역로이다. 이 길을 통해 종교·음악의 교류, 유리·보석·향료의 교환이 이루어졌다.

◈ 실학 實學

17~18세기에 지배계급의 학문이던 성리학의 한계성을 느끼고 일어난 학문이다. 정신문화와 물질문화를 균형있게 발전시켜서 분열된 사회를 통합하기 위해, 사회적 모순을 지적하고 대안을 제시한 근대지향적·실증적인 학문이다. 대표적인 실학자로는 유형원, 박지원, 정약용, 김정희, 안정복 등이 있다.

◈ 십자군 十字軍 Crusades

중세 서유럽의 그리스도교도들이 성지인 예루살렘을 이슬람교도들로부터 되찾기 위해 일으킨 원정군이다. 11세기부터 13세기 말까지 거의 2세기 동안 7차례 진행되었다. 하지만 원정이 거듭되면서 세속적 욕구로 변질되면서 원정군 내의 민족 간의 분쟁 등으로 목적을 이루지 못했다. 십자군 전쟁의 결과로 동방과의 무역이 발달하고 자유 도시의 발생이 촉진되었으며, 동방의 비잔틴 문화와 이슬람 문화가 유럽에 유입되었다.

◈ 아편전쟁 阿片戰爭 Opium War

1840~1842년 사이 영국과 청(淸)나라 간에 벌어진 전쟁이다. 청의 선종(宣宗)은 아편수입으로 인한 피해와 은(銀)의 유출을 막기 위해 임칙서(林則書)를 파견해 영국 상인들의 아편을 불태우고 밀수업자들을 처형했다. 이에 대해 영국은 무역 보호를 이유로 해군을 파견함으로써 전쟁이 벌어지게 되었다. 결국 청나라가 패하면서 난징조약(南京條約)이 맺어졌다.

◈ 에게문명 Aegean Civilization

크레타(Creta) 섬을 중심으로 해서, 그리스 본토 및 소아시아의 서해안에서 발생한 세계 최초의 해양문명이다. 그 중심지에 따라 2기(期)로 나뉘는데, 크레타 섬을 중심으로 한 시기를 크레타 문명, 그리스 본토의 미케네(Mycenae)·티린스(Tyrins), 소아시아의 트로이(Troy) 등을 중심으로 한 시기를 미케네 문명이라 한다.

◈ 역설 逆說 Paradox

일반적인 논리로는 모순되는 것 같지만, 두 가지 이상의 개념이나 판단을 결합하면 모순을 초월하는 진리가 있는 것을 뜻한다. 신은 하나이면서 여럿이라거나, 사랑은 증오라거나 하는 것이 그 예이다. 키에르케고르(Kierkegaard), 니체(F. W. Nietzsche) 등이 철학적으로 역설을 이용했다.

◈ 연역법 演繹法 Deductive method

귀납법과 반대로, 보편 원리를 바탕으로 해서 특수한 명제를 끌어내 진실한 인식에 도달하려는 추리 방법이다.

◈ 염세주의 厭世主義 Pessimism

'최악(最惡)'을 뜻하는 라틴어 'pessimum'에서 유래한 말로 비관주의(悲觀主義)라고도 한다. 세계 또는 인생의 모든 것을 추악한 것, 고통스러운 것, 불만스러운 것으로 본다. 대표적인 인물로 쇼펜하우어(A. Schopenhauer)를 들 수 있는데 그는 이 세계가 불합리하고 맹목적인 의지의 지배를 받고 있기 때문에 인생이 괴로운 것이라고 생각했다.

◈ 오리엔트 문명 Orient Civilization

메소포타미아를 중심으로 지중해 동부 지역에 걸쳐 발생한 문명이다. 세계에서 가장 먼저 문명이 발생했던 이집트에서는 천문학과 태양력이 만들어졌고, 파피루스에 상형문자를 기록했다. 또 강대한 왕권을 배경으로 거대한 궁전과 신전을 세우기도 했다. 고대 바빌로니아 왕국을 세운 아무르인은 함무라비 왕 때 메소포타미아를 통일하고 함무라비 법전을 편찬했으며, 동부 지중해 연안의 히타이트에서는 오리엔트 최초로 철기가 사용되었다. 이후 오리엔트는 앗시리아에 의해 최초로 통일되었다.

◈ 외규장각 外奎章閣

정조 5년(1781)에 설치된 규장각의 부속 도서관으로, 안전지대인 강화도에 설치해서 왕실 관계 서적들을 보관하게 했다. 1856년 병인양요(丙寅洋擾) 때 프랑스에 의해 외규장각의 많은 도서들이 탈취되었으며 최근에 이르러 일부가 환수되었다.

◈ 우상론 偶像論

영국의 경험론자인 베이컨(F. Bacon)이 주장한 이론으로, 편견과 망상을 우상이라고 하면서 종족의 우상·동굴의 우상·시장의 우상·극장의 우상이라는 네 개의 우상으로 나누었다. 그는 참된 경험과 지식을 얻기 위해서는 우상을 버려야 한다고 주장했다.

◈ 위화도 회군 威化島回軍

고려 말, 명나라를 향해 출병한 이성계가 4대 불가론(四大不可論)을 내세워 위화도에서 회군, 군사적 정변(政變)을 일으킨 것을 말한다. 회군한 이성계는 최영(崔瑩)과 우왕(禑王)을 내쫓고 우왕의 아들 창왕(昌王)을 옹립하면서 근세조선(近世朝鮮)의 토대를 만들었다. 소국이 대국을 거역하는 것, 여름에 군대를 동원하는 것, 거국적으로 원정을 떠나면 왜(倭)가 그 틈을 이용한다는 것, 무더운 여름철이므로 아교풀이 녹아 활을 쏘기 어렵고 질병이 퍼지기 쉽다는 것이 4불가론의 내용이다.

◈ 유물론 唯物論 Materialism

물질을 1차적이고 근본적인 실재로 여기고, 마음이나 정신을 부차적이며 파생적인 것으로 보는 철학이다. 고대 그리스의 자연 철학자인 데모크리토스(Demokritos)가 원자론적 유물론의 체계를 만들었다. 근대에는 포이어바흐(G. Peuerbach)가 스승인 헤겔의 유심론에 반대하며 유물론 체계를 확립했다. 마르크스와 엥겔스는 변증법과 유물론을 결합, '변증법적 유물론'의

체계를 세웠다. 유물론은 무신론의 이론적 근거로 되고 있다.

◉ 유심론 唯心論 Spiritualism

관념론이라고도 하며, 유물론의 반대이다. 비물질적·정신적·생명적인 것을 궁극적인 것으로 보고, 이를 통해 물질적·비생명적인 것을 해명할 수 있다는 철학이다. 플라톤(Platon), 플로티노스(Plotinos)에서 피히테(J. G. Fichte)의 윤리적 유심론으로, 그리고 셸링(F. W. Schelling), 헤겔(G. W. F. Hegel)의 논리적 유심론에 이르러 체계가 세워졌다.

◉ 유토피아 Utopia

토머스 모어(T. More)의 정치적 공상소설로, 현실적으로는 실현 불가능한 공상적인 이상사회를 가리킨다. 유토피아는 '아무 데도 없다' 라는 뜻으로 공상주의와 사회주의의 선구가 되었다.

◉ 을사조약 乙巳條約

1905년 일본과 맺은 조약으로, 제2차 한일협약이라고도 한다. 러일전쟁에서 승리한 일본이 한국에 대한 우위권을 인정받은 후, 이토 히로부미(伊藤博文)를 앞세워 체결한 조약으로 한일합방의 기초가 되었다. 이 조약으로 우리나라는 주권을 상실하고 외교권을 박탈당했으며, 서울에 통감부(統監府)가 설치되었다.

◉ 의창 義倉

흉년에 백성들을 구제할 목적으로 공출(供出)한 곡식을 쌓아 두었던 고려와 조선시대의 구황기관(救荒機關)이다. 중국에서는 수(隋)나라 때 시작되었으며, 당·송·청대에까지 이어졌다. 우리나라에서는 고려 성종 5년(986)에 중국의 의창·상평창을 모방해서 설치했다.

◈ 이데아 Idea

본래의 뜻은 '보이는 것', '알려져 있는 것'으로, 모습이나 형태를 의미했으나 소크라테스(Socrates)는 윤리적·미적 가치 자체를 표현하는 말로 사용했다. 플라톤(Platon)에 이르러 철학적 개념으로 자리잡았는데 보편적 개념의 내용이라고 규정했다. 근세에 들어서는 특히 이성의 영원불멸한 최선의 의식 내용을 뜻하는 말로 사용되고 있다.

◈ 이데올로기 Ideology

인간·자연·사회에 대한 현실적이고 이념적인 의식의 형태를 말한다. 넓은 의미로는 국가·사회제도·법체계 등의 상부구조를 의미하며, 좁은 의미로는 계급·당파의 이해를 반영하는 견해 또는 이론의 체계를 뜻한다.

◈ 이상주의 理想主義 Idealism

현실 세계를 참다운 실재로 간주하지 않고, 초월적인 이데아(idea)의 세계를 진실한 존재라고 생각하는 플라톤(Platon)의 사상에서 유래했다.

◈ 이율배반 二律背反 Antinomy

진리인 두 개의 명제가 서로 모순되어 양립할 수 없는 상태를 말한다. 이론상으로는 두 명제 모두 옳지만, 실제적으로는 서로 모순되어서 이성으로는 해결할 수 없다.

◈ 인더스 문명 Indus Civilization

인도의 인더스 강을 중심으로 발달했던 문명으로 일찍부터 드라비다·오스트로·아시아계(系) 등 여러 민족이 살고 있었다. 신석기시대에 이미 농경에 종사했고, 메소포타미아에서 청동기 제작기술을 배워 뛰어난 문화를 누렸다. 인더스 강 하류의 모헨조다로(Mohenjo-Daro)와 상류의 하라파(Harappa) 유적은 BC 3000년경에 펼쳐졌던 금석병용기(金石竝用期)의 도시

국가이다.

◈ 인도주의 人道主義 Humanitarianism

인간이라는 점에서 인간은 모두 동등하다는 인류의 공존과 복지를 중시하는 박애적인 사상이다. 현실 변혁적인 운동보다는 눈앞의 곤란을 받고 있는 사람의 구제에 더 많은 관심을 갖는 경향이 있다. 톨스토이(L. N. Tolstoi)에 의해 문학적인 면에서 주장되었다. 로망 롤랑(Rolland Romain)의 평화 사상, 슈바이처(A. Schweitzer)의 아프리카에서의 의료사업 등이 이에 속한다.

◈ 임오군란 壬午軍亂

조선 고종 19년(1882), 구식군대의 군인들이 일으킨 변란이다. 신식군대인 별기군(別技軍)의 양성과 군제(軍制) 개혁으로 인한 불만이 13개월이나 밀렸던 급료의 쌀에 모래가 섞여 있자 폭발해서 발생했다. 일본 공사관을 습격하고 민겸호 등 민 씨 일파를 죽였다. 대원군이 이 난을 수습하면서 재집권했으며 제물포조약이 체결되었다.

◈ 잉카 문명 Inca 文明

남미 페루(Peru) 고원지방을 중심으로 번영했던 인디언 부족이 1240년경에 세웠던 문명이다. 신권정치가 행해졌으며, 관개 · 도로 · 운하 등의 토목공사가 발달했고, 우수한 사회복지적 제도로 통치되었던 능률적이고 합리적인 제국이었다. 1532년 스페인의 피사로(Pizarro)가 교묘한 계략으로 스페인 통치 아래 예속시키면서 멸망했다.

◈ 장미전쟁 薔薇戰爭 Wars of the Roses

1455~1485년 사이에 영국에서 벌어진 왕위를 둘러싼 내란이다. 랭커스터가(家)와 요크가(家)의 대립으로 시작되었으며 랭커스터가의 승리로 헨리 7세가 즉위함으로써 마무리되었다. 이 내란으로 인해 영국의 봉건무사계급이

몰락하고, 주권이 의회에 속하게 되었다. 랭커스터가는 붉은 장미, 요크가는 흰 장미를 각각 문장(紋章)으로 사용했기 때문에 장미전쟁이라고 불린다.

◈ 제2의 탄생
루소(J. J. Rousseau)가 저서인 『에밀(Emile)』에서 한 말로, 어린이가 어른이 되는 과정에서 자신에 대한 자각(自覺)을 하는 때를 가리킨다.

◈ 제국주의 帝國主義 Imperialism
자본주의의 발달과 민족주의로 인해 강대국이 무력 혹은 다른 수단을 동원해 후진국을 식민지화하려는 경향을 말한다. 19세기말, 서양 선진국가들의 이러한 식민지 경쟁은 제1차 세계대전을 촉발하는 원인이 되었다.

◈ 종교개혁 宗敎改革 Reformation
16세기경 로마 가톨릭 교회의 세속화에 반발해서 가톨릭으로부터 이탈, 프로테스탄트 교회를 세운 그리스도교 개혁운동이다. 독일의 마르틴 루터(Martin Luther)가 교황청의 면죄부에 반발해 95개조의 의견서를 제출한 것이 도화선이 되었으며, 츠빙글리(U. Zwingli), 칼뱅(J. Calvin) 등에 의해 전유럽에 퍼졌다.

◈ 종교재판 宗敎裁判 Inquisitio
13세기에 중세 가톨릭이 이단(異端)을 처벌하기 위해 그리스도교 국가를 대상으로 제도화한 비인도적인 재판이다. 처음에는 이단자나 변절자를 처벌했지만, 13세기 초에 이르러 그레고리 9세가 교황청 안에 공식적인 특별재판소를 설치하고 재판을 했다.

◈ 지리도참설 地理圖讖說
신라 말기에 승려였던 도선(道詵)이 중국으로부터 받아들인, 인문지리적인 인식과 예언적인 도참 신앙이 결부된 학설이다. 반도 중심부에 위치한 송악(松嶽)이 수도가 될 만한 좋은 땅이라거나, 지세에 따라 길하고 흉한 곳이 있다고 하여, 왕궁이나 사찰의 건축, 분묘(墳墓)의 위치를 보는 것을 가리킨다. 결과적으로는 수도를 중앙권으로 옮기는 데 기여하면서 또한 신라 정부의 권위를 약화시키는 역할도 하게 되었다.

◈ 직지심경 直指心經

고려 우왕(禑王) 3년(1377) 승려 백운(白雲)이 제작한 불서(佛書)이다. 1972년 유네스코 주최로 파리의 국립도서관에서 개최된 '책의 역사' 전시회에서 발견되었으며, 현존하는 세계 최고(最古)의 금속활자본이다. 구한말(舊韓末) 주한 프랑스 대사가 가져가 파리 국립도서관에 기증한 것으로 전해진다.

◈ 진대법 賑貸法

고구려의 고국천왕 16년(194)에 실시한 빈민구제법이다. 춘궁기에 가난한 백성들에게 관곡(官穀)을 빌려주었다가 추수기인 10월에 환납케 하는 제도이다. 귀족들의 고리대금업으로 인한 폐단을 막고, 양민들이 노비가 되는 것을 막으려는 목적으로 실시되었다.

◈ 집현전 集賢殿

조선 세종(世宗) 2년(1420)에 궁중에 설치, 뛰어난 학자들을 선발해 경사(經史)를 기록하고 서적을 편찬 간행한 왕립 학문연구소이다. 세종 때의 학문과 왕권 강화에 큰 업적을 남겼으며, 세조 때 폐지되었다가 성종 때 홍문관(弘文館)으로, 정조 때 규장각(奎章閣)으로 바뀌었다.

◈ 천부인권사상 天賦人權思想

모든 인간은 태어날 때부터 누구에게도 양도할 수 없는 권리를 가지고 있으며, 그 권리는 설사 국가 권력이라 할지라도 함부로 침해할 수 없다는 사상이다. 17, 18세기에 자연법론자인 로크(J. Locke)와 루소(J. J. Rousseau) 등에 의해서 주창되었다. 자유권·평등권·행복추구권을 기본으로 하는데, 참정권과 저항권을 포함하기도 한다. 미국의 독립선언, 프랑스의 인권선언, 세계인권선언 등에 큰 영향을 미쳤다.

◆ 카스트 Caste

아리아인이 인도를 침입한 뒤 원주민 지배를 목적으로 만든 종교적·사회적 신분제도이다. 승려 계급인 브라만(brahman), 정치·군사를 맡은 크샤트리아(kshatriya), 농·공·상에 종사하면서 납세 의무를 지는 평민인 바이샤(vaisya), 노예인 수드라(sudra) 4계급으로 나누어진다. 각각의 카스트는 직업을 세습하며, 다른 계급과는 혼인뿐만 아니라 같이 식사를 하는 것까지도 금지된다. 오늘날에는 계급의 수가 3,000여 종에 달해 사회 발전에 걸림돌이 되고 있다.

◆ 코페르니쿠스적 전환 Kopernikanische Wendung

칸트가 자신의 저서인 『3대 비판서』가 '철학사에 있어 코페르니쿠스적 전환을 이루었다'고 한 데서 유래한다. 일반적으로는 인식을 180도 전환한다는 뜻으로 쓰인다. 전통적으로 인식은 대상에 의거한다고 생각되었지만, 이와 반대로 칸트는 대상의 인식은 주관에 의해 가능하게 된다고 주장했다. 이렇게 인식의 근거를 객관에서 주관으로 옮겼다는 점이, 마치 코페르니쿠스(N. Copernicus)가 천동설을 뒤집고 지동설을 주장한 것에 비견할 만하다고 해서 코페르니쿠스적 전환이라고 했다.

◆ 콜로세움 Colosseum

로마 때(A.D. 1세기) 만들어진 원형의 야외 경기장으로 로마 시민의 오락 시설이었다. 로마인들은 이 경기장에서 벌어지는 맹수와 노예의 싸움, 또는 기독교인들이 맹수에게 죽임을 당하는 것을 오늘의 스포츠 경기처럼 관람했다.

◈ 쾌락주의 快樂主義 Hedonism

에피쿠로스(Epikouros)에 의해 창시된 학파로, 행복은 쾌락에 있고 최고의 쾌락은 마음의 안정에 있다고 여겨 일시적인 신체적 쾌락보다는 지속적인 정신적 쾌락을 중요하게 생각해 금욕 생활을 강조했다. 쾌락주의는 형이상학적으로는 데모크리토스(Demokritos)의 유물론의 입장을, 인식론적으로는 경험론의 입장을 취했다. 영국의 공리주의에 큰 영향을 주었다.

◈ 크림 전쟁 Krim War

1853~1856년에 걸쳐 러시아의 남하정책에 맞서 투르크 · 영국 · 프랑스 · 사르디니아 등의 연합군이 벌였던 국제전쟁이다. 동방(東方) 전쟁이라고도 한다. 러시아의 패배로 파리에서 강화조약이 체결되었다. 영국의 나이팅게일(F. Nightingale)이 간호활동을 했던 전쟁으로 널리 알려져 있다.

◈ 탕평책 蕩平策

조선 후기 영조(英祖)가 당쟁을 해소하기 위해 만든 불편부당(不偏不黨)의 정책을 말한다. 영조는 노론, 소론 등 각 당파에 구애받지 않고 인재를 등용해 당쟁의 조정에 노력했으며, 뒤를 이은 정조도 이 정책을 계승했다.

◈ 토테미즘 Totemism

토템이란 북아메리카 인디언의 토어로 '혈연'이란 의미이다. 특정한 동식물에 대해 신앙을 가지는 원시 종교로, 그들은 특정한 동식물이 씨족이나 부족의 구성원과 특별한 혈족 관계를 맺고 있다고 생각했다. 같은 토템 집단 내의 구성원끼리는 혼인이 금지되었다.

◈ 트라팔가르 해전 Trafalgar 海戰

1805년 영국 넬슨 제독의 함대가 스페인의 트라팔가르 앞바다에서 프랑스 · 스페인의 연합함대를 무찔러 승리한 해전이다. 이 해전으로 영국이 제해권

(制海權)을 완전히 장악하면서 나폴레옹 1세의 영국 본토 침략을 막아냈다.

◆ 팔만대장경 八萬大藏經
몽골군의 침입을 불력(佛力)으로 막으려는 의도로 조판된 대장경으로, 합천 해인사(海印寺)에 보관되어 있다. 고종 23년(1236)에 착수, 16년에 걸쳐 완성되었다. 그 규모가 8만 1,000여 장에 이를 정도로 방대하고 내용 또한 정확하며 글자의 모양이 아름답고 정교하다.

◆ 패각추방 貝殼追放 ostracism
고대 아테네의 집정관 클레이스테네스가 민주정치를 위해 실시한 비밀투표법으로, 패각투표(貝殼投票)라고도 한다. 매년 1회, 시민들에게 참주가 될 위험이 있는 인물의 이름을 패각이나 도편에 써서 투표하게 해서 6천 표 이상의 표를 얻은 자를 10년간 국외로 추방시켰다.

◆ 패러다임 Paradigm
미국의 과학사학자 토머스 쿤(T. Kuhn)이 『과학 혁명의 구조』에서 제시한 개념으로, 특정 시대 사람들의 인식이나 사고를 지배하고 있는 이론적 틀 또는 개념의 집합체를 말한다.

◆ 프랑스 혁명 Revolution Francaise
프랑스의 부르봉 왕조 시기는 정치 · 경제 · 사회 등 전반적으로 불합리한 상태에 놓여 있었다. 이러한 사회적 모순에 대한 계몽사상가들의 계몽과 미국 독립전쟁에 자극을 받은 시민들이 바스티유 감옥을 향해 돌진하면서 혁명이 시작되었다. 이에 국민의회는 특권계급의 조세상 특전, 영주 재판권, 10분의 1세 등과 같은 봉건적 특권을 폐지하면서 봉건적인 예속관계를 해체했고, 인권선언으로 자유 · 평등 · 주권재민(主權在民), 사유재산의 불가침 원칙을 천명했다. 혁명의 성공으로 1791년에는 신헌법이 공포되었고, 다음

해에는 왕정(王政)이 폐지되고 공화제(共和制)가 시행되었다.

◆ 프로테스탄티즘 Protestantism

프로테스탄트란 '신교'를 뜻하며, 독일·스칸디나비아 제국에서 세력이 큰 루터주의, 프랑스·스위스·네덜란드·미국 등의 칼뱅주의, 영국의 성공회(聖公會) 등이 있다. 16세기 루터(M. Luther), 츠빙글리(H. Zwingli), 칼뱅(J. Calvin) 등의 종교개혁 운동에서 시작되었다. 모든 신자들은 신과 직접 결부되어야 하며, 성경에서만 계시를 구하고, 예전(禮典)을 세례와 성찬만으로 단순화함으로써 가톨릭과 대립했다.

◆ 피의 일요일 사건

1905년 1월, 러일전쟁으로 생활이 궁핍해진 러시아의 노동자 10만여 명이 페트로그라드(옛 페테르스부르크) 궁전 앞 광장에 모여 시위를 했다. 이 시위대를 향해 군대가 발포를 함으로써 전국적인 저항운동으로 확산되었다.

◆ 한계상황 限界狀況 Grenzsituation

인생은 순간순간 단절되지만 스스로의 선택으로 연속시켜 간다. 하지만 출생이나 우연 혹은 죽음이나 고통처럼 스스로 변화시킬 수도 없고 피할 수도 없는 상황에 맞딱뜨리게 될 때가 있다. 이처럼 우리들의 존재를 한계 짓는 이런 궁극적인 상황을 한계상황이라고 하며 선택의 여지가 없는 이런 상황을 극한상황이라고 한다. 독일의 실존주의 철학자인 야스퍼스(K. Jaspers)의 사상으로 철학에서 매우 중요한 위치를 차지하고 있다.

◆ 합리주의 合理主義 Rationalism

이성적·논리적·필연적인 것을 중시하고 비합리적·우연적인 것을 배척하는 태도를 말한다. 진리를 파악하는 결정적인 능력은 경험이나 감각을 떠난 이성의 사유라고 주장한다. 데카르트(R. Descartes), 파스칼(B. Pascal), 스피노자(B. Spinoza), 라이프니츠(G. W. Leibniz) 등이 대표적인 학자들이다.

◆ 헤브라이즘 Hebraism

헬레니즘과 함께 서양 사상의 조류를 형성해 온 중요한 사조이다. 헬레니즘이 이성적 · 과학적 · 미적인 반면 헤브라이즘은 의지적 · 윤리적 · 종교적이다. 고대 이스라엘인의 종교(구약성서)에 근원을 둔다. 유일신의 역사적 계시에 대한 신앙을 토대로 하고, 신에 의한 우주 창조와 세계사의 주재(主宰), 신과의 계약에 의한 인간의 책임을 주장하는 세계관, 영육일체(靈肉一體)로서의 인간 등의 세계관을 갖고 있다.

◆ 헬레니즘 Hellenism

BC 342~30년 사이에 그리스 문화가 지중해 연안 · 시리아 · 이집트 · 페르시아 등지로 전파되면서 오리엔트 문화와 융합되면서 형성한 문화이다. 넓은 뜻으로는 헤브라이 정신에 대한 그리스 정신이라는 의미로 쓰인다. 일반적으로는 고대 그리스의 정신과 문화 · 예술을 가리킨다. 인간의 지성과 감정의 발휘, 미를 추구하는 사상으로, 세계주의적 · 개인주의적 · 자유주의적 · 과학적 성격을 가지고 있다. 헬레니즘은 오늘날 서구의 정신적 기초가되었다.

◆ 현실주의 現實主義 Realism

이상이나 관념보다는 현실을 중요하게 여기는 사고 또는 행동양식을 가리킨다. 철학 용어로서는 플라톤에서 시작되었고, 중세의 스콜라 철학에서는 보편적 이념의 실재를 주장하는 학설이었다.

◆ 형이상학 形而上學 Metaphysics

경험 세계인 현실세계를 초월해서 존재하는 본질과 존재의 근본 원리를 체계적으로 탐구하는 학문이며, 보편적이고 전체적인 지식을 추구한다. 신학, 논리학, 심리학 등이 이에 속한다. 형이상학을 학문으로서 최초로 확립한 철학자는 아리스토텔레스이다. 그에 따르면 형이상학은 일체의 궁극적 실재근거로서의 신의 지식이며, 고귀한 지식으로서 '지혜(知慧, sophia)'라 불린다.

◆ **형이하학** 形而下學 Physical science
형이상학에 대응하는 개념으로, 유형적(有形的)이거나 물질적인 것을 대상으로 하는 학문을 가리킨다. 물리학, 생물학, 화학 등이 형이하학에 속한다.

◆ **호민관** 護民官 Tribunus plebis
기원전 5세기경 고대 로마에서 평민의 권리를 보장하기 위해 평민 중에서 선출한 관직을 말한다. 호민관은 평민회(平民會)에서 선출되며 평민회를 소집하고 안건을 제출할 권한, 관리나 귀족들의 결정에 대해 거부권을 행사할 권리, 원로원 소집권, 불가침권 등을 가졌다.

제2장

문화
예술
교육
스포츠
매스컴

◈ 3B주의

인간성이나 애정 등에 호소해야 할 상품의 경우 주목율을 높이기 위해 아이 (baby), 미녀(beauty), 동물(beast) 등이 효과적인 제재로 이용된다. 상업미술에서는 광고의 주제를 시각적으로 설명해야 하고, 보는 사람이 친근감을 느낄 수 있게 해야 하기 때문에 이 3B가 자주 이용된다.

◈ ABC 제도 Audit Bureau of Circulations

신문·잡지의 발행부수를 실제로 조사해서 공개하는 제도이다. 광고주·광고회사·신문사·잡지사 등을 회원으로 두면서 비영리적으로 운영된다. 광고주들에게는 광고전략 수립을 위한 기초자료를 제공하고 매체의 발행부수에 대한 알 권리를 충족시켜 주며, 광고회사에게는 광고의 과학화·국제화에 도움을 주며, 광고회사와 매체사 간의 합리적 관계 정립에 기여한다. 또 발행사에게는 공신력 향상·경영 합리화·회사끼리의 선의의 경쟁에 도움을 준다.

◈ DM 광고 direct mail advertising

예상고객에게 직접 우편으로 광고를 보내는 방식을 말한다. 백화점 등 대형 유통업체를 중심으로 많이 활용된다.

◈ F1 그랑프리 Formula1 Grandprix

공식명칭은 'FIA 포뮬러 원 월드챔피언십'이고, FIA(국제자동차연맹) 주최로 개최되는 세계 최고의 자동차경주대회이다. 월드컵, 올림픽과 함께 전 세계적으로 인기를 끌고 있는 3대 국제스포츠행사 중 하나이다. 규정이나 규칙을 뜻하는 Formula와 최고라는 의미의 숫자 1을 조합해 만든 명칭이다. 출전하는 차는 운전석 덮개가 없고 바퀴가 차체 밖으로 튀어나온 경주용 차로 머신(machine)이라고 불린다. 1950년에 공식적으로 시작돼 매년 3~10월까지 스페인, 프랑스, 영국, 독일, 헝가리, 호주, 일본 등 대륙을 오가며 17차례 경기를 펼친 뒤 점수를 합산해 종합우승자를 가린다. 우리나라에서도 전라남도 영암에서 2010~16년까지 7년간 F1을 개최하게 됐다.

◈ **POP 광고** point of purchase advertisement

광고상품이 소비자에게 최종적으로 구입되는 장소, 즉 소매점이나 가두 매점 등에 광고물을 설치하는 등의 구매 시점 광고활동이다. 매스컴을 통한 광고가 폭넓게 노출되어 욕망을 환기시키는 광고라면, 이 광고는 직접적인 구매와 연결함으로써 구매욕구를 상승시키는 효과를 발휘한다.

◈ **SF** Science Fiction

공상(空想)을 과학과 결합해 쓴 소설을 말한다. '해저 2만 리' 의 작가 프랑스의 J. 베른이 창시자로 인정 받고 있으며, 영국의 H. G. 웰스의 ' 타임머신' , ' 화성과의 전쟁' , '우주전쟁' 등을 통해 소설의 장르가 되었다. 이를 영화로 만든 것을 SF 영화라고 한다.

◈ **가곡** 歌曲 lied

예술가요라는 뜻으로 사용되며, 시(詩)의 내용을 가장 충실하게 표현하는 방식이다. 시와 멜로디, 반주가 어우러진 예술성이 높은 독창곡을 말한다. 슈베르트의 '겨울 나그네' 가 대표적이다.

◈ **가십** Gossip

사람이나 사건에 대해서 흥미 거리로 떠돌아다니는 뜬소문이나 신문 · 잡지 등의 소문에 관한 기사 등을 말한다. 유럽이나 미국에서는 사교계 명사에 대한 소문을 의미하는 말이었지만, 매스커뮤니케이션의 발달과 함께 유명 인사나 연예인 등과 관련된 소문이나 기사 등을 뜻한다.

◆ 간주곡 間奏曲

다악장의 악곡에서 악장과 악장 사이에 연주되는 곡 또는 오페라의 막과 막 사이에 연주되는 곡을 말한다. 보통은 빠르게 전개되며 주제가 세 번 이상 반복되는 동안에 다른 선율을 가진 두 개의 부주제가 중간중간 삽입되는 형식의 기악곡이다. 독립적으로 쓰일 때는 자유로운 형식으로 크지 않은 곡을 말한다.

◆ 감상주의 感傷主義

18세기 유럽에서 고전주의에 대한 반동으로 일어난 문예상의 한 경향으로, 낭만주의적인 문예 작품들이 특징적 사조를 이룬다.

◆ 갤럽 Gallup

1935년 미국의 정치학자 갤럽 박사가 프린스턴 대학 내에 설치했으며, 현재 미국은 물론 전세계에서 가장 권위있는 여론조사기관으로 꼽히고 있다.

◆ 고전주의 古典主義 Classicism

16~17세기의 르네상스 시대에 나타난 사조로, 조화, 완성, 형성미(形成美), 간소(簡素) 등의 형식을 중히 여기는 주의이다. 고전주의 문학은 주지주의(主知主義)의 문학, 즉 이성과 지혜, 진실과 자연의 문학으로서 공통적이며 전형적인 인물과 문예형식을 만들어냈다. 영국의 셰익스피어와 드라이든, 독일의 괴테와 레싱 등이 대표적인 작가이다.

◆ 고전주의 미술 古典主義 美術

18세기 말에 바로크·로코코 미술에 대한 반동으로 등장한 미술형식이다. 그리스·로마의 미술의 표현규범을 받아들이고, 제재도 고전적인 것을 취하여 간소(簡素), 조화, 균정(均整) 등의 형식미를 존중했다. 차갑고 안정된 색채 등이 특징이며, 앵그르, 다비드 등이 대표적인 화가이다.

◆ 고전파 음악 Classic music

독일의 빈(Wien)을 중심으로 일어났던 음악계의 고전주의(古典主義) 운동이
다. 교회에 예속되어 있던 음악을 해방시켜서 음악을 위한 음악을 정연한
형식에 담았다. 소나타 형식을 비롯한 오늘날까지 전해지는 음악의 형식들
이 대부분 이때 완성되었다. 대표적 작곡가로는 하이든, 모차르트, 베토벤
등이 있다. 베토벤은 개인적인 감정 표현을 강조하며 고전파에서 낭만파로
이어지는 가교를 놓았다.

◆ 교향곡 交響曲 symphony

18세기 중엽~19세기 초의 고전파 음악의 대표적 장르로서, 음악 형태 중에
서 중요한 위치를 차지하고 있다. 관현악을 위해 작곡된 대규모의 기악곡으
로, 보통 4악장으로 구성된다. '교향곡의 아버지'라고 불리는 하이든이 수
립한 엄격한 형식은 모차르트를 거쳐 베토벤에 이르러 절정에 달했다. 그
후 슈만, 브람스와 같은 낭만파 음악가들은 물론 프로코피에프, 시벨리우
스, 말러 등과 같은 현대 음악가들도 모두 교향곡을 작곡했다.

◆ 국민악파 음악 Nationalist school

19세기 보헤미아, 러시아, 북유럽 등 음악에서 소외되었던 나라들을 중심
으로 민족주의적 음악 이념과 양식을 구축한 음악의 유파이다. 1848년에
일어났던 프랑스 2월혁명의 영향으로 각국에서 독립운동이 활발하게 일어
났는데 그 정신이 음악상의 운동으로 표현된 것이다. 스메타나, 드보르작
등이 대표적인 작곡가이다.

◆ 그랜드 슬램 Grand Slam

한 선수가 같은 해에 세계 4대 선수권대회에서 모두 우승하는 것을 말한다.
테니스에서는 미국 오픈, 영국 윔블던 대회, 호주 오픈, 프랑스 오픈에서 모
두 우승하는 것이다. 골프에서는 영국과 미국의 오픈, 전 미국 프로, 마스터

스의 4대 타이틀에서 우승하는 것을 말한다. 야구에서는 1루, 2루, 3루에
주자가 있을 때 치는 만루 홈런을 가리킨다.

◈ 그린 광고 green advertising

환경운동이라는 시대적인 흐름에 대응하기 위해 기업이 그린 마케팅 활동
의 일환으로 펼치는 광고를 말한다. 그린 광고의 유형은 대체로 자사의 상
품을 구매하면 환경보호에 도움을 준다는 사실을 강조하거나 자사의 상품
은 환경을 해치지 않는다고 강조하는 광고, 자사의 상품이 환경에 좋은 제
품이 아니더라도 의식적 또는 무의식적으로 환경의 가치를 촉진하는 광고,
소비자들에게 환경적으로 나쁜 관행의 예를 보여주는 광고 등으로 나누어
진다.

◈ 기사광고 記事廣告

마치 기사인 것처럼 보이게 만든 광고로, 신문광고에서 흔히 쓰이는 광고방
법이다. 신문기사처럼 보이기 때문에 소비자에게 신뢰성을 줄 수 있다는 장
점이 있다.

◈ 나레이터 narrator

화면에는 등장하지 않고 프로그램의 내용만을 낭독하는 사람으로, 영국에
서는 코멘테이터(commentator)라고 한다.

◈ 낭만주의 浪漫主義 Romanticism

19세기 초에 유럽을 휩쓴 반고전주의 문예사조 및 그 운동을 가리킨다. 고
전주의가 정적이고 보편적이고 이성적인 데 반해, 낭만주의는 동적이며 개
인적이며 감상적이라는 특징이 있다. 독일의 노발리스(Novalis), 프랑스의
위고, 영국의 바이런 등이 그 대표적인 작가들이다.

◈ 낭만주의 미술 浪漫主義 美術 romantic art

19세기 전반에 일어난, 고전주의의 딱딱한 표현방식에서 탈피해 풍부한 색채를 사용하고 상상의 자유로운 움직임을 표현하고자 했던 회화의 운동이다. 대표적인 화가로는 제리코(T. Gericault), 들라크루아(F. V. Delacroix) 등이 있다.

◈ 낭만파 음악 Romantic music

19세기부터 20세기 초엽 독일을 중심으로 일어난 감상적·서정적 표현이 뛰어난 음악 양식을 말한다. 낭만파의 초기는 고전파의 말기와 겹치며, 말기는 근대 음악의 발단과 겹쳐진다. 형식적인 면보다는 개성이나 천재적인 환상을 근본으로 하고 있다. 그 선구자는 베를리오즈이며 대표적인 작곡가로는 쇼팽, 슈베르트, 브람스, 슈만, 바그너 등이 있다.

◈ 논픽션 Nonfiction

픽션(fiction)의 반대말로, 사실을 주제로 하여 쓴 책 또는 문장을 가리킨다. 1912년 미국 잡지 《퍼블리셔즈 위클리》가 베스트셀러를 발표할 때 픽션과 논픽션으로 나누어 발표한 데서 유래했다. 영국의 수상이었던 처칠의 『제2차 세계대전 회고록』 같은 작품이 이에 속한다. 사소설의 산만함과 본격소설의 관념성에 대한 반동으로 제2차 세계대전 이후에 유행했다.

◈ 누벨 바그 Nouvelle Vague

'새로운 물결'이라는 뜻으로, 신선한 발상과 표현 양식을 내세워 1960년 이후 주류를 형성하고 있던 전통적인 영화계에 큰 영향을 주었다. 대표적인 작가로는 '어른들은 모른다'의 프랑수아 뤼포, '네 멋대로 해라'의 장뤼크 고다르, '사형대의 엘리베이터'의 루이 말 등이 있다.

◈ 누보로망 Nouveau-roman

1950년대부터 프랑스에서 시작되었으며, 미시적인 현실에 시각을 한정하여 인간에 대한 새로운 투시(透視)를 확립하는 소설 형식의 하나이다. 앙티로망과 통하는 개념으로, 줄거리의 모호함, 심리묘사의 부정, 작중인물의 해체 등을 특징으로 한다.

◈ 뉴스캐스터 Newscaster

방송에서 뉴스를 읽거나 전달하는 사람을 가리키며, 연출자, 편집자, 기사작성자와 구별해서 최종적인 뉴스 전달자에게 붙여진 이름이다. 우리나라에서는 뉴스만 전담하는 아나운서를 지칭했지만 점차 기자도 이 역할을 맡게 되었다. 텔레비전 뉴스 쇼의 경우에는 앵커맨이라고도 한다.

◈ 뉴에이지 음악 new age music

대중음악의 주종을 이루고 있는 감각적인 록(rock) 음악에 반감을 느낀 음악가들이 동양의 신비하고 즉흥적인 음악에 매료되어, 그러한 분위기를 어쿠스틱 악기나 신시사이저와 같은 최첨단 전자악기를 이용해 표현하고자 한 노력에서 비롯되었다. 다양한 장르의 음악을 고루 접목시킨 연주음악으로, 무드음악, 환경음악, 무공해 음악이라고도 한다. 대표적인 연주가로는 피아니스트 조지 윈스턴, 플루트 주자 폴 혼, 하프 주자 안드레아스 폴렌바이더 등이 있다. 1986년부터 그래미상에 '뉴 에이지 음악' 부문이 만들어지면서 공식적인 음악 장르로 정착되었다.

◈ 뉴 저널리즘 new journalism

1960년대 미국에서 있었던 보도양식의 변혁을 일컫는 말이다. 보도에서의 기본이 되어 온 속보, 객관성, 간결성을 거부하는 경향으로, 픽션(fiction)의 기법으로 주관적 현실을 묘사하며 레그 워크(leg work ; 발로 뛰는 취재)를 조사를 하는 데 중점을 두는 심층보도를 지향한다.

◆ 다다이즘 Dadaism

사회민주주의 정당들까지 제국주의 전쟁에 야합하거나 굴복하게 된 유럽의 현실과 전쟁의 부조리에 환멸을 느낀 예술가들이, 1916년 스위스 취리히에서 일으킨 새로운 운동을 말한다. 이들은 모든 사회적 · 예술적 전통을 부정하고 반(反) 이성, 반(反) 도덕, 반(反) 예술을 표방했다. 브르통, 아라공, 엘뤼아르 등이 참가했으며, 타락한 유럽 문명에 대한 반항정신은 초현실주의 등으로 계승되었다.

◆ 다큐멘터리 documentary

실제 사건의 재현이나 기록을 말하며, 기록영화, 실록(實錄) 소설, 방송을 뜻한다. 일반적인 드라마와 달리 허구나 극적인 내용을 갖지 않는 게 특징이다.

◆ 대하소설 大河小說 Roman-fleuve

일관된 줄기를 따라 흐르는 시대를 대하(大河)로 보고 인간정신의 내면적인 움직임을 섬세하게 분석하면서 동시에 외부의 움직임을 함께 표현하는 장편소설의 창작법이다. 1930년대부터 프랑스에서 시작된 현대 장편소설의 한 형식이다. 선구적인 작품으로는 롤랑의 『장 크리스토프』가 있으며, 프루스트의 『잃어버린 시간을 찾아서』, 마르탱 뒤 가르의 『티보가(家)의 사람들』 등이 잘 알려져 있고, 우리나라의 작품으로는 박경리의 『토지』 등이 있다.

◆ 데드라인 deadline

취재한 기사를 편집부에 넘겨야 하는 기사 마감시간을 뜻한다. 이 시간을 넘기면 당일에 보도할 수 없으므로 취재된 기사를 편집자에게 넘기기 위해, 각 신문사와 방송국들은 서로 경쟁을 벌이게 된다.

◆ 데생 素描 dessin

그림을 검은색 한 가지만으로 그리는 것을 말한다. 주로 선을 사용해 형체를 표현하고 명암에 의해 양을 표현하는 방법으로, 묘화(描畵)의 기초가 된다. 특히 석고 소묘는 조형학습의 기본이 될 뿐만 아니라, 독립된 작품으로서의 가치도 지니고 있다.

◈ 데스크 desk
보통은 사건을 담당하는 책임 기자를 일컫는 말로 쓰이며, 취재를 지시하거나 뉴스 원고를 받아 기사를 작성하는 각 부의 수장들을 의미하기도 한다.

◈ 데카당스 Decadance
19세기 말엽 프랑스에서 일어난 문학상의 한 경향으로, 예술활동의 퇴조(退潮)를 의미한다. 이들은 지성보다는 관능에 치중하고 죄악과 퇴폐적인 것에 더 매력을 느껴 암흑과 혼란 속에서 아름다움을 찾으려고 했다. 전통을 파괴하고 비정상적인 깃에서 자극을 구하려는 욕망의 표현이라고 할 수 있다. 선구적인 역할을 한 인물로는 프랑스의 보들레르 · 랭보 · 베를레느, 영국의 오스카 와일드 등이 있다.

◈ 데포르마시옹 de formation
작품 속에서 대상을 의식적으로 확대하거나 또는 변형시켜서 묘사함으로써 오히려 작품의 본질을 명확히 하거나 미적 효과를 끌어올리는 표현방법을 말한다. 인상파 화가들과 이후의 화가들에게 많이 이용된 기법이다.

◈ 도핑 검사 Dope Check
경기 능력을 일시적으로 끌어올리기 위해 호르몬제, 정신안정제, 흥분제 등과 같은 금기 약물을 사용했는지의 여부를 가리는 약물검사이다. 1960년의 로마올림픽에서 흥분제를 사용한 자전거 선수가 경기 중에 사망한 것이 계기가 되었으며, 1972년 겨울 삿포로 대회부터 실시되었다. 경기 종료 직후 소변에서 약물 혹은 유사한 약물이 검출되면 메달을 박탈 당하기도 하고 그

후의 대회에 출장할 수 있는 자격이 제한되기도 한다.

◈ 독립영화 獨立映畵 Independent Film

기존의 상업자본에 의존하지 않고 창작자의 의도에 따라 제작한 영화를 말
하며, '인디영화' 라고도 한다. 헐리우드에 속하지 않는 제작자들에 의해 만
들어지는 영화를 총칭해서 이르기도 하고 우리나라에서처럼 상업영화 자
본에 의존하지 않고 제작되는 영화를 가리키기도 한다. 따라서 독립이란 자
본으로부터의 독립과 상업영화로부터의 독립이라는 두 가지 의미를 가지
고 있다. 독립영화는 제작자나 감독의 주제의식을 표출하기 위한 대안적인
내용과 형식을 담아내는 특성을 가지고 있다.

◈ 동편제 東便制

전라도 동쪽지방에서 형성·전수되어 온 판소리의 유파이다. 웅장하면서
활달한 면에서 서편제와 대조적이다. 통성을 쓰며 소리 끝을 짧게 끊는 등
대마디 대장단의 특징을 가지고 있다.

◈ 드라이브 타임 drive time

라디오의 청취율이 가장 높은 시간, 즉 출근시간(06:00~09:00)과 저녁 퇴근
시간(16:00~19:00)을 가리킨다. 대부분 저녁의 퇴근시간보다는 아침의 출근
시간에 청취율이 더 높다.

◈ 디지털 라이브러리 Digital Library

도서관에 소장하고 있는 도서나 자료의 서지사항과 본문을 디지털화해서
인터넷이나 PC통신을 통해 제공하는 것을 말한다. 전자도서관(electronic
library)이라고도 한다.

◆ 랩소디 Rhapsody

보통은 광시곡(狂詩曲)이라고 번역된다. 원래는 유명한 음악의 멜로디를 연결해서 만든 가곡을 의미했지만, 오늘날에는 일정한 형식에 구애됨이 없이 환상적이고 자유스러운 악장으로 발전시켜 만든 화려한 악곡을 말한다. 리스트의 '헝가리 광시곡'이 잘 알려져 있다.

◆ 랩 음악 Rap Music

랩이란 '내뱉듯 말하다, 비난하다, 수다 떨다' 등의 의미를 가진 속어이다. 1960년대 미국 뉴욕 할렘가의 흑인 젊은이들이 사회적인 불만이나 백인들에 대한 욕설을 노래에 담으면서 시작되었다. 1970년대는 섹스, 마약, 패륜 등을 소재로 해서 흑인들 사이로 급속히 퍼져 나갔으며, 1980년대는 랩으로 노래한 흑인 가수의 음반이 대히트하면서 상업음악 장르의 하나로 자리 잡게 되었다.

◆ 레게 음악 Reggae Music

자메이카의 토속 음악과 미국의 리듬 앤 블루스 음악이 혼합된 대중음악으로, 리듬이 강약의 변화를 이루면서 경쾌한 맛을 주는 게 특징이다. 영국의 지배를 받던 자메이카에서 흑인들의 단결을 호소하는 노래 운동에서 출발했으며 1970년대 이후 댄스뮤직으로 인기를 얻었다.

◆ 레지스탕스 문학 Resistance Literature

제2차 세계대전 중에 프랑스에서 생겨난 나치에 저항하는 문학이다. 주로 1940년 프랑스의 항복에서부터 1944년 연합군에 의한 파리 해방까지의 4년 동안에 쓰인 작품들을 말하는데, 전제에 대항하고 자유와 해방을 추구하는 입장에서 쓰인 문학이다. 대표적인 작품으로는 아라공의 『단장』, 프랑스의 『기상나팔』, 엘뤼아르의 『시와 진실』, 베르코르의 『바다의 침묵』, 트리올레의 『아비뇽의 연인들』 등이 있다.

◆ 레퀴엠 requiem

위령 미사 때 드리는 음악으로, 정식 명칭은 '죽은 이를 위한 미사곡'이다. 가사의 첫마디가 'requiem(안식을…)'으로 시작되는 데서 이와 같은 이름이 만들어졌다. 우리말로는 진혼곡, 진혼미사곡 등으로 쓰인다. 가톨릭 교회에서 그레고리오 성가로 불렸으며, 15세기부터는 다성부로 된 레퀴엠도 등장했다. 1600년 이후에는 독창, 합창, 관현악으로 이루어진 대규모 작품도 만들어졌지만 점차 연주회의 성격이 강해졌다. 모차르트, 케르비니, 베를리오즈, 베르디, 포레 등의 작품이 대표적이다.

◆ 로마네스크 Romanesque

10세기 말엽 프랑스에서 일어나 12세기 중엽까지 서유럽 각지에 영향을 미쳤던 건축양식이다. 고대 고전양식의 여러 요소를 부활시키고 동양적인 풍취를 가미한 것이 특징이다. 사원(寺院) 건축에 주로 이용되었다.

◆ 로만스 Romance

여러 가지 악곡에 대해 쓰이는 말이며, 일정한 양식이나 형식을 가리키는 말은 아니다. 낭만 시대에 많이 작곡되었으며 서정적인 노래와 악기를 위한 작품들이다. 민요를 기원으로 하고 있다.

◆ 로스트 제너레이션 Lost Generation

헤밍웨이의 『태양은 다시 떠오른다』에 서문을 쓴 스타인이 명명한 말로 잃어버린 세대를 의미한다. 참혹한 전쟁 경험으로 인해 기성의 사회가 가지고 있던 모든 개념들에 대한 가치의식을 잃어버리고 절망과 허무에 빠졌던 헤밍웨이, 포크너 등을 포함한 일군의 작가들을 호칭한 말이다. 이들의 특징은 사회로부터의 절망적인 이탈과 그에 따르는 염세적인 향락주의라고 할 수 있다.

◆ 로컬 광고 local advertising
지역 방송국에 제한되어 방송되는 광고로, 지역의 광고주가 주로 이용한다.
전국 방송망을 가진 방송국에서 실시하는 광고는 네트워크 광고라고 한다.

◆ 로컬 에디션 local edition
중앙 일간지들이 특정 면의 일부를 경기판, 충청판, 강원판, 호남판, 영남판
등으로 고정해서 그 지역의 뉴스를 게재하는 난을 말한다.

◆ 로코코 미술 Rococo Art
바로크 미술과 신고전주의 미술 사이에 유행했던 유럽의 미술양식을 가리
킨다. '로코코'라는 말은 '자갈'을 뜻하는 프랑스어 로카유(rocaille)에서 유
래되었는데, 당시에는 귀족들의 치장을 위해 만들어진 장식품이나 공예품
을 가리키는 말로 쓰였다. 로고코 미술은 17세기 중후반에 프랑스를 중심으
로 유행하다 독일과 오스트리아 등지로 퍼져나갔다. 여성적이고 장식적이
며 섬세한 매력으로 인해 경쾌하고 화려한 것이 특징이며 실내 장식과 회화
뿐 아니라 공예 분야와 건축 등에서도 뛰어난 작품들이 많이 만들어졌다.
대표적인 작품으로는 와토의 '키테라섬의 순례', '사랑의 노래', 부세의
'목욕하는 다이에나', 샤르뎅의 '비누방울을 부는 사람' 등이 있다.

◆ 르네상스 문학
르네상스 시대는 15세기경 이탈리아에서 시작되어 유럽 전체로 확산되었
던 문예부흥시대를 가리킨다. 종교와 교회의 속박으로부터 벗어나 인간은
자유로워져야 한다는 의식을 바탕으로 해서 시작된 이 운동은 정치, 종교를
비롯한 모든 부분에서 인간 중심의 가치를 추구했다. 르네상스 문학은 고대
그리스와 로마의 고전 부흥을 목표로 한 문학운동이었으며, 중세의 종교적
속박으로부터 벗어나 학문을 부흥 발전시키게 된 계기가 되었다. 대표적인
작가로는 보카치오, 페트라르카, 몽테뉴 등이 있다.

◆ 르네상스 음악

르네상스 시대의 음악에는 특별한 변화가 없었다. 단선율의 음악이 조금 복잡한 다선율의 음악으로 변화되었고, 대위법이라는 작곡 기법으로 인해 보다 세련된 구성을 갖추기 시작한 정도였다. 이 시기에는 성악곡이 주류를 이루는 가운데 이탈리아를 중심으로 오페라가 유행하기 시작했다. 종교음악으로는 미사곡, 성무일과곡, 모테트 등이 작곡되었으며 세속음악으로는 샹송, 춤곡 등이 등장했다. 이 시기의 대표적인 작곡가로는 팔레스트리나(Palestrina), 라소(Lasso), 뒤파이(G. Dufay) 등이 있다.

◆ 르포르타주 Reportage

특별한 사건이나 현장에서의 체험 등을 소재로 하며, 필자의 주관을 섞지 않고 객관적으로 서술함으로써 소재의 생동감과 박진감을 생명으로 한다. 보고기사 또는 기록문학이라고도 한다.

◆ 리듬 & 블루스 rhythm & blues

1940년대에 미국 중소도시의 흑인들 사이에서 생긴 비트감이 강한 팝뮤직으로 다른 음악에 끼친 영향이 지대하다. 도시화 과정을 겪으면서 템포가 빨라지고 소리가 커졌으며 가사와 음악이 밝아졌다.

◆ 리허설 Rehearsal

연극, 무용, 음악, 방송 등을 통해 공개하기 전에 하는 총연습을 말한다. 실제 무대의상을 입고 하는 연습을 드레스 리허설, 텔레비전에서 카메라를 사용해 하는 연습을 카메라 리허설, 단순히 동작과 위치를 정하는 연습을 드라이 리허설이라고 한다.

◆ 매너리즘 Mannerism

틀에 박힌 수법을 되풀이해서 독창성이 사라지고 신선함과 생기를 잃어버린 표현 방법을 말한다. 문학이나 예술의 표현 수단이 독창성이 없는 형태, 창작력이 없고 타성적인 표현 방법을 반복하는 좋지 않은 경향을 가리킨다.

◈ 매스 미디어 Mass Media
미디어란 매체 또는 수단이란 의미를 가지고 있으며, 대중전달의 수단으로 쓰이는 TV, 신문, 방송, 잡지, 영화 등을 가리킨다. 매스 미디어는 대중매체 또는 대량전달매체라는 뜻으로, 불특정 다수인 대중에게 정보를 전달하는 수단을 말하며 공적인 성격을 가지고 있다.

◈ 매스 커뮤니케이션 Mass Communication
TV, 신문, 방송, 잡지, 영화 등의 매개체를 이용해서 대중에게 대량의 정보를 전달하는 것을 말하며, 흔히 매스컴(masscom)이라고 줄여 말한다. 이 말은 1946년 11월, 유네스코 헌장에서 '모든 매스 커뮤니케이션의 방법을 통해 전 인민의 상호의 지식과 이해를 증진시킴' 이라고 규정한 데서 만들어졌다. 사회의 각 분야에서 벌어지는 각종 사건과 정보를 전달하는 보도적 기능과 함께 사회현안에 대한 여론 형성에 영향을 끼치는 사회 지도적인 기능도 수행한다.

◈ 메세나 Mecenat
고대 로마제국의 아우구스트 황제의 대신이자 정치가, 외교관, 시인이었던 가이우스 마에케나스(Gaius Cilnius Maecenas)가 당대 예술가들과 친교를 하면서 그들의 예술·창작 활동을 적극적으로 후원하고 비호함으로써 예술부국으로 만든 데서 유래한 말이다. 일반적으로는 문화, 예술, 스포츠 등에 대한 원조 및 사회적·인도적 입장에서 공익사업 등에 지원하는 기업들의 지원활동을 의미한다. 1967년 미국에서 기업예술후원회가 발족하면서 이 용어를 처음으로 사용한 이후, 각국의 기업인들이 메세나협의회를 설립하기 시작하면서 기업인들의 각종 지원 및 후원 활동을 일컫는 말로 쓰이게 되었다. 우리나라에서는 1994년 4월에 한국메세나협의회가 발족돼 185개 기업이 참여하고 있다.

◈ 멘토링 Mentoring
'멘토'는 그리스신화에 등장하는 오디세우스의 친구 멘토르(Mentor)에서 유래했다. 스승 역할을 하는 사람을 '멘토(mentor)', 조언을 받는 사람을 '멘티(mentee)'라고 한다. 멘토링이란 경험과 지식이 많은 사람이 스승이 되어 지도와 조언으로 그 대상자의 실력과 잠재력을 키워주는 것을 말한다. 멘토와 멘티의 관계는 자연스럽게 만들어지기도 하고, 기업 내 조직이나 학교 등에서는 인위적인 멘토링으로 활용되기도 한다.

◈ 멜로드라마 Melodrama
그리스어 멜로스(melos : 노래)와 드라마(drama : 극)가 결합된 말이다. 원래는 음악을 반주로 사용한 오락 중심의 서민연극을 의미하는 말이었지만 오늘날에는 주로 연애를 주제로 한 통속적이고 감상적인 극을 가리키는 말로 쓰이고 있다. 현실적인 가능성이나 인물의 성격 묘사보다는 줄거리, 장면의 변화, 화려함에 중점을 두는 극을 말한다.

◈ 모노드라마 Monodrama
러시아의 상징파 극작가인 예프레이노프(Evreinof)에 의해 주장된 희곡의 형식으로, 1인칭의 희곡의 형태로 주인공의 체험을 관객에게 그대로 느끼게 하는 서술 형식을 말한다. 다른 의미로는 한 사람의 배우가 연기하는 연극을 말하는데, 18세기의 독일 배우인 브란데스(Brandes)가 유행시킨 연극 형식이다.

◈ 모놀로그 Monologue
연극에서 등장인물이 혼자서 늘어놓는 말로 독백 또는 솔리로퀴(Soliloque)

라고도 한다. 모놀로그는 그 상대를 관객으로 하기 때문에 의식의 흐름을 표현할 때 주로 쓰이는 수법이다. 모놀로그의 반대는 다이얼로그(Dialogue)이다.

◉ 모더니즘 Modernism

1920년대에 일어난 근대적인 감각을 나타내는 예술상의 경향을 가리킨다. 기성도덕이나 전통적 권위에 대립하며, 현대적 문화생활이 반영된 주관적이고 전위적이며 실험적인 경향을 총칭한다. 보통 현대 문명에 대해서는 비판적이고 미래에 대해서는 반(反) 유토피아적인 경향이 있다. 미래파, 표현파, 다다이즘, 주지파 등을 포괄하는 의미로 쓰이기도 한다. 우리나라에는 최재서, 김기림 등에 의해 도입되었다.

◉ 모음곡 組曲 suite

여러 개의 악곡을 모아 한 개의 곡으로 자연스럽게 꾸민 악곡을 말한다. 17~18세기에 번성했으며, 모든 다악장(多樂章)의 기악곡 중 가장 오래된 형식으로 교향곡이나 협주곡처럼 뚜렷한 악장의 형식은 없다. 바흐의 '관현악조곡' 이 대표적인 모음곡이다.

◉ 모자이크 mosaic

색유리, 조개껍질, 에나멜, 타일, 나무 등의 조각을 건축물의 벽면 등에 붙여 장식적 · 회화적 주제를 나타낸 것을 말한다. 비잔틴 시대(AD 400~1400년경)에 건축된 사원의 내부에 장식된 모자이크가 유명하다.

◉ 무크 mook

무크는 잡지(magazine)와 서적(book)의 합성어이다. 미국에서는 매거북(magabook), 부커진(bookazine)이라고도 한다. 잡지의 형식과 서적의 내용을 절충한 형태의 출판물을 가리킨다.

◈ 뮤지컬 musical

노래, 무용, 연극이 융합된 극 형식으로 출연자들은 노래, 춤, 연기에 모두 능숙해야 한다. 오페라나 오페레타에서는 음악이 우위를 차지하지만 뮤지컬에서는 연극적 요소가 더 중요시된다.

◈ 미뉴에트 minuet

기악곡의 한 형식으로 복합 3부 형식으로 된 3박자의 별로 빠르지도 느리지도 않은 곡을 말한다. 처음에는 서민적 무곡이었으나 17세기 프랑스 귀족층 사이에 유행했다. 18세기 중엽에 고전 교향곡의 제3악장 속에 넣어져 순수한 기악곡 형식이 되었다.

◈ 바로크 미술 Baroque Art

1600~1750년 사이의 유럽의 여러 가톨릭 국가에서 발전한 미술양식이다. 바로크라는 말은 포르투갈어의 '비뚤어진 진주'라는 뜻인데, 장식이 지나치게 외향적이고 격동적이며, 과장된 건축과 조각에 대해서 경멸의 의미로 사용되었다. 바로크 회화의 창시자는 17세기 초 이탈리아의 카라바조이며, 그의 영향력이 스페인과 북유럽으로 퍼지게 되었다. 그를 추종하는 사람들을 '카라바 제스키'라고 불렀다고 한다. 바로크 미술은 양감, 광채, 역동성에 호소하며 과격한 운동감과 극적인 효과를 특징으로 한다. 바로크 건축은 거대한 양식과 곡선의 활용, 자유롭고 유연한 접합 부분 등을 부각하고, 조각에서는 날아오를 듯한 동적인 자세와 다양한 의복의 표현 등이 특징이다. 바로크 회화는 대각선 구도와 원근법, 격렬한 명암 대비, 단축법, 눈속임 기법의 활용 등이 특징적이다.

◈ 바로크 음악 Baroque music

17~18세기에 유럽에서 일어난 음악의 한 경향으로, 음악적으로는 오페라의 탄생과 발전, 성악 대신 기악이 등장해서 활동하던 시대이다. 성악과 기

악이 분리되면서 소나타, 모음곡, 협주곡 등과 같은 새로운 장르가 만들어졌다. 이탈리아의 비발디, 프랑스의 쿠르랭, 영국의 퍼셀 등이 대표적인 작곡가이다. 바흐와 헨델은 바로크 음악의 정수를 모은 뛰어난 작품들을 남기고 고전파로 이어지는 문을 열게 된다.

◈ 반론권 反論權 right of reply
매스 미디어에 명예훼손을 당한 이해 관계자가 반박문이나 정정문을 게재 또는 방송하도록 요구할 수 있는 권리이다.

◈ 발라드 Ballade
'춤추다'는 뜻의 라틴어 'Ballare'에서 유래했으며, 본래 자유로운 형식의 짧은 서사시를 말하는 것이었다. 시간이 흐르면서 점차 그것을 바탕으로 작곡된 기악곡으로 의미가 바뀌었다. 브람스와 쇼팽이 대표적인 작곡가이다.

◈ 변주곡 變奏曲 variation
변주(變奏)란 주제는 그대로 두고 리듬, 선율 등을 여러 형태로 바꿔서 연주하는 것을 말한다. 즉 주제의 리듬(rhythm), 조(調), 화성(和聲), 박자 등을 변화시켜서 엮어 나간다.

◈ 블랙 저널리즘 black journalism
감추어진 이면의 사실들을 드러내는 정보활동의 영역으로, 저널리즘이 그 역할을 제대로 하지 못할 때 성행하게 된다. 특정한 조직 집단이나 개인이 가지고 있는 약점을 확보해서 보도하겠다고 위협하거나, 특정한 이익을 위해 보도해 이득을 얻는다. 사회를 비판하는 역할을 맡기도 하지만 재정적 뒷받침이 부족할 경우에는 오히려 정당이나 재벌들에게 이용당하기 쉽다.

◈ 블록버스터 Blockbuster

원래는 '대형 고성능 폭탄'을 뜻하며, 매스컴 용어로는 계획적으로 만들어지는 거대 베스트셀러를 가리킨다. 영화계에서는 엄청난 흥행수입을 올린 영화를 일컫는 말로, 특정 시즌을 겨냥해 막대한 자본을 들여 제작한 영화를 말한다. 보통 SF영화나 액션영화 등 자극적이고 화려한 볼거리를 제공한다. 최대한 많은 개봉관을 확보하고 광고비를 순식간에 투여하는 마케팅 전략이 필수적이다.

◈ 블루 존 Blue Zone

청소년들이 안심하고 활동할 수 있게 만든 안전지대를 가리키며, 청소년들의 건전한 생활을 위한 다양한 여건들을 갖추고 있다. 초등학교 주변의 스쿨 존(School Zone)과 비슷한 개념이다.

◈ 비구상 非具象 non-figuratif

극단적인 자연주의에 대한 반동으로 일어난 미술의 경향으로, 현실의 재현을 추구하는 구상(具象)을 부정하고 대상의 본질적 특징을 형상화하려고 했다. 순수하게 기하학적 형태로 구성하는 양식주의적인 경향과 자유로운 형태를 통해 정신적 표현을 추구하는 표현주의적 경향으로 나누어진다.

◈ 비잔틴 미술

비잔티움(Byzantium ; 이스탄불의 옛이름)을 거점으로 비잔틴 제국(동로마 제국)에서 번성했던 그리스도교 예술을 말한다. 모자이크(mosaic) 벽화로 장식된 이스탄불의 성소피아 사원이 대표적이다.

◈ 비트 제너레이션 Beat Generation

패배의 세대라는 뜻을 가지고 있으며 로스트 제너레이션의 다음 세대를 가리킨다. 모든 기성세대의 질서와 도덕, 문학에서 탈피해 인간 고유 성격의 밑바탕에서 몸부림치는 것이 특징이다. 케루악(J. Kerouac), 긴스버그(A. Ginsberg) 등이 대표적 문학가다.

◉ 사소설 私小說
작가 자신의 개인적인 경험이나 심경을 피력한 소설을 뜻한다. 일본의 자연주의 경향의 작가에 의하여 처음 시도되었는데, 우리나라 문단에도 많은 영향을 미쳤다.

◉ 사실주의 寫實主義 Realism
자연이나 인생 등을 있는 그대로 충실히 모사(模寫)하거나, 형상(形象)화함으로써 사물의 본질이나 의미를 포착하려는 경향을 말한다. 19세기 프랑스 소설에서 두드러지게 나타났는데, 스탕달, 발자크를 시작으로 해서 플로베르, 공쿠르 형제를 거쳐 졸라, 모파상에 이르렀다. 이 경향은 전 세계로 파급되었는데, 영국에서는 엘리엇·디킨스·하디, 미국에서는 싱클레어·스타인벡, 독일에서는 헵벨·프라이타크, 러시아에서는 투르게네프·도스토예프스키·톨스토이 등을 거쳐 사회주의 리얼리즘에까지 이르게 되었다.

◉ 사운드 로케이션 sound lacation
소리만 녹음하는 로케이션을 말한다. 철교 위를 지나가는 기차소리, 새소리, 바람소리 등 극의 효과에 실제 소리가 필요할 때 사운드 웨건(로케이션에서 동시에 녹음이 되도록 녹음장치를 완비한 자동차)을 이용해 촬영하고 녹음하는 것을 말한다.

◉ 사이코드라마 Psychodrama
루마니아 태생의 정신과 의사 J. L. 모레노가 창시한 심리요법이다. 비슷한 증세의 환자를 모아 연극에 출연시키고 그 속에서 자연스럽게 환자의 심리가 표현되도록 유도하는 기법이다. 의사도 이 심리극에 같이 참가하면서 환자를 분석하고 지도한다.

◈ 산문시 散文詩
운(韻)이나 리듬 등과 같이 시의 특징적인 것들을 갖지 않은 산문 형식에 가까운 서정시를 말한다. 자유시가 내재율(內在律)을 무시하고 줄을 바꾸어서 쓰는 데 비해 산문시는 한층 더 리듬을 무시하는 경향을 가지고 있다. 프랑스의 시인 보들레르(Baudelaire)가 처음 썼으며, 러시아의 시인 투르게네프(Turgenev), 미국의 휘트먼(W. Whitman) 등이 산문시로 유명한 작가들이다.

◈ 상징주의 象徵主義 Symbolism
19세기 후반에 자연주의 사조와 사실주의 수법에 대한 반동으로 프랑스에서 일어난 시의 혁신운동이다. 외적 경험과는 별도로 내면적 · 신비적인 세계를 암시적으로 표현했다. 프랑스의 보들레르, 랭보, 말라르메, 베를레느와 벨기에의 극작가 베르아렝 등이 대표적인 작가이다.

◈ 샹송
프랑스의 가요로, 가곡을 부르는 것처럼 신중을 기해서 부르지 않고 자유롭게 중얼거리듯이 부르는 것이 특징이다. 평범함과 단순함 속에서도 짙은 정서를 표현하는 곡이 많으며, 일반인들의 일상생활과 관계있는 일들을 아름다운 감정과 지성으로 노래한다.

◈ 서곡 序曲 overture
17~18세기에 이탈리아와 프랑스에서 발생한 음악형식이다. 오페라 오라토리오의 처음을 장식하는 관현악곡과 독립된 연주회용 서곡 두 가지 형식이 있다. 19세기에는 단독곡이면서 서곡이기도 한 교향곡적인 작품이 생겼는데, 이를 '음악회용(音樂會用) 서곡' 이라고 불렀다. 차이코프스키의 '1812년', 브람스의 '대학축전(大學祝典) 서곡' 등이 음악회용 서곡의 대표적 작품이다.

◈ 서사시 敍事詩 Epic

사회집단의 흥망과 영웅의 운명을 노래하는 운문시를 말한다. 서정시보다 더 이야기체에 가깝고 형식도 대체로 길다. 호머(Homer)의 『일리아드』, 『오디세이』는 민족설화를 읊은 민족적 서사시이며, 밀턴의 『실락원』, 괴테의 『헤르만과 도로테아』 등은 예술적 서사시다.

◈ 서정시 抒情詩

주관적이며 관조적인 수법으로 자신의 감정을 나타낸 시로, 대개의 경우 짧은 게 특징이다. 근대시의 주류를 형성하고 있다. 하이네(H. Heine), 단테(A. Dante), 바이런(G. G. Byron) 등이 서정시인으로 잘 알려져 있다.

◈ 서편제 西便制

주로 전라도 서쪽인 광주, 나주, 보성, 장흥, 해남, 강진 등에서 이어져온 판소리 창법상의 유파를 말한다. 조선시대 정조·순조 무렵 여덟 명창 중 한 사람이었던 박유전의 법제를 받았는데, 부드러우면서 구성지고 애절함이 배어나온다. 소리의 끝이 꼬리를 길게 달고 있다.

◈ 세레나데 小夜曲 serenade

이탈리아어 'sere-저녁 때, 밤'에서 유래한 말로, 저녁에 연인의 창 밑에서 노래를 하거나 연주를 하는 음악이다. 18세기에 시작된 기악형식을 말하기도 하는데, 대부분 관악, 현악, 소관현악을 위해 작곡된 소규모의 조곡(組曲)으로 구성이 간단한 몇 악장을 이은 것이 많다. 슈베르트의 '세레나데'가 유명하다.

◈ 슈투름 운트 드랑 Strum und Drang

'질풍노도의 시대'라는 뜻으로, 18세기 후반 독일에서 일어난 혁신적인 문학 운동을 말한다. 합리주의와 계몽주의에 대한 반동으로 일어났으며 개성의 존중과 감정의 자유를 외치고, 국민문학의 창조에 주력했다. 대표적인 작품으로는 괴테의 『젊은 베르테르의 슬픔』, 실러의 『군도(群盜)』가 있다.

◆ 스쿠프 scoop
특종기사를 경쟁관계에 있는 다른 언론사보다 먼저 보도하는 것 또는 그 기사를 말한다. 특종 보도라는 뉴스가 갖는 요소를 가장 강하게 지니고 있는 기사이다.

◆ 스크린플레이 Screen Play
수비자에게 접근해서 동료 공격자가 방해받지 않고 공격할 수 있도록 도와주는 플레이를 말한다. 농구에서는 수비수를 몸으로 막아 슛할 기회를 만들어주는 플레이를 말하며, 축구에서는 상대방을 몸으로 가로막으면서 하는 공격법을 뜻하고, 핸드볼에서는 공격 선수들이 서로 엇갈리면서 이동해 수비의 진로를 차단하거나 어지럽히는 방법을 말한다.

◆ 스탠더드 넘버 Standard Number
시대에 관계없이 오랫동안 사랑받으며 연주되는 곡을 말하며, 잠깐 유행했다가 잊혀지는 곡에 상대되는 말이다. 엘비스 프레슬리(Elvis Aron Presley)의 'Love Me Tender', 비틀즈(Beatles)의 'Yesterday', 빙 크로스비(Bing Crosby)의 'White Christmas' 등이 대표적이다.

◆ 스탠드 바이 stand by
발생할 가능성이 있는 사고에 대비하기 위해 미리 준비해 놓는 프로그램, 또는 그 사람을 뜻하는 방송용어이다. 실황중계 등에서 우천으로 인해 중계가 불가능하게 될 때를 대비해 준비해 두는 프로그램이 그 예이다.

◈ 스턴트 맨 Stunt Man

위험한 장면에만 전문으로 출연하는 특수한 훈련을 받은 단역배우를 말한다. 스턴트란 곡예, 아슬아슬한 재주를 의미하는데, 자동차 사고나 건물에서 추락하는 등의 역할을 연기자를 대신해서 수행한다.

◈ 스트라디바리 Stradivari

현재의 표준형 바이올린의 창시자이며 평생 동안 약 1,100여 개의 악기를 제작했다. 그가 만든 악기는 큰 음량과 빛나고 예리한 음색이 특징이며 비오티가 연주에 사용하면서 더욱 유명해졌다. 스트라디바리우스(Stradivarius)는 스트라디바리(A. Stradivari)와 그의 아들 프란체스코의 이름이면서, 그들이 만든 현악기를 가리키는 말이기도 하다. 재료, 이니셜, 보관 상태, 음질 등에 따라 10~30억 원에 이르는 고가품으로, 현재 전 세계에 600여 개(비올라 12개, 첼로 약 50개, 바이올린 약 540개)가 있으며, 실제 연수에 사용되고 있는 악기는 50여 개 뿐이다.

◈ 스폰서 sponsor

보증인, 후원자, 주최측 등 여러 가지 의미로 쓰이지만, 일반적으로는 텔레비전, 라디오, 신문 등의 광고주를 말한다.

◈ 스폿 뉴스 Spot News

사건 현장에서 얻어진 생생하고 짧은 뉴스로, 프로그램과 프로그램 사이의 짧은 시간을 이용해 기동성 있게 방송하는 것이 특징이다. 방송중인 프로그램을 잠깐 중단하고 방송하는 경우도 있어 스톱 뉴스(stop news)라고도 하며 핫 뉴스(hot news)라고도 부른다.

◈ 시나위

서민들 사이에서 불리던 '민속악' 의 한 종류로, 남도지방의 무악에서 유래한 것으로 보인다. 무당이 부르는 무가에 맞춰 즉흥적으로 연주해야 하기 때문에 고난도의 연주기술이 필요하다. 요즘은 굿과 상관없이 그 같은 형태의 기악 합주 음악을 모두 시나위라고 부른다.

◈ 시즐 Sizzle

제품의 포인트가 될 만한 소리를 광고에 활용하는 기법이다. 시즐(sizzle)이란 '고기가 구워질 때 나는 지글거리는 소리'를 가리킨다. 지글거리는 소리를 듣고 고기가 먹고 싶어지는 것처럼, 콜라나 사이다 광고의 병 뚜껑 따는 소리, 라면이나 조미료 광고의 뽀글뽀글 소리, 과자를 씹는 소리 등으로 소비자를 자극해서 매력을 느끼게 하는 광고기법이다. 이러한 광고를 시즐광고라고 하고, 시즐광고를 이용해 판매하는 것을 시즐세일이라고 한다.

◈ 신고전주의 음악 Neo-classicism

제1차 세계대전 이후 고전주의 음악으로의 복귀를 주장하며 나타난 음악을 말한다. 후기 낭만파와 인상주의의 예술지상주의적 경향에 반발해, 음악에 대한 엄격하고 객관적 태도를 중요시하며 바로크 또는 그 이전의 대위법적 기법을 존중한다. 스트라빈스키, 힌데미트 등의 작품이 이에 속한다.

◈ 아 카펠라 A Cappella

'예배당 풍으로' 또는 '성당 풍으로'라는 뜻이며, 반주 없이 부르는 합창곡을 말한다. 1960년대 이후 미국을 중심으로 한 대중가요에 큰 영향을 주었으며 블루스, 흑인영가, 컨트리 뮤직 등에 자주 이용되었다. 입, 손장난, 목소리만으로 표현되며 특히 화음이 강조된다.

◈ 아르누보 art nouveau

아르누보란 '새로운 미술'이란 뜻이다. 프랑스에서 싹터 19세기 말에 최고조에 이르렀던 서정성이 강한 조형(造形) 표현운동이다. 유럽의 전통적인 예술에 반발해서 새 양식의 창조를 지향했으며 자연주의, 자발성, 단순, 기술적인 완전을 이상으로 삼았다. 종래의 건축과 공예가 그 전형(典型)을 그리스 · 로마 혹은 고딕에서 구한 데 반해, 이들은 자연 형태 가운데서 모티브를 얻어 새로운 표현을 시도했다. 아르누보는 유리공예 분야에서 가장 두드러진 특징을 볼 수 있으며 대표적인 작가로는 에밀 갈레와 돔 등이 있다.

◉ 아리아 aria
오페라 중 주인공이 부르는 서정적이고 아름다운 독창곡을 말한다. 서정적인 소가곡(小歌曲)이나 그 기악곡을 가리키기도 한다. 영창이라고도 하며, 기악곡으로도 작곡된다. 바흐의 'G선상의 아리아'가 유명하다.

◉ 아방가르드 Avant Garde
20세기 초 프랑스와 독일을 중심으로 자연주의와 의고전주의(擬古典主義)에 대항해 등장한 예술운동이다. 문학에 있어서는 특정한 주의나 형식이 아니라 새 시대의 급진적 예술운동 전반에 대한 것을 모두 아방가르드라고 한다. 혁신적 예술을 주장하며, 다다이즘을 시작으로 해서 초현실주의와 실존주의 문학 운동까지 포함해서 계승된다.

◉ 아포리즘 Aphorism
'정의'를 의미하는 그리스어에서 유래된 말로, 심오한 체험적 진리를 간결하면서 압축된 형식으로 표현한 짧은 글을 가리킨다. 문장이 짧고 내용이 독창적이며 기지가 풍부한 것이 특징이다. 17세기의 모럴리스트들이 애용한 뒤 문학에서도 하나의 장르로 자리 잡았다. 노발리스, 니체, 와이드 등이 대표적인 작가이다.

◉ 알레고리 Allegory
연극의 형식을 차용해 윤리나 정치, 역사적 사건과 같은 추상적 개념들을 인물, 배경, 극 행동 등을 통해 재현하는 것을 말한다. 역사적 알레고리는 동시대의 문제점을 다룰 때 직접적인 표현이 아니라 유사한 역사적 사건과 상황을 재현하는 방법을 이용한다.

◈ 앵데팡당 inde pendant
1844년부터 프랑스에서 개최되어온, 심사도 시상도 하지 않는 미술전람회를 말한다. 인상파 화가들에 의해 처음으로 시도되었다.

◈ 앙티로망 anti-roman
제2차 세계대전 후, 사르트르의 실존주의 문학을 이어 프랑스의 신진 작가들에 의해 시도된 소설 형식이다. 순수한 상태에서 새로운 소설 형태를 모색하려는 운동으로, 전통적인 소설의 방법과 형식을 파괴하고 성격, 줄거리, 객관묘사, 심리분석 등을 무시한다. 로브그리예의 『질투』, 베케트의 『고도를 기다리며』 등이 대표적인 작품이며, 보통 누보로망과 같은 의미로 사용된다.

◈ 애드 리브 Ad Lib
라틴어 '임의로(ad libitum)'를 줄인 말이다. 재즈의 즉흥적인 독주나 영화ㆍ연극 등에서 배우가 대본에 없는 대사를 즉흥적으로 하는 것을 가리킨다.

◈ 앵커맨 anchorman
라디오ㆍ텔레비전 뉴스 프로그램의 사회자 또는 종합해설자를 말한다. 뉴스 앵커맨의 비중이 커져서 주로 뉴스 캐스터를 가리키는 말로 쓰인다.

◈ 야상곡 夜想曲 Nocturne
낭만파 시대에 주로 피아노를 위해 작곡된 소곡으로, 조용한 밤의 기분을 표현하는 서정적인 피아노곡이다. 박자나 형식이 따로 없지만, 3부분 형식 또는 론도(rondo) 형식을 따른다. 쇼팽의 녹턴 19곡이 대표적이다.

◈ 야수파 野獸派 fauvisme

1915년부터 10여 년간에 걸쳐 프랑스에서 일어났던, 단적인 감동의 표현을 추구하며 개성의 해방을 부르짖은 혁신적인 경향의 화법이다. 인상파에 반대되며 원근법을 무시하고 높은 순도의 색을 사용하는 자연무시파이다. 대표적인 화가로는 마티스(H. Matisse), 루오(G. Rouault) 등이 있다.

◈ 언플러그드 음악 unplugged music

전기의 힘이 필요한 악기들 대신 통기타와 피아노를 사용해 연주하는 음악을 말한다.

◈ 에세이 Essay

형식에 구애받지 않고 자유롭고 간결하게 자신의 주관을 표현하는 문학이다. 몽테뉴(M. E. Montaigne)의 『수상록』이 대표적이다.

◈ 에스페란토 Esperanto

1887년 폴란드의 자멘호프가 처음 만들었으며, 실용에 사용되고 있는 국제보조어이다. 어휘의 대부분은 게르만이나 라틴계 단어에서 채용하고 문법은 유럽계이지만 히브리어도 참고해서 만들어졌다. 자연어에 가까운 문법 구조를 가지고 있기 때문에 국제어 중에서는 널리 보급되었다.

◈ 에필로그 Epilogue

시나 소설 등의 맺음 부분을, 연극에서는 극의 종말에 추가한 끝 대사 또는 보충한 마지막 장면을 말한다. 고대 그리스 연극에서는 작자가 관객에게 종결 인사를 하는데, 이때 연극의 일반적 구상과 희곡의 성격을 설명했다. 흔히 결론이나 결장을 말한다.

◈ 엠바고 embargo

엠바고는 시한부 보도 중지를 말한다. 크게 네 가지 유형으로 분류되는데, 보충취재용 엠바고, 조건부 엠바고, 공공이익을 위한 엠바고, 관례적 엠바고로 나뉘어진다.

◈ 옐로 페이퍼 yellow paper

저속하고 선정적인 기사를 주로 보도하는 저급한 신문을 말한다. 1830년대 미국에서 시작된 것으로, 노골적인 사진과 흥미 있는 기사 등을 게재해서 독자들의 감각을 자극해 발행부수 확장을 노린다. 황색신문 또는 옐로 저널리즘이라고도 한다. 1889년부터 미국의 《New York Herald》지가 일요판에 누런 종이를 쓴 데서 유래했다.

◈ 오디션 Audition

오페라, 뮤지컬, 방송 프로그램 등에서 흥행을 위해 인재를 선발하는 채용시험이다. 라틴어의 '경청하다, 청력'을 뜻하는 '아우디레(audire)'에서 유래했다. 투자자나 라디오 혹은 TV프로그램의 스폰서가 계약에 앞서 작품을 보는 것을 가리키기도 한다.

◈ 오라토리오 oratorio

종교적 악극을 말하며, 성담곡 또는 성극이라고도 한다. 오페라와 함께 성악곡 중 최대의 형식을 가지며, 관현악이나 오르간을 반주로 하는 독창, 합창, 중창으로 이루어진다. 16세기 로마에서 시작되어 17세기에 오페라와 함께 발달했으며, 18세기에 완성되었다. 제재를 성서에서 취한 것이 대부분이며 극적 요소도 함께 가지는 장엄한 곡이다. 헨델의 '메시아', '이집트의 이스라엘', 하이든의 '천지창조' 등이 유명하다.

◆ 오페라 opera

음악적인 요소, 대사를 통한 문학적인 요소, 연기를 통한 연극적인 요소, 무
대와 의상 등의 미술적인 요소들이 총망라된 대규모의 종합예술이다. 레시
타티브, 아리아, 중창 등으로 구성된다. 관현악은 반주뿐만 아니라, 서곡,
간주곡, 종곡 등도 연주한다. 모차르트의 '피가로의 결혼', '돈 조반니', 베
르디의 '아이다', '리골레토', '춘희', 푸치니의 '토스카', '라 보엠', 비제
의 '카르멘' 등이 유명하다.

◆ 오프 더 레코드 Off the Record

기록에 남기지 않는 비공식 발언이라는 뜻으로, 발표를 하지 않는다는 조건
을 붙여 하는 발언이나 발표를 말한다. 인터뷰 대상자가 오프 더 레코드로
발언했을 경우, 기자는 그의 이야기를 정보로서 참고만 할 뿐 기사화해서는
안 된다.

◆ 왈츠 waltz

3/4박자의 빠르고 화려한 오스트리아 춤곡이다. 처음에는 빈에서 성행했는
데 차츰 유럽 전 지역으로 전파되었다. 요한 스트라우스에 의해 크게 발전
한 후 쇼팽과 차이코프스키에 의해 더욱 순수한 예술작품으로 진화했다.

◆ 인상주의 미술 印象主義 美術 art de l' impressionnism

자연이 작가에게 주는 순간적인 인상을 표현하려는 미술의 한 수법이다.
19세기 후반에 프랑스의 모네(C. Monet)를 중심으로 일어난 회화운동이다.
인상주의란 말은 모네의 작품 '인상', '해돋이'에서 나왔다. 대표적인 화가
로는 로트렉(H. T. Lautrec), 르누아르(A. Renoir), 시슬레(A. Sisley), 드가(H. G.
E. Degas) 등이 있다.

◈ 인상파 음악 印象派 音樂

미술에 있어서의 인상주의를 음악에 도입한 음악형식이다. 19세기 말에 프랑스의 드뷔시, 라벨을 중심으로 화성의 색채적인 효과, 세분된 율동, 자유로운 평면적 형식 등을 표현했다. 낭만주의에서 벗어나지는 못했지만 현대음악에 큰 영향을 주었다. 드뷔시, 라벨, 팔랴 등이 유명하다.

◈ 입체파 立體派 cubism

사물의 모양을 분석하고 그 구조를 점과 선으로 연결해서 기하학적으로 재구성하려는 미술의 경향이다. 1910년경 야수파의 뒤를 이어 일어난 후에 전위 미술의 모체가 되었다. 피카소(P. R. Picasso), 브라크(G. Braque) 등이 대표적이다.

◈ 자연주의 自然主義 Naturalism

인간생활의 추악한 욕망을 있는 그대로 묘사하는 것을 근본 취지로 하는 문학사조이다. 19세기 말 낭만주의에 대한 반동으로 프랑스의 졸라가 제창했으며, 모파상 · 플로베르, 러시아의 투르게네프 · 도스토예프스키 등의 작가가 뒤를 이었다. 근대적 산문문학을 발전시키는 데 밑받침이 되었다.

◈ 재즈 jazz

미국 흑인의 민속음악과 백인의 유럽음악이 결합되면서 생긴 음악형식이다. 리듬, 프레이징, 사운드, 블루스 하모니는 아프리카 음악 감각을, 사용되는 악기, 멜로디, 하모니는 유럽의 전통적인 방식을 따른다.

◈ 전위극 前衛劇

기존 연극의 양식을 부정하고 새로운 미학 원리와 형태를 시도하는 연극이다. 반자연주의적 경향을 띠며 1920년대에 절정에 이르렀다. 연출가 중심설, 사실주의에 대한 새로운 양식, 연극 고유의 예술언어의 재발견 등을 주장했다. 1960년대 프랑스를 중심으로 일어난 부조리 연극은 인간 존재의 부조리성, 일반적 논리성의 폐기 등을 특징으로 하며 전 세계 연극계를 변화시켰다.

◈ 전위예술 前衛藝術 avant-garde
전통적인 기법이나 제재를 거부하고 새로운 것을 추구하는 초현실주의 예술운동으로 20세기 초에 대두되었다. 미술에 있어서는 쉬르리얼리즘(초현실주의), 추상주의(입체파, 미래파)를 총괄하는 뜻으로 사용된다.

◈ 전주곡 Prelude
시작 또는 도입의 역할을 하는 악곡을 말한다. 19세기의 쇼팽, 리스트, 드뷔시에 이르러 독립된 악곡으로 형성되었다.

◈ 절대음악 絶對音樂 Absolute music
다른 예술의 도움 없이 순수한 음(音)의 논리적 조합에 의해서만 자기 완결적인 세계를 형성하는 음악을 말한다. 음의 형식 그 자체가 내용이 되는 음악이다. 소나타, 심포니 등이 이에 속하며 바흐나 빈고전파의 기악이 대표적인 음악이다.

◈ 제휴광고 提携廣告
두 개의 기업이 제휴를 함으로써 절반 이하의 비용으로 두 배 이상의 광고효과를 올릴 수 있는 광고를 말한다. 제작비가 저렴할 뿐만 아니라 제휴하는 브랜드의 장점도 공유할 수 있다.

◈ 철인3종경기 鐵人三種競技 Triathlon
1978년 하와이에 주둔하고 있던 미국 해군 J. 콜린스 중령이 당시 하와이에서 유행하던 와이키키 바다수영(3.9㎞), 하와이 도로 사이클(180.2㎞), 호놀룰

루 국제마라톤(42.195km)의 3개 대회를 쉬지 않고 경기하도록 구성한 데서 유래했다. 그해 2월 하와이에서 첫 국제대회를 치렀다. 제한시간인 17시간 이내에 완주하면 철인(iron man)의 칭호를 받게 된다.

◈ 초현실주의 超現實主義 Surealism
다다이즘의 뒤를 이어 태동한 전위적 예술운동이다. 1924년경 프랑스에서 일어난 예술론으로, 자연에서 얻은 직접적인 이미지 대신 잠재의식적인 심상을 주관적이고 초현실적으로 표현하려 했다. 프로이트의 정신분석에 영향을 받았으며, 쉬르리얼리즘이란 말은 시인 아폴리네르에 의해 만들어졌다.

◈ 추상예술 抽象藝術 abstact
20세기 초 유럽에 퍼진 예술사조로, 제1차 세계대전 후에 만들어져 전 세계로 퍼졌다. 대상이 가진 합리적인 미를 기하학적인 양식으로 표현했으며 회화, 조각, 건축, 상업, 미술 각 방면으로 확산되었다. 대표적인 화가로 몬드리안, 니콜슨, 칸딘스키 등이 있다.

◈ 카스트라토 castrato
18세기 바로크 시대의 오페라 무대에서 여성의 음역을 노래한 남성 가수를 말한다. 라틴어 동사 castrare(거세하다)에서 나온 말인데, 변성기 전의 소년을 거세하면 성인이 된 후에도 소프라노나 알토의 성역을 지니게 된다. 소년이나 성인 여성에 비해 씩씩하고 순수한 음질을 가지며 음역 또한 훨씬 넓다.

◈ 카피라이터 copy writer
광고 문안을 만드는 사람을 가리키며, 광고의 입안, 계획, 문안작성 등의 일을 한다. 마케팅에 광고의 역할이 매우 중요시되는 현대에 들어서 더욱 강조되고 있는 직업이다. 애드라이터(ad writer)라고도 한다.

◈ 칸초네 canzone

원래는 14~18세기에 이탈리아에서 유행한 세속적인 시에 곡을 붙인 가곡을 가리키는 말이었으나, 요즘은 주로 이탈리아의 민요, 가요를 지칭하는 말로 쓰인다.

◈ 칸타타 Cantata

17세기에 이탈리아에서 시작되었으며 아리아, 레치타티보, 중창, 합창 등으로 이루어진 대규모 성악곡의 한 형식이다. 어원은 이탈리아어 'cantare(노래부르다)'이며, 기악곡 형식의 소나타에 대응하는 의미다. 가사의 내용에 따라서 실내 칸타타와 교회 칸타타로 나뉘는데, 바흐에 의해 교회 칸타타가 더 잘 알려졌다. 칸타타의 기원은 사랑을 노래하는 독창과 통주저음을 위한 세속 음악이었다.

◈ 캐리커처 caricature

사람이나 사물을 과장해서 풍자적으로 그린 희극적인 그림이다. 대개는 과장된 표현으로 시국을 풍자하고 권위에 반항하며 위선을 폭로하는 성격을 지니고 있다. 유명한 화가로는 고야(Goya), 도미에(Daumier) 등이 있다.

◈ 캠페인 campaign

문화인이나 노동조합이 정치영역의 활동을 하거나, 매스컴이 자체적으로 사회계몽운동을 하는 것을 말한다.

◈ 커밍아웃 Coming out

영어 'come out of closet'에서 유래된 말로, 동성애자들이 자신의 성(性)지향성을 공개적으로 드러내는 것을 뜻하는 말이다. 일반적으로는 가족이나 직장, 학교 또는 일반 사회에서 자신이 동성애자임을 공개적으로 밝히는 것을 의미한다. 커밍아웃은 동성애자들이 사회적 편견을 극복하고 자아 정체성을 확립하기 위해 공개적으로 자신을 드러내는 행위이기 때문에 타인에 의해 이루어지는 아우팅(outing)과는 다르다.

◈ 컬트 무비 Cult Movie

소수의 집단에 의해 광적으로 숭배 받는 영화를 가리킨다. 컬트 필름(cult film)이라고도 한다. 정형화된 영화 형식이나 보편적인 영화 이론에 구애받지 않으며, 영화가 발표된 후 특정계층 관객의 반응에 의해 컬트 무비로 규정되는 특징이 있다. 국내에 소개된 외국 컬트 무비로는 데이비드 린치 감독의 '블루 벨벳', '광란의 사랑', 노도로브스키 감독의 '성스러운 피', 타란티노 감독의 '펄프 픽션'을 들 수 있다. 국내 영화로는 박철수 감독의 '301, 302'가 컬트 무비를 시도한 작품으로 평가되고 있다.

◈ 콘서바토리 Conservatory

공립 또는 사립의 음악교육 시설로, 음악에 관한 폭넓고 완전한 교육을 목표로 이론 및 실기의 모든 과정을 가르치는 교육 시설이다.

◈ 콘티뉴이티 continuity

콘티라고도 하며, TV나 영화 등에서 각본을 기초로 각 장면의 구분, 내용·대사 등을 그림 등으로 상세히 표시한 것을 말한다. 촬영대본 또는 연출대본이라고도 한다.

◈ 콜라주 collage

'풀로 붙인다'는 뜻이며, 근대미술에서 볼 수 있는 기법이다. 브라크와 피카소 같은 입체파 화가들이 유화의 일부분에 신문지나 벽지, 악보, 사진, 무늬가 있는 천 등을 풀로 붙였는데 이것을 '파피에 콜레'라고 불렀다. 이 수법은 화면의 구도나 채색효과, 구체감을 강조하기 위한 수단이었다. 제1차 세계대전 이후 다다이즘 시대에는 실밥, 머리카락, 깡통 등 캔버스와는 전

혀 이질적인 재료를 붙여, 보는 사람으로 하여금 이미지의 연쇄반응을 일으
키게 만들었다. 여기에서 부조리와 냉소적 충동을 겨냥하는 사회풍자적 포
토몽타주가 태어났다.

◀ 콩트 Conte

문학양식의 일종으로 가장 짧은 소설을 말한다. 인생의 현상을 있는 그대로
표현하지 않고 기지, 풍자, 익살, 분석, 종합 등의 지적인 요소를 가미해서
새로운 세계를 작품 속에 구현했다. 주로 프랑스에서 발달했으며 모파상,
도데, 투르게네프 등의 작품이 본래적인 의미의 콩트라고 할 수 있다.

◀ 크로키 croquis

움직이는 동물이나 사람의 형태를 짧은 시간에 스케치하는 것을 말한다. 대
상의 특징이나 움직임을 빠르고 정확하게 포착해서 실감 나게 표현하는 약
화(略畵)이다.

◀ 티저광고 Teaser advertising

처음에는 상품명이나 광고주를 알아볼 수 없도록 하고, 회를 거듭하면서 서
서히 그 상품명이나 광고주명을 밝히거나 또는 어느 시점에 그 베일을 한꺼
번에 벗기는 광고 방법을 말한다. 신제품이 출시되었을 경우에 종종 이용되
는 방법이다.

◀ 판소리

민속악의 하나로, 광대의 소리(唱調)와 그 대사(唱詞)의 총칭이다. 이야기를
노래로 부르는 형식을 취하므로 구비 서사시라고 할 수 있다. 춘향가, 심청
가 같은 극적이면서도 긴 이야기를 말(白)과 발림(科)과 소리(唱)로 엮어 부
르는 극가(劇歌)이다. 소리는 반드시 서서 부르고 반주는 북 하나로 앉아서
장단을 맞춘다.

◆ 팜므 파탈 Femme Fatale

팜므(femme)는 프랑스어로 '여인'을 뜻하고, 파탈(fatale)은 '치명적인, 운명적인'이라는 뜻을 가지고 있다. 19세기 낭만주의 작가들의 문학작품에 나타나기 시작한 이후 미술·연극·영화 등 다양한 장르로 확산되어 쓰이고 있다. 남성을 죽음이나 고통 등 치명적 상황으로 몰고 가는 '악녀', '요부'를 뜻하는 말로까지 확대·변용되어 사용되고 있다. 팜므 파탈은 그런 삶을 살지 않으면 안 될 숙명을 타고난 여성이다. 때문에 팜므 파탈과 관계를 맺고 있는 남성 역시 팜므 파탈의 손아귀에서 벗어날 수 없다. 뱀의 꾐에 빠져 금단의 열매를 먹고 에덴동산에서 쫓겨나는 이브, 헤로데스를 춤으로 유혹해 세례 요한을 죽이게 만드는 살로메 등이 팜므 파탈의 전형이라고 할 수 있다.

◆ 팝페라 Popera

팝과 오페라를 넘나드는 음악 스타일 또는 대중화한 오페라를 말한다. 팝(pop)과 오페라(opera)의 합성어로, 1997년 미국의 〈워싱턴 포스트〉지에서 처음 사용했다. 대표적인 가수로는 사라 브라이트만, 엠마 샤플린, 안드레아 보첼리, 임형주를 꼽을 수 있다.

◆ 패러디 Parody

기존에 있던 특정한 작품을 희화화하는 문학의 한 형식이다. 기존의 작품을 흉내 내는 데 그치지 않고 패러디의 대상이 된 작품과 패러디를 한 작품이 모두 새로운 의미를 갖는다는 점에서 표절과는 다르다.

◆ 패스트 패션 Fast Fashion

저렴한 가격에 최신 유행이 반영된 상품을 빠르게 공급해서 상품 회전율로 승부하는 패션사업을 뜻한다. 트렌드를 재빨리 파악해 제품을 제작해서 판매하며 1~2주일 단위로 신제품을 다품종 소량 생산한다. 대표주자로는 '자라', '망고', '유니클로', '갭' 등이 있다.

◈ 편곡 編曲 arrangement
어떤 악기나 음성(音聲)을 위해 작곡된 곡을, 다른 악기를 위해 또는 다른 형식으로 바꾸어서 연주효과를 달리 하는 것을 말한다. 특히 경음악(light music)에 많이 쓰이는 수법이다.

◈ 표제음악 標題音樂
특정한 이야기나 사상의 내용을 표현한 음악이다. 절대음악이 음악 자체에 절대적 가치를 두고 있는 데 반해 후기 낭만파 음악들은 현실생활의 반영인 문학작품이나 회화 등도 순기악(純器樂)으로 표현하고자 했다. 베토벤, 베를리오즈 등에 의해 시작되었으며 19세기 낭만파 음악가들에 의해 발전되었다.

◈ 퓰리처 상 Pulitzer Prize
미국에서 가장 권위를 인정받고 있는 언론·문학상이다. 저명한 신문인 퓰리처의 유지(維持)에 의해 만들어졌다. 신문은 뉴스·보도사진 등 8개 부문, 문학은 소설·연극 등 6개 부문으로 나누어 시상하며, 해마다 저널리즘 및 문학 부문에서 우수한 활동을 한 미국인에게 수여된다.

◈ 프라임 타임 prime time
방송 시간 중 시청률이 가장 높은 시간대를 말하며, 텔레비전의 경우 오후 8시부터 11시 사이다. 이 시간은 또한 광고 효과도 가장 높은 때이므로, 방송국에서 프로그램 편성을 할 때도 가장 중점을 둔다. 골든 아워(golden hour)라고도 한다.

◈ **프레타포르테** Pret-a-Porter

오트쿠튀르와 함께 세계적인 양대 의상 박람회 중 하나인 기성복 박람회이다. 값싼 제품이 기성복의 주류를 이루고 있던 당시 현대적인 패션 감각을 살린 새로운 의복이 점차 보급되기 시작하면서 파리에 본거지를 두고 오트쿠튀르(haute couture, 고급 의상실)를 운영하는 디자이너들이 진출하기 시작하면서 패션의 주류로 정착되었다.

◈ **프롤로그** Prologue

본 연극을 시작하기 전에 작품의 내용이나 작자의 의도 등에 대해 해설하는 것을 말한다. 에필로그와 상대되는 개념으로, 서사 또는 서곡, 서막을 뜻한다.

◈ **프리마 돈나** Prima Donna

이탈리아어로 '제1의 여인' 이란 뜻이며, 오페라의 여주인공 역을 맡은 소프라노 가수를 말한다. 오페라의 간판 가수가 담당하며, 남자의 경우에는 프리모 우오모(primo uomo)라고 한다.

◈ **프리미엄 광고** premium advertisement

경품 또는 상품을 붙여서 하는 광고를 말한다. 상품 패키지의 뚜껑이나 라벨, 쿠폰 등을 몇 장씩 모으면 상품이나 현금으로 교환해주는 광고방법이다.

◈ **프리 페이퍼** free paper

무료로 배포되는 신문이나 잡지 또는 책자를 말한다. 프리 페이퍼는 두 종류로 분류된다. 광고를 전면 게재한 지면을 한정된 지역에 무료로 배포하며 광고를 주 수입원으로 해서 상업목적으로 발행되는 프리 페이퍼를 쇼퍼(shopper)라고 하며, 특정한 커뮤니티나 한정된 지역을 대상으로 목적에 따라 다양한 정보를 담아 독자에게 무료로 배포하는 프리 페이퍼를 프리 커뮤니티 뉴스페이퍼스(free community newspapers)라고 한다.

◉ 픽션 Fiction
상상에 의한 창작, 허구, 꾸며낸 이야기 또는 소설을 말한다. 이와 반대로 꾸며내지 않고 진실을 전하는 르포르타주, 기록 문학, 수기 등을 논픽션(Nonfiction)이라고 한다.

◉ 하드보일드 Hard boiled
비정, 냉혹이라는 뜻으로, 1930년을 전후해서 미국문학에 나타난 새로운 사실주의 수법을 말한다. 감상에 빠지지 않으며 냉정하고 객관적인 태도와 문체로 색다른 사건을 취급하는 문학의 한 형식이다. 특히 추리소설에서 이 수법은 추리보다는 행동에 중점을 두는 하나의 유형으로 확립되었다.

◉ 하우스 뮤직 house music
컴퓨터와 신서사이저를 결합해 만든 음악이다. 기존의 작곡 방식에서 벗어나 컴퓨터와 주변기기를 이용해 음악과 음색을 직접 듣고 수정한 다음 컴퓨터에 기억시켜 작곡하는 방식이다.

◉ 행위예술 行爲藝術 performance
개념 미술의 관념 등을 육체 자체를 이용해 실행하는 예술행위를 말한다. 1970년대의 개념 미술의 연장선상에 놓이며, 다다이즘, 미래파, 러시아 아방가르드의 행위예술에 그 기원을 두고 있다. 관객의 참여와 매체의 다양한 결합, 테크놀로지의 활용, 즉흥성과 우연성 등 퍼포먼스만이 가진 장점 때문에 예술을 늘 새로운 형태로 바꿔놓고 있다.

◉ 허밍 humming
성악의 발성법 중 하나로, 입을 다물고 코로 소리를 내면서 노래를 부르는 창법이다. 합창을 할 때 반주로 이용되기도 한다.

◈ 헤드라인 headline

독자의 눈길을 끌기 위해 기사의 내용을 압축해서 내세우는 제목으로, 표제라고도 한다. 책이나 일반적인 논문의 제목과는 달리 추상성을 배제하고 구체적이어야 한다. 독자들이 표제만 보아도 어떤 기사인지 알게 해야 하기 때문에 내용은 짤막하되 생생한 느낌을 전달해야 한다.

◈ 호외 號外

돌발적인 사건의 발생이나 중요한 선거의 결과처럼 신문이 나올 때까지 기다릴 여유가 없을 때 일반인들에게 빨리 알리기 위해 제작해서 배부되는 신문을 말한다.

◈ 후기 인상주의 미술 後期印象主義 美術 post-impressionistic art

인상파의 색채 기법을 계승했지만, 이에 만족하지 않고 견고한 형태, 장식적인 구성, 작가의 주관적 표현을 시도하려고 한 화풍을 말한다. 대표적인 화가로는 세잔(P. Cezanne), 고흐(V. Gogh), 고갱(P. Gauguin) 등이 있다.

◈ 훌리건 Hooligan

19세기말 영국 런던의 한 뮤직홀에서 난동을 부린 아일랜드의 훌리건 집단에서 유래했다. 현재는 축구장에서 난동을 부리는 과격한 팬들을 일컫는 말이다. 훌리건들의 난동은 때로는 유혈 참사를 불러일으키기도 한다.

◈ 휴머니즘 Humanism

14~16세기에 이지와 감정, 내용과 형식 등 조화의 미(美)를 인정한 문예사조를 말한다. 18세기 후반 계몽주의가 지성에 편중되고 감정을 경시함에 따라 그에 대한 반동으로 괴테, 헤르더, 하이네 등에 의해 재대두된 신인도

주의다. 이들은 고대 그리스의 이상을 부활시키고, 인격의 완전한 발달을 꾀했다.

◈ 힙합 hip-hop

1970년대 미국 뉴욕 빈민가의 흑인들 사이에게 싹튼 자유와 즉흥성의 문화가 1980년대 들어 역동적인 춤과 음악의 형태로 발전한 것이다. 힙합을 이루는 주요 요소로는 강렬한 리듬에 맞춰 읊듯이 노래하는 랩(rap), 디제이가 벌이는 모든 행동을 뜻하는 디제잉(DJing), 브레이크댄스(break dance), 낙서 같은 그림인 그래피티(graffiti)를 꼽을 수 있다. 힙합은 대중음악의 한 장르를 일컫는 말인 동시에, 문화 전반에 걸친 흐름을 가리키는 말이기도 하다.

제3장

경제
경영
무역
금융

◈ 20-50클럽

1인당 소득 2만 달러, 인구 5,000만 명을 동시에 충족하는 나라들을 뜻한다. 1인당 소득 2만 달러는 선진국 문턱으로 진입하는 소득 기준이고, 인구 5,000만 명은 인구 강국과 소국을 나누는 기준으로 사용된다. 우리나라를 포함해 모두 7개국이다.

◈ e-마켓플레이스 e-MarketPlace

인터넷상의 시장을 말하며, 마켓플레이스는 시장이 있는 장소를 뜻한다. 보통은 B2C(소비자상대 전자상거래)보다는 B2B(기업 간 전자상거래)를 e-마켓플레이스라 한다. B2B는 전 업종을 취급하는 수평적 B2B와 특정 업종에서 원스톱 서비스가 가능하게 하는 수직적 B2B로 구분된다. e-마켓플레이스는 수평적 또는 수직적 B2B를 모두 포함한다.

◈ Liquidity Trap

시장에 현금이 흘러넘치는데도 경제주체들이 돈을 움켜쥐고 시장에 내놓지 않는 상황을 말한다. 즉, 시장에서 현금을 구하기 쉬운데도 기업의 생산·투자와 가계의 소비가 늘어나지 않아 경제가 마치 함정(trap)에 빠진 것처럼 보이는 상태를 말한다.

◈ Mobile Only Service

웹 기반 없이 모바일 환경만으로도 인터넷을 즐길 수 있는 서비스를 제공하는 형태와 이용 환경을 말한다. 스마트폰이 대중화되면서 이를 중심으로 인터넷 산업의 패러다임이 변화하고 카카오톡으로 대변되는 다양한 무선 인터넷 서비스와 소셜네트워크서비스(SNS)가 등장했다. 모바일 열풍과 함께 인터넷 시대 기득권을 가졌던 국내외 포털업체들도 모바일 시대의 주도권을 확보하기 위해 고심하고 있다.

◈ Self-fulfilling crisis

지나친 위기의식이 투자와 실물경제를 위축시켜 실제로 경제를 위기상황으로 빠트리는 현상으로, 자기실현적 위기라고 한다. 1929년 미국 대공황이나 1997년 아시아 외환위기, 2008년 미국발 금융위기 등에서 자기실현적 위기가 상황을 악화시키는 요인이 되었다.

◈ 가격 차별 價格-差別 Price discrimination

같은 상품을 다른 가격에 판매하는 전략을 말한다. 완전경쟁시장에서는 한 상품에 대해서 단 하나의 가격만 성립하는 일물일가의 법칙이 존재하지만, 독점기업은 하나의 상품이라도 서로 다른 시장에서 다른 가격으로 판매할 수 있는데 이때의 가격 차이를 말한다.

◈ 가치의 역설 價値-逆說

가격은 한계효용에 의해 결정되기 때문에 총 효용이 크다고 반드시 재화의 가격이 높은 것은 아니다. 이런 가격과 효용의 괴리 현상을 가치의 역설이라고 한다. 다이아몬드의 경우 교환의 가치는 높으나 유용성은 없다. 즉, 총 효용(사용가치)은 낮지만 한계효용(교환가치)은 높다.

◈ 거품현상

고도성장에 따른 인플레이션의 영향으로 각종 경제지표들이 실제보다 부풀어 나타나는 현상이다. 급속한 소득 증가로 시중에 풀린 돈이 부동산이나 증권시장에 몰려 투기 심리를 부추김으로써 경제안정을 위협하는 결과를 낳기도 한다. 버블현상이라고도 한다.

◈ 경제활동인구 經濟活動人口

만 15세 이상 인구 중 재화나 용역을 생산하기 위해 노동을 제공하는 사람과 제공할 의사와 능력이 있는 사람을 말한다. 실제로 수입이 있는 일을 하는 '취업자'와, 일하지는 않았으나 구직활동은 하고 있는 '실업자'를 포함하고 있는 개념이다.

◈ 공개시장조작 公開市場操作 Open Market Operation

중앙은행이 보유하고 있는 금이나 유가증권 및 외환을 매입 또는 매각해 금융을 조절하는 것을 말한다. 통화량이 적어 금리가 올라갈 때는 유가증권, 금, 외환 등을 시장에서 사들이고 그 대금을 지불해서 통화량을 증가시킨다. 통화량이 많을 때는 이를 매각해서 금융시장의 자금을 흡수함으로써 통화량을 축소시킨다.

◈ 공공재 公共財 Public goods

국방, 경찰, 소방, 공원, 도로 등 정부 재정으로 공급되어 모든 개인이 공동으로 이용할 수 있는 재화 또는 서비스를 말한다.

◈ 공적자금 Public fund

예금보험공사나 자산관리공사가 국회의 동의를 거쳐 정부의 원리금 지급 보증을 받아 채권을 발행해 조성하는 자금이다.

◈ 공황 恐慌 Panic

갑자기 경기가 악화되어 발생하는 극도의 경제 혼란 상태이며, 일반적으로 소비재 부문에서 시작되어 생산재 부문으로 파급된다. 생산의 급격한 감소, 실업자의 급증, 공장 폐쇄, 물가 폭락, 기업 파산 등과 같은 현상이 나타난다. 원인에 따라 생산 공황, 상품 공황, 자본 공황, 금융 공황 등으로 나누어진다.

◈ 관성효과 慣性效果

소득이 높을 때의 소비 행동은 소득이 낮아져도 곧바로 변하기 어렵다. 이처럼 소득이 줄어도 소비가 곧바로 줄어들지 않는 현상을 관성효과라고 하는데, 소득이 감소국면에 들어가는 경기 후퇴기에도 소비성향이 멈추지 않고 계속 상승하게 된다. 톱니바퀴효과(Ratchet Effect)라고도 한다.

◈ **국민총행복지수 GNH, Gross National Happiness**
문화적 전통과 환경 보호, 부의 공평한 분배를 통해 국민의 삶의 질을 높인다는 부탄의 국정 운영철학을 말한다. 부탄의 국민들은 물질의 풍요보다 정신의 풍요를 우선으로 꼽고 있다고 한다.

◈ **규모의 경제 Economy of scale**
생산량이 증가함에 따라 생산물 당 평균비용이 감소하는 현상을 말한다. 네트워크 산업과 장치산업이 전형적인 규모의 경제를 이루고 있는 산업이다.

◈ **그레셤의 법칙 Gresham's Law**
'악화(惡貨)가 양화(良貨)를 구축(驅逐)한다' 라는 말로 유명한 법칙이다. 16세기에 영국의 토머스 그레셤이 제창한 학설이다. 한 사회에서 악화(소재가 나쁜 화폐)와 양화(금화)가 동일한 가치를 가지고 함께 유통될 경우 악화만이 그 명목가치로 유통되고, 양화는 소재가치가 있기 때문에 오히려 재산의 가치로 이용되거나, 혹은 사람들이 내놓지 않아 유통에서 없어지고 만다는 학설이다. 최근에는 이 법칙을 일반적인 사회현상에 적용하면서 중요한 개념으로 자리 잡고 있다.

◈ **그레이 마켓 Gray Market**
가격이 공정되어 있는 상품을 공정가격보다 비싼 값으로 매매하는 위법적이면서 합법적인 면도 있는 시장을 말하며 회색 시장이라고 한다. 정상적인 가격을 넘는 거래로, 보통의 암시세와 공정가격의 중간 정도의 가격으로 거래되는 경우, 생산자가 발표하는 가격 이상으로 거래되는 경우 등이 있다.

◈ 그레이 캐피털 Gray capitalism

중국식 사회주의 시장경제체제를 말하며, 정부 통제력이 강한 기존의 중국식 자본주의(Red capitalism)와 미국식 자유주의 시장경제(Free Market Capitalism)의 중간적 형태를 하고 있다.

◈ 그린 마케팅 Green Marketing

기업의 제품 개발, 유통, 소비 과정에서 환경에 대한 사회적 책임과 환경보전을 위한 노력 등을 소비자들에게 호소함으로써 환경 친화적인 소비자들과 공감대를 형성하려는 마케팅 전략이다. 1980년대 초 유럽에서 1회용 기저귀, 세제, 건전지 등을 공해를 줄인 녹색 제품으로 만들어 판매하면서 시작되었다. 생태학적으로 안전한 제품, 재활용이 가능하거나 쉽게 썩어서 없어지는 포장재, 양호한 오염 통제장치, 에너지를 효율적으로 활용하는 방안 개발 등의 활동을 의미한다. 그린 마케팅은 보다 넓은 차원에서 고객을 인식하고 고객의 '삶의 질' 향상에 초점을 둔 마케팅 활동을 의미한다.

◈ 글로벌 불균형 Global imbalance

미국의 경상수지 적자와 미국 이외 국가의 경상수지 흑자가 지속되는 현상이다. 미국의 과잉 소비에 따른 경상적자와 아시아 국가들의 흑자 간에 생기는 불균형을 일컫는 표현이다. 이 같은 글로벌 불균형 문제를 해소하기 위해 미국은 대규모 무역 흑자국들과 환율전쟁을 벌여왔다. 1980년대에는 당시 최대 무역 흑자국인 일본과 독일(서독)을 글로벌 불균형 당사국으로 지정하고 고단위 환율인하 압력을 행사했으며, 2010년에는 중국과 환율전쟁을 벌였다. 최근 들어 미국을 비롯한 선진국들의 부채비율은 빠르게 증가하고 있으나 신흥국들은 고성장과 재정 흑자를 바탕으로 부채비율을 줄여가고 있어 선진국의 불만이 고조되고 있는 상황이다.

◆ 기업 내 벤처

기업이 과거와 다른 시장에 진출하거나 새로운 제품 또는 서비스를 개발할 목적으로 자사 내에 설치하는 사업부 또는 그룹을 말한다. 벤처 비즈니스의 정신을 기업 내부에 불어넣음으로써 기업의 재생을 도모하는 전략이며, 무(無)에서 출발하는 조직이어서 자율적 권한이 큰 특징이 있다.

◆ 기저효과 基底效果

결과 값을 산출하는 과정에서 기준이 되는 시점과 비교 대상 시점의 상대적인 위치에 따라 그 결과 값이 달라지게 되는 현상을 말한다. 호황기의 경제 상황을 기준시점으로 현재의 경제상황을 비교하면 실제 상황보다 위축되게 나타나고, 불황기의 경제상황을 기준시점으로 비교하면 실제보다 부풀려져 나타나게 되는 것이 기저효과 때문이다.

◆ 기펜의 역설 Giffen's Paradox

어떤 재화의 가격이 하락하면 오히려 그 수요가 감소되는 현상이다. 일반적으로 재화의 가격이 하락하면 소비자의 실질소득이 높아진 것과 같은 효과가 나타나 그 재화의 수요를 증가시킨다. 하지만 마가린과 같은 특수한 재화의 경우에는 소비자가 부유해짐에 따라 마가린의 수요가 줄어들고 우등재의 관계에 있는 버터로 대체되면서 버터의 수요가 증가한다. 이때 마가린의 가격이 하락하면 소득효과가 음(陰)으로 나타나서 마가린의 수요가 감소하게 된다. 이처럼 가격이 내릴수록 오히려 수요가 적어지는 재화를 기펜재(Giffen's good)라고 한다.

◆ 깡통주택

부동산 경기침체의 장기화로 집값 하락이 지속되면서, 집을 팔더라도 대출금이나 세입자에게 주어야 할 전세금을 다 갚지 못하는 주택을 말한다.

◈ 넛크래커 Nut-Cracker

선진국과 개도국 사이에 끼어 있는 우리나라의 경제 상태를 일컫는 말이다. 선진국에는 기술과 품질 경쟁에서 밀리고 후발 개도국에는 가격경쟁에서 밀리는 현상이다. 외환위기 이후 우리나라 수출산업이 처한 상황을 설명하는 데 많이 쓰이고 있는 개념이다. 넛크래커는 호두를 양쪽으로 눌러 까는 도구이다. 이 표현에는 일본이 집중 육성한 산업 분야를 우리나라가 그대로 따라 키우는 과정에서 한국만이 내세울 수 있는 독보적인 영역을 확보하지 못했다는 반성도 함께 담겨 있다. 최근 들어서 가격은 일본보다 낮고 기술은 중국보다 앞선다는 역 넛크래커로의 인식 변화를 강조하며 기존의 산업 기반을 활용하는 것이 바람직하다는 주장이 나오기도 했다.

◈ 네오러다이트 운동 Neo-Luddite Movement

인간성 회복을 주장하며 첨단 과학기술 문명에 반대해서 펼치는 기계파괴 운동이다. 뉴러다이트 운동이라고도 한다. 19세기 초 실업과 생활고에 시달리던 영국의 노동자들이 기계산업에 저항해 벌였던 기계파괴운동인 러다이트운동에서 유래한다.

◈ 녹색성장 綠色成長 Green Growth

에너지와 자원을 효율적으로 사용해 기후변화와 환경훼손을 줄이고, 청정에너지와 녹색기술의 연구·개발을 통해 새로운 성장동력을 확보하며, 새로운 일자리를 창출하는 등 경제와 환경이 조화를 이루는 성장을 말한다. 환경과 성장 두 가지 가치를 모두 포괄하는 개념이다.

◈ 니치산업 Niche Industry

남들이 관심을 두지 않는 기술 또는 기존 시장이 커버하지 못한 틈새를 독창적인 아이디어로 파고드는 전략을 니치전략이라 하며, 이런 산업을 니치산업이라고 한다. 새로운 서비스에 대한 수요가 발생하고 기술이 고도화되면서 점차 새로운 산업 영역으로 주목 받고 있다.

◆ 다자간 협상 Multilateral Negotiation

통상 문제를 양자 간에 해결하는 쌍무협상과는 달리 UR 협상처럼 여러 국가가 동시에 협상을 진행하는 통상협상방식의 하나이다.

◆ 담합행위 談合行爲

사업자가 계약이나 협정 등의 방법으로 다른 사업자와 공모해 가격을 결정하거나 거래대상을 제한해서 그 분야의 실질적인 경쟁을 제한하는 행위를 가리킨다. 공정거래법은 가격 제한, 판매 제한, 생산 및 출고 제한, 거래 제한, 설비의 신설 및 증설 제한, 상품 종류 및 가격 제한, 회사 설립 제한, 사업 활동 제한 등을 부당행위로 구분하고 있다. 공정거래위원회는 이 같은 공동 행위가 적발될 경우 시정명령과 과징금 부과는 물론 형사고발 등의 제재조치를 취하고 있다.

◆ 대공황 大恐慌 Great Depression

1929년부터 1933년 사이에 미국을 중심으로 해서 세계적 규모로 일어난 대공황을 말한다. 이를 극복하기 위해 루즈벨트 대통령은 뉴딜정책을 실시했다.

◆ 더블딥 Double-Dip

경기가 두 번 떨어진다는 뜻으로, 경기가 회복 조짐을 보이다가 다시 침체국면으로 빠져드는 현상을 말한다. 1980년대 미국에서 처음 등장한 신조어이며, 두 번에 걸쳐 저점을 형성하는 W자형의 경기사이클이다. 경기침체의 골을 두 번 지나야 비로소 완연한 회복세를 보이게 된다.

◈ 덤핑 Dumping

국제 경쟁에서 이기기 위해 국내 판매 가격 혹은 생산비보다 싼 가격으로 상품을 수출하는 것을 말하며, 독점 이윤의 확보가 주된 목적이라 할 수 있다. 덤핑의 조건과 기준은 WTO에서 정한다.

◈ 디폴트 Default

공·사채나 은행융자 등에 대한 이자 지불이나 원리금 상환이 불가능해진 상태를 말한다. 한 나라의 정부가 외국에서 빌린 빚을 상환기간 내에 갚지 못한 경우도 해당된다. 채권자가 이를 판단해서 채무자나 제3자에게 알려 주는 것을 '디폴트 선언' 이라고 한다. 공·사채나 은행융자 등에 대해 디폴트가 발생할 위험을 디폴트 리스크라고 하며, 국가와 관련된 디폴트 리스크를 컨트리 리스크라고 한다. 모라토리엄(moratorium)은 빚을 갚을 시기가 되었으나 부채가 너무 많아 일시적으로 상환을 연기하는 것으로 '채무지불 유예' 라고 한다.

◈ 따뜻한 기술 warming technology

기계가 사용자의 행동과 의도를 읽고 그에 맞춰 동작한다는 의미로, 의식적으로 문자와 버튼으로 조종해야 하는 '차가운 기술' 과 대비되는 개념이다. 꼭 필요한 사람에게 맞는 기술을 적용해 사회생활을 돕는 기술, 휴대폰의 터치기술 등이 대표적인 따뜻한 기술이다. 차가운 기술 은 직접 버튼을 누르거나 조작해서 기기를 작동시키는 기술을 말한다.

◈ 라이선스 생산 License Production

외국의 다른 생산업체로부터 제품의 설계도와 제조에 관한 노하우를 제공받아 생산하는 방식을 말한다. 일부 기술의 도입이 아니라 전면적으로 그 메이커의 기술에 의존한다는 데 그 특징이 있다.

◈ 라쳇 효과 Ratchet 效果

현재의 소비 습관은 과거 습관에 의해 어느 정도 결정이 되고 한번 소비에 길들여지면 소득과 관계없이 소비를 줄일 수 없다는 듀젠베리의 주장이다. 한번 높아진 소비수준은 소득이 줄어도 낮아지지 않는다는 가설이다. 톱니처럼 갈 지(之)자 행보를 보인다고 해서 'Ratchet 효과' 라고 한다.

◈ 레드오션 Red Ocean

'블루오션' 의 반대 개념으로, 경쟁에 바탕을 둔 모든 전략을 '레드오션' 이라고 한다. 레드오션 전략은 기존 시장 안에서 경쟁자를 없애거나 이겨서 기존 수요시장에서 1등을 하는 것이다.

◈ 렌트 푸어 Rent poor

급등하는 전세 비용을 감당하는 데 소득의 대부분을 지출하느라 여유 없이 사는 사람들을 일컫는 말이다.

◈ 로열티 Royalty

'로열티' 라는 말은 영국에서 수세기 동안 금·은광이 국왕의 재산이었고 그러한 '국왕의(royal)' 것은 국왕에게 대가(royalty)를 지급해야만 채굴할 수 있었다는 데서 유래했다. 권리소유자에게 허가를 받고 그 권리를 행사하는 사람이 지급하는 일정한 대가를 말한다. 문학·음악·미술 저작권, 발명과 의장 특허권, 석유나 천연 가스 등의 매장광물에 대한 권리 등이 해당된다. 외국으로부터 선진기술 도입이 확대되고, 상표 도입 등이 늘어나면서 로열티 지급이 점차 확대되고 있다.

◈ 리니언시 프로그램 Leniency Program

담합행위를 자진해서 신고하는 기업에 대해 과징금을 면제하거나 감면해주는 제도이다. '용의자의 딜레마' 라는 게임이론을 시장의 질서를 저해하는 행위를 규제하는 수단으로 사용하고 있다는 비판의 목소리가 높다.

◈ 리볼빙 시스템 Revolving system

신용카드 이용대금의 일정 부분을 내면 나머지 대금은 다음 결제대상으로
자동 연장되는 결제방식으로, 회전결제 방식이라고도 한다.

◈ 리스 Lease

기계나 설비, 기구 같은 물건을 사용료를 받고 타인에게 빌려주는 것을 말
한다. 본래는 어떤 자산의 소유자가 일정 기간 사용료를 받기로 하고 타인
에게 그 자산의 사용·수익권을 주는 것을 의미했지만, 오늘날에는 임대업
을 영업으로 하는 개인 또는 회사가 사용료를 받고 일정 기간 어떤 물건을
임대하는 것을 의미한다. 이러한 임대업을 영업으로 하는 회사를 리스회사,
이러한 산업을 리스산업이라고 한다. 일반적으로는 장기간의 임대를 리스
라 하며, 임대기간이 비교적 짧고, 시간·주·월 단위로 임대하는 방식은
렌털(rental)제도라고 한다.

◈ 리플레이션 Reflation

디플레이션에서 벗어나 아직은 심한 인플레이션까지 이르지 않은 상태를
리플레이션이라 하며, 물가 수준을 어느 정도 인상시켜서 인플레이션에 이
르지 않을 정도까지 경기를 회복시키는 금융정책을 리플레이션 정책이라
고 한다.

◈ 마이크로 크레디트 Micro Credit

영세민이 자활할 수 있도록 자금과 사업기회를 마련해 주기 위해 실시하는
대출사업이다. 1976년 방글라데시에 마이크로 크레디트 전담 은행인 그라
민은행이 설립되면서 시작됐는데, 그라민은 방글라데시 말로 '마을'이라는
뜻이다. 이 제도는 아시아·아프리카의 여러 나라와 미국·프랑스 등 선진

국으로 확대·발전되었다. 금융기관의 이익을 사회에 환원하는 성격이 강하기 때문에 금리 등 대출조건이 대출자에게 유리하게 설정되어 운용된다.

◉ 매스클루시버티 Massclusivity

소수만을 대상으로 하는 맞춤 생산 방식에 의해 제공되는 고급품 및 고급 서비스를 말한다. 버버리, 구찌 등과 같은 전통적인 명품, 폴로 티셔츠, 루이까또즈 지갑 같은 매스티지(masstige)가 있다. 하지만 이들이 대중화되자 더욱 차별화되고 희소한 명품을 선호하는 일부 사람들이 생겼고, 그들을 위해 만들어진 제품이 바로 매스클루시버티다. 푸마가 BMW 미니쿠퍼(Mini Cooper) 운전자를 대상으로 맞춤 생산 방식에 의해 판매했다는 전 세계에서 하나밖에 없는 100만 원대의 운전 전용 운동화가 여기에 해당한다.

◉ 매스티지 Masstige

대중(mass)과 명품(prestige product)의 합성어로 대량으로 판매되는 고급상품을 말한다. 매스티지라는 개념을 처음 소개한 미국 경제전문지 하버드 비즈니스 리뷰(HBR)는 '소득 수준이 높아진 중산층 소비자들이 품질이나 감성적인 만족을 얻기 위해 비교적 저렴한 고급품을 소비하는 추세'라고 정의했다. 미국에서 생겨난 이 신조어는, 잘 살게 된 중산층이 '상대적으로 저렴한' 고급품을 찾는 현상을 표현한 것이다.

◉ 메가 뱅크 Mega Bank

세계적인 은행들과 경쟁할 정도의 자산 규모를 갖춘 초대형 은행에 대한 통칭이다.

◉ 모라토리엄 Moratorium

전쟁, 천재(天災), 공황 등에 의해 채무이행이 곤란한 경우 공권력에 의해서 일정 기간 채무의 이행을 연기 또는 유예하는 것을 말한다. 국가 간의 모라토리엄은 한 국가가 외국에서 빌려온 차관에 대해 일시적으로 상환을 연기하거나 유예하는 것이며, '채무지불유예' 라고 한다. 지불유예를 받게 되면 국제적으로 신용이 하락해서 대외거래에 장애가 뒤따르게 된다.

◈ 뮤추얼 펀드 Mutual Fund

투자자들의 자금을 모은 자산 운용 전문기관이 주식이나 채권, 선물 옵션 등 파생 상품에 투자해서 그 수익을 가입자에게 분배하는 간접 투자 상품이다. 기존의 주식형 펀드와 달리 투자자가 펀드의 주주가 된다. 주식형 수익증권과는 달리 일단 펀드에 가입하면 투자 만기까지 중간에 돈을 추가로 입출금하는 게 불가능하다. 뿐만 아니라 원금이 보장되지 않고 운용실적에 따라 성과를 분배하기 때문에 원금을 손해 볼 수도 있다.

◈ 방카슈랑스 Bancassurance

은행(Bangue)과 보험(Assurance)의 합성어로, 보험회사가 은행지점을 보험 상품의 판매대리점으로 이용해 은행원이 직접 보험상품을 판매하는 영업 형태를 말한다. 은행은 보험회사의 상품을 팔아주는 대신 수수료를 받는다. 1986년 프랑스의 크레디아그리콜 은행이 생명보험사인 프레디카를 자회사로 설립해 보험상품을 판매하면서 시작되었다..

◈ 배드 뱅크 Bad Bank

금융기관의 부실자산이나 채권만을 사들여 전문적으로 처리하는 기관을 말한다. 금융기관의 부실을 정리하는 방법으로 사용되며, 은행의 부실자산이 모두 정리될 때까지 한시적으로 운영된다.

◈ 밴드왜건 효과 Bandwagon Effect

유행에 휩쓸리는 심리를 밴드왜건(대열의 앞에서 행렬을 선도하는 악대차) 뒤를 졸졸 따라다니는 사람들에 비유해서 만들어진 이름이다. 남들이 구입을 하니 덩달아 구입하는 등의 의사결정을 하는 소비심리를 가리킨다. 누구에게 투표할지 결정하지 못한 유권자들이나 약세 후보를 지지하는 유권자들이 여론조사 보도를 보고 선두 후보를 지지하게 되는 심리를 말하기도 한다.

◈ 버즈 마케팅 Buzz Marketing

소비자들이 자발적으로 상품에 대한 긍정적인 입소문을 내게 하는 마케팅 기법이다. 꿀벌이 윙윙거리는(buzz) 것처럼 소비자들이 상품에 대해 소문을 내는 것을 마케팅의 한 방법으로 삼기 때문에 입소문 마케팅 또는 구전 마케팅(word of mouth)이라고도 한다. 최근에는 인터넷과 팟 캐스트, SNS 같은 기술을 이용하기도 하며, 매스미디어를 통한 마케팅보다 비용이 절감되고 파급효과가 훨씬 더 광범위한 장점이 있다.

◈ 버핏세

투자의 귀재로 불리며 활발한 기부활동으로도 유명한 버크셔 해서웨이의 회장 워런 버핏의 이름을 딴 부유층을 대상으로 하는 세금을 말한다.

◈ 벌처 펀드 Vulture Fund

부실기업을 인수해 경영을 정상화시킨 뒤 매각해서 그 차익을 얻는 펀드를 말한다. 고수익 채권을 발행해서 자금을 조성한 다음, 사업성은 좋지만 일시적인 자금난이나 부실경영으로 유지가 곤란한 회사를 인수해서 회생시킨 뒤 다시 고가로 매각하는 방식으로 운영된다.

◈ 베블렌 효과 Veblen Effect

1899년 미국의 사회학자이자 사회평론가인 베블렌(Thorstein Bunde Veblen)이 『유한계급론(有閑階級論)』에서 '상층계급의 두드러진 소비는 사회적 지위를 과시하기 위해 자각 없이 행해진다'고 말한 데서 유래했다. 가격이 비쌀수록 오히려 수요가 늘어나는 비합리적 소비현상을 말한다. 과시욕이나 허

영심 때문에 고가의 물품을 구입하는 사람들의 경우 상품의 가격이 오를수록 수요가 증가하는데 그 이유는 가격이 낮아지면 누구나 구입할 수 있어 차별화되지 않기 때문이다. 생각 없이 남의 소비 성향을 따라 한다는 의미에서 소비편승효과라고도 한다.

◈ 벤처 캐피털 Venture Capital

고도의 기술력을 갖추고 있지만 경영 기반이 약해 금융기관에서 융자받기 어려운 벤처 비즈니스에 대해 투자를 하는 기업 또는 그 자본을 이르는 말이다. 기업을 성장시킨 뒤에는 자신이 취득한 주식을 공개함으로써 자본 이익을 얻는 것을 목적으로 한다. 우리나라에는 한국기술개발, 한국개발투자, 한국기술진흥, 한국기술금융 등의 벤처 캐피털사가 있고, 산업은행, 기업은행, 국민은행 등에서도 부분적으로 벤처 캐피털 업무를 하고 있다.

◈ 보이스 피싱 Voice phishing

음성(voice)과 개인정보(private data), 낚시(fishing)를 합성한 신조어로, 전화를 통해 신용카드 번호나 개인정보를 빼내는 신종범죄를 말한다. 전화금융 사기단이라고도 한다.

◈ 부가가치세 附加價値稅 VAT; Valued Added Tax

생산 및 유통의 각 단계에서 창출되는 부가가치에 대해 부과되는 조세를 말한다. 판매금액에서 매입금액을 공제한 나머지 금액인 '부가가치'에 부가가치 세율을 곱하면 부가가치세액이 된다.

◈ 블랙 마켓 Black Market

상품이 정상가격보다 비싼, 또는 싼 가격으로 거래되는 음성적인 시장으로, 암시장이라고도 한다. 넓은 의미로는 불법적인 거래가 이루어지는 모든 시장을 가리킨다.

◆ 블랙 먼데이 Black Monday

1987년 10월 19일 월요일, 뉴욕의 다우 존스 평균 주가가 단 하루만에 505달러나 폭락한 데서 붙여진 이름이다. 무역 적자, 경제환경의 변화, 세제 개혁안, 과도하게 오른 주가에 대한 투자자들의 불안 심리 등이 대폭락의 원인으로 지목되었다. 대폭락 재발 방지를 위해 주가 급락 시의 매매 차단, 가격 제한 폭 설정을 골자로 하는 서킷 브레이크 제도가 도입되기도 했다.

◆ 블랙 스완 Black Swan

17세기 말까지 유럽인들은 모든 백조는 희다고 믿었는데 네덜란드의 탐험가가 호주에서 '흑조(Black Swan)'를 발견하게 되자, 기존의 백조에 대해 가지고 있던 통념이 부서지는 충격을 받았다는 데서 유래한다. 극단적으로 예외적이어서 발생 가능성이 전혀 없는 것처럼 보이지만 일단 발생하면 엄청난 충격과 파급효과를 가져오는 사건을 가리킨다. 월가의 투자전문가인 나심 니콜라스 탈레브가 『검은 백조(The black Swan)』를 통해 서브프라임 모기지 사태를 예언하면서 유명해지게 되었다. 원래는 서양 고전에서 '실제로는 존재하지 않는 어떤 것' 또는 '고정관념과는 전혀 다른 어떤 상상'이라는 은유적 표현으로 사용된 말이었으나, 현재는 '불가능하다고 인식된 상황이 실제로 발생하는 것'이란 의미로 전이되었다.

◆ 블록 경제 Block Economy

1932년 오타와에서 열린 영국 제국경제회의에서 세계공황 후의 심각한 경제 위기와 격렬한 시장 경쟁에 대응하기 위해 본국과 그 속령들 사이에 특혜 관계를 설정하면서부터 널리 사용되었다. 광역 경제와 같은 뜻으로 쓰이며, 몇 개의 국민경제를 하나의 블록으로 묶고 다른 지역에 대해서는 봉쇄적인 무역 정책을 취하는 것을 말한다. OEEC(유럽경제협력기구), EEA(유럽경제지역), EFTA(유럽자유무역연합체), EAFTA(라틴아메리카자유무역협회), EU(유럽연합), NAFTA(북미자유무역조약) 등이 대표적인 블록 경제 단위이다.

◈ 블루오션 전략 Blue Ocean Strategy

수많은 경쟁자들이 몰려있는 레드오션(red ocean : 붉은 바다)과 반대되는 개념으로, 경쟁자들이 없는 무경쟁시장을 뜻한다. 프랑스 유럽경영대학원 인시아드의 김위찬 교수와 르네 마보안(Renee Mauborgne) 교수가 1990년대 중반 가치혁신(value innovation) 이론과 함께 제창한 기업 경영전략론이다. 2005년 2월 하버드대학교 경영대학원 출판사에서 같은 제목의 단행본으로 출간되자마자 세계적 베스트셀러가 되며 주목 받았다. 이 책은 기업이 더 많은 가치를 창출하기 위해서는 경쟁이 없는 새로운 시장을 창출해야 한다는 내용을 담고 있다. 이 새로운 시장은 차별화와 저비용을 동시에 추구하기 때문에 기업과 고객 모두에게 가치의 비약적 증진을 제공하며 경쟁이 없는 무경쟁 시장이다.

◈ 블루 칩 Blue Chip

포커에 쓰이는 세 종류(흰색, 빨강색, 청색)의 칩 가운데 가장 높은 것이 블루 칩이라는 데서 유래했다. 주식시장에서 건전한 재무내용을 유지하는 우량주를 가리킨다. 우량주는 경기 변동에 강하고, 장기간에 걸쳐 고수익과 고배당을 유지해 신용과 지명도가 높은 주식이다.

◈ 빅 데이터 Big Data

기존의 데이터베이스 관리 시스템이 수집 · 저장 · 관리 · 분석할 수 있는 한계를 넘어설 정도로 거대해서 통제하기 어려운 데이터의 집합 또는 이를 분석하는 기법을 말한다. 이러한 정보의 홍수시대에는 정보에 대한 분석력이 경쟁력이며, 자산(Asset)이라는 뜻이다. 2012년 스위스 다보스 포럼에서 미래 경제활동의 화두로 부상하면서 널리 알려지게 되었다.

◈ 빅 브러더 Big Brother

조지 오웰의 소설(1984년)에 나오는 감시자를 말하는데 현재는 모든 정보를 손에 쥔 사람 또는 기업을 일컫는 말로 쓰인다. 조지오웰의 『1984년』에서 절대 권력을 가지고 있는 독재자 빅 브러더는 시민의 모든 행동을 감시하는 존재이다.

◈ 빈곤의 악순환 貧困─惡循環 Vicious Circle of Poverty

미국의 경제학자 넉시(R. Nurkse)가 주장한 이론으로, 자본의 공급 면에서는 자본 부족 → 저생산력 → 저소득 → 저저축 → 자본 부족이 악순환되고, 자본의 수요 면에서는 저소득 → 저구매력 → 시장의 협소 → 저투자요인 → 저자본형성 → 저소득이 악순환된다는 이론이다. 즉 저개발국가에서는 자본 형성이 어려워 빈곤해지고, 빈곤하기 때문에 자본 형성이 어려워지는 빈곤의 연속성이 악순환한다는 주장이다.

◈ 사회적 기업 社會的企業 Social Enterprise

취약계층에게 사회 서비스 또는 일자리를 제공함으로써 사회적 목적을 추구하면서, 재화 및 서비스의 생산, 판매 등 영업활동을 수행하는 기업을 의미한다. 영리기업이 이윤 추구를 목적으로 하는 데 반해, 사회적 기업은 사회 서비스의 제공 및 취약계층의 일자리 창출을 목적으로 한다는 점에서 큰 차이가 있다.

◈ 서브프라임 모기지론 Subprime Mortgage Loan

신용도가 일정 기준 이하인 저소득층을 상대로 한 미국의 주택담보대출을 말한다. 비우량 주택담보대출이라고 한다. 미국의 주택담보대출은 프라임(Prime), 알트-A(Alternative A), 서브프라임(Subprime)의 3등급으로 구분된다. 프라임은 신용도가 좋은 개인을 상대로 한 주택담보대출, 알트-A는 중간 정도의 신용을 가진 개인을 상대로 한 주택담보대출, 서브프라임은 신용도가 일정 기준 이하인 저소득층을 상대로 한 주택담보대출이다. 2000년 들어 부동산 가격이 급등하자, 모기지론 업체들 간의 과다 경쟁으로 인해 주택담보대출 시장에서 서브프라임 등급이 차지하는 비율이 13.7%로 급증했다. 하지만 집값이 하락세로 접어들고 미국연방준비제도이사회(FRB)가 정책목표 금리를 5.25%로 대폭 올리자, 이자부담이 커진 저소득층에서 원리금을 갚지 못해 연체율이 20%로 급상승했다. 결국 2007년 4월, 미국 제2의 서브프라임 모기지론 회사인 뉴 센트리 파이낸셜(New Century Financial)이 파산 신청을 했고 이를 시작으로 이른바 '서브프라임 모기지론 사태'가 일어났다.

◈ 소비자 파산 消費者破産

채무를 갚을 능력이 없는 채무자가 신청을 하면 법원이 개인에 대해 내리는 파산 선고를 말한다. 파산 선고를 받은 파산자는 법원이 선임하는 파산관재인의 관리 하에 자신의 모든 재산을 돈으로 환산해서 채권자에게 나누어주는 파산 절차를 거치게 된다. 파산자는 신원증명서에 파산 사실이 기재되어서 공무원, 변호사, 기업체 이사 등이 될 수 없으며, 금융기관에서 대출이나 신용카드를 발급 받지 못하는 등의 제약을 받게 된다. 파산 선고 후 1개월 이내에 법원에 면책을 신청할 수 있다. '사기 파산'인 경우에는 10년 이하의 징역에 처해진다.

◈ 소프트 뱅킹 Soft banking

은행이 카드회사나 보험회사 등과 제휴해서 방카슈랑스, 마일리지 서비스, 경품, 신상품 할인티켓 등과 같이 은행 고유의 업무 외의 부가 서비스를 제공하는 것을 말한다.

◈ 속도의 경제 Economies of Speed

디지털 경제에서는 규모의 경제(economy of scale)보다 속도의 경제가 중요시된다. 속도의 경제는 업무의 속도, 상품회전 속도 등의 향상을 통해 효율화를 기하는 경제를 일컫는다. 특히 디지털에 속도를 더해 경제의 효율성을 추구하면 더 빠르고 높은 성장을 이룰 수 있다고 전문가들은 주장하고 있다.

◈ 수확체감의 법칙 收穫遞減─法則 Law of Diminishing Returns

일정한 규모의 농지에서 작업하는 노동자 수가 증가할수록 1인당 수확량은 점차 적어진다는 경제법칙이다. 즉 다른 생산요소의 조건을 일정하게 하고 생산요소만을 증가시킬 경우 생산량의 증가가 점차 감소된다는 것을 의미한다. 이와 반대로 공업부문의 대규모 생산에서 볼 수 있는 생산량 증가의 법칙을 수확체증의 법칙이라고 한다.

◈ 슈바베의 법칙 Schwabe's Law

1868년 독일의 통계학자 H. 슈바베가 베를린에서의 가계조사를 통해 발견한 법칙으로, 소득이 증가하면 주거비의 지출은 증가하지만 이 지출이 소비지출 중에서 차지하는 비중은 점차 작아진다는 경험법칙이다. 하지만 당시의 주거비는 대부분 집세가 전부였지만 현재는 가구, 집기 등에 대한 지출액이 함께 증가해서 소득수준의 상승에 따른 주거비의 비중 역시 증가하고 있다.

◈ 슈퍼 사이클 Super Cycle

이코노미스트는 '슈퍼 사이클'이라는 용어를 사용하면서 최근의 원자재 가격 상승세는 초기 단계일 뿐이라고 보도했으며, 원자재 가격 상승세는 사이클처럼 반복돼 최대 20년 동안 계속 상승세가 이어진다고 전망했다. 중국 등 개발도상국의 수요 증가와 새로운 원자재 공급시장 확산 이 두 가지 요인에 의해 사이클이 돌아갈 것이라고 했다.

◈ 스놉 효과 Snob effect

특정 상품에 대한 소비가 증가할수록 그 상품에 대한 수요가 줄어드는 현상을 말한다. 자신은 남들과 달라야 한다고 생각하는 소비자의 구매 심리가 백로 같다고 해서 '백로효과' 라고도 한다. 미술품, 골동품, 고서화 같은 특정 분야의 마니아들에게서 종종 나타나기도 한다.

◈ 스미싱 Smishing
SMS와 피싱(Phishing)의 합성어로, 문자메시지를 이용한 새로운 휴대폰 해킹 기법이다. 은행을 사칭한 휴대전화 문자메시지(SMS)를 보낸 뒤 악성 코드가 깔린 인터넷사이트로 접속을 유도해 개인금융정보를 빼내서 돈을 가로채는 수법이다.

◈ 스크루플레이션 Screwflation
'돌려서 조인다' 라는 뜻의 스크루(Screw)와 인플레이션(Inflation)이 합쳐진 말이다. 인플레이션으로 인해 실질임금이 감소한 상태가 젖은 옷에서 물을 짜내는 것처럼 느껴지는 중산층의 경기침체 현상을 말한다. 2011년 미국의 헤지펀드 운용사인 시브리즈 파트너스의 대표 더글러스 카스가 처음 사용한 말이다. 최근 우리나라에서도 생필품 가격과 공공요금이 연쇄적으로 오르고 있는 데 반해 실질적인 임금은 감소하면서 스크루플레이션이 가속화되고 있다.

◈ 스태그플레이션 Stagflation
경기의 침체 혹은 불황(stagnation)과 물가상승(inflation)의 합성어이다. 이전 소득의 증대, 임금의 하방 경직화 등으로 인한 경기 침체에도 불구하고 물가가 오히려 상승하는 현상을 말한다. 1970년경부터 주요 선진국에서 나타난 현상으로 주로 임금의 상승, 원자재 가격 상승에 그 원인이 있다.

◈ 스텔스 세금 Taxed by stealth
몰래 뜯어가는 세금이라는 뜻으로, 레이더에 포착되지 않는 스텔스 전투기처럼 납세자들이 세금을 내고 있다는 사실을 느끼지 못하는 세금이다. 탄산

음료세, 사탕세(사탕에 부과하는 세금) 등이 대표적인 스텔스 세금이다.

◈ 스톡옵션 Stock Option
일종의 성과급 보너스로, 회사가 임직원에게 일정량의 회사 주식을 발행 당시 가격으로 싸게 취득할 수 있는 권리를 부여하는 제도이다. 벤처기업의 경우 스톡옵션은 우수한 인력을 유치하는 데 강력한 유인책이 될 수 있다. 미국의 경우에는 유력한 기업들의 75% 이상이 스톡옵션제를 시행하고 있다. 현재 시점에서 투자자금이 필요하지 않으며, 스톡옵션 기간이 지난 후 회사에서 시가대로 주식을 구입할 것을 보장해 준다는 점에서 우리사주와 차이점을 보인다.

◈ 스트레스 테스트 Stress Test
'금융시스템 스트레스 테스트'의 준말로 2008년 미국에서 시작된 금융위기 때 등장한 용어이다. 경기 침체와 같은 외부충격에 대응하는 금융회사들의 위기관리 능력을 평가하는 프로그램을 말한다. 경제상황이 극도로 악화될 경우 발생할 수 있는 위험을 측정하기 위한 방법으로 사용되고 있다.

◈ 스파게티볼 효과 Spaghetti Bowl Effect
여러 나라와 동시에 FTA를 체결하게 되면, 나라마다 다른 원산지규정 적용, 통관절차, 표준 등을 확인하기 위해 시간과 인력이 더 필요하기 때문에 애초 기대했던 것보다 거래비용 절감 효과가 나타나지 않는 현상을 말한다.

◈ 스필오버 효과 Spillover Effect
물이 넘치면 인근의 메마른 논으로 흘러내려 가듯이 특정 지역에 나타나는 현상이나 혜택이 다른 지역으로 퍼지거나 영향을 미치는 것을 말한다. 경제적인 의미에서는 어떤 요소의 경제활동이 그 요소의 생산성이나 다른 요소의 생산성에 영향을 미쳐서 경제 전체의 생산성을 증대시키는 효과를 말한다.

◉ 슬라이딩 스케일 Sliding Scale System
물가 변동에 임금을 연동시키는 제도로, 인플레이션에 의한 물가의 상승에
맞춰 노동자의 실질적인 임금을 일정하게 유지하기 위해 만들어졌다. 보통
협정에 통해 정해지며, 일반적으로 물가 지수나 생계비 지수 상승을 기준으
로 하거나, 때로는 같은 업종의 생산물 판매 가격 또는 이윤지수에 따르기
도 한다.

◉ 시너지 효과 Synergy Effect
시너지란 전체적 효과에 기여하는 각 기능의 공동작용 또는 협동을 뜻하는
말이다. 시너지 효과는 종합 효과 혹은 상승효과라고 번역된다. 기업에서는
주로 특정 생산 자원을 다면적으로 활용해서 얻어지는 효과, 기업 합병으로
얻는 경영상의 효과를 가리키는 경우가 많다. 즉 기업 간의 합병으로 인한
경영상의 효과가 1+1→3처럼 상승효과를 나타내는 것을 말한다.

◉ 신용불량 信用不良
신용이란 미래의 지불능력에 대한 사회적 약속을 의미한다. 때문에 지불능
력이 상실되면 경제활동에 제한을 받게 된다. 신용불량은 본인의 동의 없이
전국은행연합회 등록이 가능하다. 신용불량자가 되면 대출금 상환, 신규대
출 제한, 취업제한, 비자발급 제한, 소득 압류 등의 경제적 불이익을 받게
된다. 신용불량이 해제된 후에도 최장 5년까지 신용불량 기록이 관리된다.

◉ 실버 마켓 Silver Market
55세 이상의 연령층을 대상으로 하는 시장을 말한다. 보통 평균적인 직장
인의 정년에 의해 구분되며, 고령화 사회가 사회적인 문제가 될 정도로 이
연령층에 속하는 사람들이 급속하게 증가하고 있다. 시간적 여유, 소득의

여유, 질이 좋은 서비스나 건강에 관심 등을 대상으로 하는 시장으로 장래의 유망 시장으로 주목받고 있다. 또 고령자를 대상으로 한 상품이나 서비스를 제조·판매하거나 제공하는 것을 목적으로 하는 영리사업군을 실버산업(Silver Industry)이라고 한다. '고령'이라는 단어가 갖는 부정적인 이미지를 없애기 위해 '실버(silver, 은발)'라는 단어를 사용한다

◈ 아웃소싱 Out Sourcing

자체 인력이나 설비를 이용해 하던 업무를 외부용역으로 대체하는 것을 말하며, 주로 기업에서 활용됐으나 최근에는 정부 부문도 일상적 관리업무나 수익성이 있는 사업 등을 민간에 위탁해 효율성을 높이면서 조직을 줄이고 있다. 특히 업무가 계절적으로 또는 일시적으로 몰리는 경우에는 외부용역을 이용하는 게 더 효율적이다.

◈ 안정 공황 安定恐慌 Stabilization Crisis

인플레이션을 수습한 뒤에 안정이 이루어질 때, 인플레이션 때에 확장했던 기업의 시설들을 가동하지 못해서 일시적으로 도산이나 실업 등이 생기는 경제 교란 또는 공황 상태를 말한다.

◈ 양적완화 Quantitative Monetary Easing

장기 정부채 매입 확대를 통해 본원통화를 계속 공급함으로써 직접 시장에 통화량 자체를 늘리는 정책을 말한다. 보통은 중앙은행이 기준금리를 통해 간접적으로 유동성을 조절한다.

◈ 엔젤 캐피털 Angel Capital

기술력과 사업성은 있지만 자금이 부족해서 창업하지 못하는 초기 단계의 벤처기업에 투자하는 자금을 말한다. 창업하려는 벤처기업을 도와서 성장시키기 때문에 엔젤이라고 한다. 벤처기업에 직접 투자하기도 하고 벤처기

업 투자를 전문으로 하는 창업 투자회사에 위탁해서 운영되기도 한다.

◈ 엥겔의 법칙 Engel's law

독일의 통계학자 엥겔(E. Engel)이 주장한 이론으로, 소득의 증가에 따라 음식물비가 차지하는 비율이 감소한다는 법칙이다. 소득이 증가해도 피복비와 주거비 · 광열비의 비율은 대체로 변하지 않지만 문화비(교육, 위생, 교통, 통신비 등)의 비율은 증가한다. 이처럼 전체 생계비 중에서 음식물비가 차지하는 비율을 엥겔계수라 한다. 엥겔계수는 생활수준이 낮을수록 높으며, 엥겔계수가 30 이하이면 상류, 50 이상이면 하류로 분류된다.

◈ 연착륙 軟着陸 Soft-Landing

연착륙이란 용어는 호황을 누리던 1980년대 말에 곧 다가올 불황문제를 다루면서 언론이 사용하기 시작했으며, 경기진정책을 쓸 때 경기 후퇴의 정도가 심하지 않게 한다는 뜻으로 자리 잡게 되었다. 비행기가 활주로에 착륙할 때처럼 자연스럽고 부드럽게 경기 하강이 이루어지도록 한다는 의미이다. 반면 경기가 빠른 속도로 침체되는 것을 경기 급랭 또는 경착륙이라고 한다. 정부는 연착륙 대신 '안정 성장 지속'이라는 용어를 사용한다.

◈ 옐로 칩 Yellow Chips

주식시장에서 대형 우량주인 블루 칩(blue chips)은 아니지만 양호한 실적에 기초한 주가상승의 기회가 있는 종목을 말한다. 포커에서 옐로 칩은 블루 칩 다음으로 비싼 칩이다. 대기업의 중가권 주식, 경기변동에 민감한 업종 대표주, 중견기업의 지주회사 주식 등을 흔히 옐로 칩으로 구분하며, 블루 칩에 비해 주가가 낮기 때문에 사는 데 가격 부담이 적고 유동물량이 많아 블루 칩에 이은 실적장세 주도주로 평가된다.

◈ 용의자 딜레마 게임

가장 유리한 결과가 있다는 것을 알면서도 자신에게 불리한 결과를 선택할 수밖에 없는 상황을 말한다. 서로 협력하지 않는 상황에서는 각자 자신의 이익을 위한 최고의 방법을 선택하더라도 모두에게 불리한 결과가 발생하는 상황을 가리킨다.

◈ 워크아웃 Work Out

본래의 의미는 신체적 단련을 위해 프로그램을 짜고, 그 프로그램에 따라 점진적·단계적으로 실천에 옮기는 계획된 훈련을 뜻한다. 최근에는 기업 구조조정 과정에서 생산성과 효율성, 합리성을 높이기 위한 재활 프로그램을 만들어 실천에 옮기는 기업가치 회생작업을 가리키는 말로 쓰이고 있다. 부실기업으로 전락할 수도 있고 정상기업으로 전환될 수도 있는 기업을 확실하게 회생시키는 것을 목적으로 한다. 채권금융기관이 해당 기업을 면밀하게 조사하고 분석한 뒤 합리적인 회생 방안을 제시한다.

◈ 원스톱 쇼핑 One Stop Shopping

한 개의 점포 또는 상가 안에서 다양한 종류의 상품을 모두 구매할 수 있게 한 것을 말한다. 소비자는 상품 구매를 위한 시간적·육체적 노력을 아낄 수 있고, 유통업체는 수요에 따라 다양한 고객을 모을 수 있다. 백화점과 할인점 등이 대표적인 장소이다.

◈ 위미노믹스 Womenomics

2006년 10월 영국 파이낸셜타임스에서, 장래에는 여성이 상거래를 좌우할 것이라는 의미로 사용했으며, '여성(Women)'과 '경제(Economics)'의 합성어이다. 2008년 11월 유엔 미래보고서는 10년 뒤인 2018년에는 모든 소비재의 70%를 여성이 구매하게 될 것이라고 예측했고, 미국 경제주간지 비즈니스 위크는 2010년경에는 여성이 만지는 돈이 미국 부의 절반 이상을 차지할 것이라고 전망했다.

◈ 위안화 허브
중국 외의 국가에서 위안화로 자금을 조달하고 신용거래도 할 수 있는 제도이다. 세계 각국이 위안화 허브 구축에 열을 올리면서 중국의 대외교역에서 위안화 결재 비중이 2011년 말 기준으로 10%로 급증했다. 글로벌 위기 이후 미국의 경기침체로 인해 미국 달러화가 힘을 잃어가면서 위안화의 위력은 더욱 강해질 것으로 전망되고 있다.

◈ 유동성 선호설 Theory of liquidity preference
자산으로서의 화폐는 유동성이 100%에 달하기 때문에 다른 자산보다 더 선호된다는 케인즈의 화폐수요 이론이다. 이렇게 사람들이 자산을 증권 투자 형태로 보유하지 않고 화폐나 당좌예금처럼 유동적인 형태로 가지려는 욕구를 '유동성 선호설'이라고 한다.

◈ 유수 정책 誘水政策 Pump Priming Policy
일시적으로 경기 회복 능력이 마비 상태라고 판단될 때, 펌프에 유수를 부어 물을 끌어올리는 것처럼 정부가 민간 투자에 자극을 주기 위해 진행하는 공공투자정책을 말한다. 경제계 자체의 힘만으로는 경기 회복이 어려울 경우, 정부가 공공 부문에 대한 투자를 늘림으로써 화폐 유통을 원활하게 해서 유효 수요의 증가와 경기 상승을 도모하는 정책이다.

◈ 의존효과 依存效果 Dependent Effect
소비자의 소비재에 대한 수요가 스스로의 자주적인 욕망에 의한 것이 아니라 생산자의 광고나 마케팅 등에 의존해 이루어지는 현상을 이르는 말이다. 미국의 경제학자 갈브레이스(J. K. Galbraith)는 이와 같은 '욕망 충족 과정에 의존하는 관계'를 의존효과라고 불렀다.

◈ 이머징 마켓 Emerging Market

떠오르는 시장 또는 신흥시장이라는 뜻이며, 자본시장 부문에서 급성장하고 있는 국가들의 신흥시장을 말한다. 그중에서도 특히 자본시장 부문에서, 개발도상국 가운데 상대적으로 경제성장률이 높고 산업화가 빨리 진전되고 있는 나라의 증시를 일컫는 말로 사용된다. 이들 증시는 성장성은 높게 평가되지만 그만큼 손실위험도 적지 않다. 외국 펀드들의 경우 대개 10% 정도를 이머징 마켓 주식에 투자하고 있다.

◈ 이코노사이드 Econocide

'이코노미(Econony 경제)'와 '슈사이드(suiside 자살)'의 합성어로, 불황으로 인한 자살을 말한다. 세계경제대공황으로 거액의 손실을 입은 은행가들이 고층 건물에서 투신하는 사건에서 유래된 용어이다.

◈ 이터테인먼트 Eatertainment

먹다(eat)와 즐긴다(entertainment)의 합성어로 먹으면서 즐기는 문화를 가리킨다. 레스토랑에서 식사를 하면서 다양한 공연이나 게임도 즐기는 등의 문화를 말한다. 최근 이터테인먼트 산업은 IT 기술을 적극적으로 도입해서 온라인 게임은 물론 TV 시청, 영화 감상 서비스도 함께 제공함으로써 소비자에게 색다른 즐거움을 제공하고 있다.

◈ 인플레이션 Inflation

상품 거래량에 비해 통화량이 과잉 증가함으로써 물가는 오르고 화폐 가치가 떨어지는 현상을 말한다. 과잉 투자, 적자 재정, 화폐 남발, 극도의 수출 초과, 생산비의 증가, 유효 수요의 확대 등이 원인으로 작용하며 실질적 소득은 감소하게 된다. 인플레가 지속되면 수출 위축, 부와 소득의 불공평한 분배, 투기 조장, 국제수지의 악화 등의 현상이 나타난다. 소비 억제, 저축 장려, 통화량 수축, 생산 증가, 투자 억제, 매점매석 폭리의 단속 등이 대책으로 제시되고 있다.

◈ 재정절벽 Fiscal Cliff

정부의 재정 지출이 갑자기 줄어들거나 중단되어 경제에 충격을 주는 현상
이다. 벤 버냉키 연방제도이사회 의장이 미 의회 합동경제 청문회에서 처음
사용한 용어로, 감세정책의 종료와 정부지출 삭감 등으로 인해 미국 경제가
큰 영향을 받을 것이라는 의미로 사용했다.

◈ 저축의 역설 貯蓄-逆說

케인즈는 경제주체의 소비활동은 유효수요로 연결되지만, 저축된 부분은
수요로 되돌아오지 않기 때문에 저축은 필요악이 될 수도 있다고 이야기했
다. 이를 저축의 역설이라고 부른다.

◈ 저커버그세

페이스 북의 창업자이자 CEO인 마크 저커버그의 이름에서 따온 것으로,
주가 상승으로 보유하고 있는 주식의 가치가 상승하는 경우 보유 주식의 평
가 차익분에 대해서도 과세해야 한다는 뉴욕타임스(NYT)의 칼럼에서 비롯
되었다.

◈ 전시효과 展示效果 Demonstration Effect

듀젠베리(J. S. Duesenberry)에 의하면 후진국이나 저소득자가 선진국이나
고소득자의 소비 양식을 따라 하느라 분수에 맞지 않는 과소비를 하는 경향
을 말한다. 후진국의 경우에는 저축을 감소시키고 인플레이션 압력을 촉진
시켜 경제 발전에 지장을 주며, 선진국에서는 소비 성향이 낮아져 불경기에
빠지게 된다.

◈ 절대적 빈곤층 絕對的 貧困層

생존에 필요한 최저 소득을 뜻하는 빈곤선(poverty line) 이하의 생활수준에 속하는 계층을 말한다. 생계를 유지하는 데 필요한 최소한의 재화와 서비스를 구입하기도 어려운 경우로, 우리나라에서는 이들 계층을 '절대 빈곤층', 즉 극빈층이라고 부른다.

◈ 정크 본드 Junk Bond

고수익채권(high yield bond) 또는 열등채(low quality bond)라고 하며, 수익률이 매우 높지만 신용도가 낮은 채권을 가리킨다. 발행자의 채무 불이행 위험이 대단히 높으며, 최초 발행 시에는 투자 적격이었지만 발행회사의 실적 부진과 경영 악화 등으로 투자 부적격이 된 채권, 신규 기업으로 소규모이거나 실적이 미미해 높은 신용 등급을 받지 못한 채권, 기업의 인수 합병을 위한 자금 조달 목적으로 발행되는 채권 등이 있다.

◈ 제로섬 게임 Zero-sum game

승자의 득점과 패자의 실점을 합치면 0이 되는 게임을 말한다. 주식시장, 특히 옵션 시장이 제로섬 게임의 전형적인 형태로, 누군가가 이익을 보게 되면 반드시 다른 누군가는 손해를 보게 되는 구조를 가지고 있다.

◈ 조세피난처 Legal heaven & Tax heaven

예전에는 세금을 줄이기 위해 조세피난처에 자회사를 설립했으나, 최근에는 기업의 법률적 행동 범위까지도 고려해서 더 유리하고 자유로운 국가나 지역으로 적극적으로 진출하고 있다.

◈ 지하경제 地下經濟 Underground Economy

정부가 실태를 파악하지 못해 과세대상에서 제외되어 있거나, 정부의 규제를 회피해서 보고되지 않는 경제활동 분야를 말한다. 지하경제로 축적된 자금은 비생산적인 지하자금의 형성에 되풀이해서 쓰이거나 사치성 과소비의 원천이 된다.

◈ 차상위 계층
최저 생계비 대비 1~1.2배의 소득이 있는 '잠재 빈곤층'과, 소득은 최저 생계비 이하지만 고정 재산이 있어 기초생활 보장 대상자에서 제외된 '비수급 빈곤층'을 합쳐서 이르는 말이다.

◈ 출구전략 出口戰略 Exit Strategy
위기 극복을 위해 취했던 각종 정책과 조치들을 철회하면서 부작용 없이 정상 상태로 되돌리는 후퇴 전략이다. 미국이 베트남전에서 승산이 없어지자 전쟁피해를 최소화하면서 철수를 고려할 때 만들어진 용어이다. 출구전략을 너무 빨리 시행하면 부양효과가 없어지고 너무 늦게 시행하면 부작용이 커지기 때문에 적절한 시기의 선택이 이 전략 구사의 핵심이라고 할 수 있다.

◈ 카르텔 Cartel
동종의 사업을 운영하는 유력한 기업들이 서로 제조, 판매, 가격 등을 협정함으로써 경쟁의 부담을 줄이고 신규 진입을 막아 시장을 독점하고 이윤을 증대시키는 기업결합형태이다. 우리나라는 이러한 행위를 독점규제 및 공정거래법에 의해 원칙적으로 금지하고 있다.

◈ 콘체른 Konzern
독립된 기업들이 경제적으로 통일된 경영 지배를 받으며 마치 하나의 기업처럼 활동하는 기업 집단을 말한다. 제1차 세계대전 후 독일에서 급속히 발전했던 콘체른은 오늘날 최고도의 기업 결합조직으로 일반화되었다. 기업집단 또는 재벌이라고 한다.

◆ 쿠르노의 점 Cournot's Point
프랑스의 수리 경제학자 쿠르노의 이론(Cournot's Point)으로, 공급독점의 경우 공급자의 이윤을 최대로 하는 공급량과 독점가격을 나타내는 수요곡선상의 점을 말한다. 독점 가격은 총이윤(독점 이윤)이 최대가 되는 점에서 결정되는데, 이때 수요 곡선 상에서 공급자(독점기업)에게 가장 큰 이윤을 주는 가격과 공급량(생산량)을 동시에 표시하는 점을 쿠르노의 점이라고 한다.

◆ 크라우드소싱 Crowdsourcing
'대중(crowd)'과 '외부자원활용(outsourcing)'의 합성어로, 기업이 제품이나 서비스 개발 과정에 외부 전문가나 대중을 참여시켜서 수익을 공유하고 상품판매의 효율을 높이는 방식을 말한다. 크라우드소싱의 방식은 기업에서 경영상의 문제점이나 개선방안 등을 얻기 위해서 인터넷 포털사이트에 질문을 올리면, 수많은 네티즌들이 그에 대한 아이디어를 답글로 올리는 형태이며, 이를 토대로 얻은 결과를 골라서 경영에 적용한다.

◆ 타운 워칭 Town Watching
직접 거리로 나가서 사람들의 생활상, 기호, 취미, 경향 등을 파악해 신제품 개발과 마케팅에 응용하는 것을 말한다. 의류, 가전, 음료, 광고 대행사처럼 신세대 고객의 취향을 끊임없이 파악해야 하는 기업들이 타운 워칭에 매우 적극적이다.

◆ 탄소세 炭素稅
이산화탄소와 같은 온실가스를 방출할 때 부과되는 세금이다. 대개는 화석 연료를 사용하는 매체에 부과되며, 원자력, 수력, 풍력 등에는 적용되지 않는다. 환경세의 일종이다.

◈ 텔레콤 계수 Telecom coefficient

가계 지출 중에서 정보통신 비용이 차지하는 비율을 말한다. 정보통신 네트워크를 통해 정보수집이 이루어짐에 따라 텔레콤 계수 비중이 높아지고 있다.

◈ 트리플 약세

주식 · 채권 · 화폐 가격이 한꺼번에 떨어지는 저주가 · 저채권가 · 저화폐가의 3저 현상을 가리키는 말이다. 금융시장에서의 '트리플 약세'는 주가가 떨어지고 채권 값과 환율이 동시에 하락하는 현상으로 나타난다.

◈ 트릴레마 Trilemma

그리스어로 숫자 '3'을 가리키는 '트리(tri)'와 '보조정리'라는 뜻을 가진 그리스어 '레마(lemma)'의 합성어로, 세 가지 레마(명제)가 서로 상충되어 나아가지도 물러서지도 못하는 상황을 가리킨다. 경제용어로서는 물가안정, 경기부양, 국제수지 개선이라는 삼중고(三重苦)를 말하는데, 물가안정에 치중하면 경기침체가 오고 경기부양에 힘쓰면 인플레 유발과 국제수지 악화를 초래할 우려가 있는 등 서로 얽혀 있는 관계를 뜻한다.

◈ 특허괴물 Patent Troll

특허권이나 지식재산권을 집중 보유함으로써 다른 기업들로부터 로열티를 받거나 특허 소송을 통해 이익을 창출하는 특허관리 전문회사를 가리킨다. 직접 제품을 제조하는 IT 선두권 업체들도 자체 원천기술과 특허권을 앞세워 특허괴물로 변신하기도 한다.

◈ 파밍 Pharming

사용자들이 공인된 사이트로 생각하고 접속하도록 한 뒤 개인정보를 훔치는 새로운 컴퓨터 범죄 수법이다. 이들은 합법적으로 소유하고 있던 사용자의 도메인을 빼앗거나 도메인 네임 시스템(DNS) 또는 프락시 서버의 주소를 변조함으로써 사이트를 확보한다. 피싱은 금융기관 등의 웹사이트에서 보낸 이메일로 위장해 사용자에게 접속을 유도한 뒤 개인정보를 빼내지만, 파밍은 해당 사이트가 공식적으로 운영하고 있는 도메인 자체를 중간에서 가로챈다는 점에서 차이가 있다.

◈ 퍼플칼라 Purple Collar

일과 가정의 조화를 위해 근로시간과 장소를 탄력적으로 조정해 일하는 노동자를 말한다. 빨강색과 파랑색의 혼합색인 '보라색(purple)'과 직업군을 분류하는 대명사로 쓰이는 '옷깃(collar)'을 조합해서 만들어진 신조어이다. 원하는 시간에 원하는 시간만큼 일을 하기 때문에 보수는 줄어들지만 직업의 안정성과 경력은 풀타임으로 일했을 때와 마찬가지로 유지된다.

◈ 펀드 Fund

재테크에서 의미하는 펀드는, 투자신탁운용사나 자산운용사가 증권·부동산 등 자산에 투자하기 위해 고객들로부터 받은 돈을 모아서 운용하는 기금을 말한다. 대표적인 것으로 수익증권과 뮤추얼펀드가 있다. 본래의 의미는 돈을 모아 둔 기금을 말한다.

◈ 펭귄효과 Penguin effect

물건 구매를 망설이던 소비자가 남들이 구매하기 시작하면 덩달아 자극을 받아 구매에 나서는 것을 말한다. 펭귄들은 빙산 끝에서 눈치만 보고 있다가, 한 마리 펭귄이 바닷물로 뛰어들면 나머지 펭귄들도 따라서 뛰어든다. 이처럼 상품을 앞에 두고도 구매를 망설이며 결정하지 못하는 소비자들도 종종 이런 펭귄에 비유된다.

◆ 포이즌 필 Poison Pill

'독약을 삼킨다'는 뜻으로, 적대적 인수합병(M&A) 시도가 있을 때 기존 주주들에게 시가보다 싼 가격에 지분을 매수할 수 있는 권리를 부여하는 것을 말한다. 이를 통해 적대적 M&A 시도자의 지분 확보를 어렵게 만든다. 이 제도를 통해 경영자들은 경영권을 안정적으로 확보할 수 있어서 경영에만 집중할 수 있지만 정상적인 M&A까지 가로막거나 대주주의 돈 챙기기로 악용될 소지가 있다.

◆ 포트폴리오 Portfolio

다수 종목에 분산해서 투자함으로써 위험에 대비하고 투자 수익은 극대화하는 주식 투자 방법이다. 원래는 서류가방 또는 자료수집철이라는 뜻을 가지고 있으며 은행이나 투자자 등이 소유하고 있는 유가증권 목록을 가리키기도 하다. 그 의미가 확대되면서 사업 포트폴리오, 제품 포트폴리오 등으로도 사용된다.

◆ 프라이빗뱅킹 Private Banking

여유자금이 있는 고객들을 위해 은행이 예금관리부터 재테크까지 풀 서비스를 제공하는 시스템을 말한다. 기존의 은행거래와 차별화된 고급 서비스로 회원들에게는 한 곳에서 모든 은행 업무를 처리하는 것은 물론 세무, 법률상담, 증권정보제공, 부동산 투자상담 등과 같은 업무까지 모든 서비스를 제공한다.

◆ 프로슈머 마케팅 Prosumer Marketing

프로슈머란 생산자(producer)와 소비자(consumer)를 합성한 말로, 앨빈 토플러 등 미래학자들이 예견한 상품개발 주체에 관한 개념이다. 소비자가 직접 필요한 상품의 개발을 요구하고 아이디어를 제안하면 기업이 이를 받아들여 신제품을 개발함으로써 고객만족을 최대화시키는 전략이다.

◈ 프론티어 마켓 Frontier Market

증시 규모가 작고 역사가 짧아 투자자들에게 덜 알려진 '차기 이머징 마켓 (Emerging Market)'을 가리키는 말이다. 잘 알려지지 않은 곳에 위치한다는 뜻으로 '프론티어 마켓'이라고 부른다. 프론티어 마켓은 일반적으로 거래량, 투자자, 상장기업의 수가 적고 규제가 약하며 거래 종목에 대한 정보가 부족하기 때문에 이머징 마켓보다 투자 위험이 높다.

◈ 프리코노믹스 Freeconomics

무료(Free)와 경영학(Economics)의 합성어로 '무료경제'라는 의미로 쓰인다. 특정상품을 무료로 소비자에게 제공하고 실제수익은 다른 방법으로 얻는 방식이다. 인프라가 구축되면 상품 생산원가가 급속도로 감소해서 '0'에 가까워지므로 서비스를 무료로 제공하는 게 가능하다는 개념에서 나왔다. 일상생활에서 쉽게 접할 수 있는 휴대폰, 길거리에서 나눠주는 화장지, 음료, 화장품 샘플 등이 대표적이며, 이를 통해 재구매를 유도할 수 있다는 장점이 있다.

◈ 하우스 푸어 House poor

집을 가지고 있지만 무리한 담보대출로 인한 이자 부담 때문에 빈곤하게 사는 사람들을 가리키는 말이다. '아파트 없는 중산층'이었다가 부동산 상승기에 무리하게 대출받아 주택 마련에 성공했지만, 부동산 가격의 하락으로 인해 분양가보다 낮은 가격으로 내놓아도 팔리지 않고, 이자비용은 계속 감당해야 하는 '아파트 가진 빈곤층'을 말한다.

◈ 헤지 펀드 Hedge Fund

국제증권 및 외환시장에 투자해서 단기 이익을 올리는 민간투자기금을 말하며, 대표적인 것으로는 소로스의 퀀텀펀드, 로버트슨의 타이거펀드 등이 있다. 모집은 물론 투자 대상과 실적 등이 베일에 싸여 있고 언제 어디서 투기를 할지 모르기 때문에 '복병'으로 인식되고 있다.

◆ 황금 낙하산 Golden Parachute

1980년대에 활발하게 전개된 M&A와 관련되어 미국 월가(街)에서 유래한 말이며, 비싼 낙하산이라는 뜻에서 생긴 용어이다. 인수 대상 기업의 최고 경영자가 인수로 인해 사임하게 될 경우를 대비해서 거액의 퇴직금, 저가 (低價)에 의한 주식 매입권(스톡옵션), 일정기간 동안의 보수와 보너스 등을 받을 권리를 사전에 고용계약에 기재해서 안정성을 확보함과 동시에 기업의 인수 비용을 높이는 방법이다. 경영자의 신분을 보장하고 M&A 코스트를 높이는 효과가 있어 적대적 M&A를 방어하는 전략으로 이용된다. 하지만 평상시에는 경영자를 해임하기가 어렵기 때문에 무능한 경영진에게 과도한 혜택을 주는 비효율성을 초래할 수도 있다.

◆ 희소성의 원칙 稀少性-原則

인간의 욕망을 충족시킬 수 있는 재화는 매우 제한되어 있으며, 이러한 제한된 재화를 구입함으로써 욕망을 충족하려는 경제 행위를 희소성의 원칙이라고 한다.

제4장

컴퓨터
과학
IT

◈ ABO식 혈액형 ABO blood group

적혈구에는 응집원 A와 응집원 B가 있다. 이를 기준으로 A · B · O의 네 가지로 혈액형을 구별한다.

◈ DNA deoxyribo nucleic acid

DNA는 아데닌, 구아닌, 시토신, 티민의 네 가지 염기가 각각 디옥시리보오스(당) 및 인산과 결합한 모양을 하고 있는 뉴클레오티드로 구성되어 있다. 구조는 두 개의 DNA 사슬이 꼬여 있는 이중나선(double helix) 모양이며, 이중나선은 각 외가닥 DNA 사슬 사이의 염기들이 상보적으로 쌍(G-C, A-T)을 이루며 수소결합과 소수성 힘에 의해 상호 연결되어 있다. 사람이 가지고 있는 23쌍 염색체에는 약 30억 개의 염기가 존재하며 이들 네 개의 다른 염기로 이루어진 특정서열을 염기서열(DNA sequence)이라고 한다. 이 염기서열이 바로 유전정보를 나타내는 암호이다.

◈ N스크린 N-screen

하나의 콘텐츠를 스마트폰, PC, 스마트TV, 태블릿PC, 자동차 등 다양한 디지털 정보기기에서 공유할 수 있는 네트워크 서비스를 말한다. 시간, 장소 디지털기기에 관계 없이 언제 어디서나 하나의 콘텐츠를 이어서 볼 수 있고, 컴퓨터로 다운받은 영화를 TV, 스마트폰, 태블릿PC로 이어서 볼 수 있는 서비스다.

◈ PPM Parts Per Million

100만 분의 1을 뜻하며, 환경오염과 같이 극히 적은 물질의 양을 표시할 때 주로 사용된다. 수질오염을 나타낼 경우 물 1ℓ(1kg)에 오염 물질 100만분의 1kg(1,000분의 1g)이 들어있는 오염 정도를 1ppm으로 표시한다. 대기오염의 경우 공기 1m³에 대기오염물질이 1㎤ 들어있는 오염 정도를 1ppm이라 한다.

◈ RH 인자

혈액에 RH 인자가 있고 없음에 따라 혈액형을 구별하는 방법으로, RH 인자가 있는 혈액을 RH$^+$, 없는 혈액을 RH$^-$라고 한다. 대부분의 동양인과 유럽인의 85%가 RH$^+$형을 가지고 있다. RH$^-$인 사람이 RH$^+$인 사람으로부터 수혈을 받으면 거부반응을 일으키고, 또 RH$^-$의 여성이 RH$^+$인 아기를 임신하면 아기가 위험해진다.

◈ RNA Ribo Nucleic Acid

세포 속에서 DNA가 가지고 있는 유전정보에 따라 필요한 단백질을 합성할 때 작용하는 고분자 화합물이다. 리보스와 염기, 인산 등 세 가지 성분으로 되어 있다. 리보핵산(ribonucleic acid)이라고도 한다.

◈ 가상현실 假想現實 Virtual Reality

어떤 특정한 환경이나 상황을 컴퓨터로 구현해, 마치 실제로 주변의 상황·환경과 상호작용을 하고 있는 것처럼 만들어 주는 최첨단 기술을 말한다. 실제와 똑같은 조건과 상황을 만들어 대응에 따라 다양한 결과를 진행해서, 실제로 겪게 될 수 있는 위험이나 실수에 따른 나쁜 결과는 피하면서도 그 상황에 대한 훈련이 가능하다. 의학 분야에서는 수술 및 해부를 실제 상황처럼 연습할 수 있고, 항공이나 군사 분야에서는 비행조종훈련 시뮬레이션을 통해 실제 상황처럼 훈련할 수 있다.

◈ 가시광선 可視光線 Visible Rays

전자기파(電磁氣波) 중에서 사람의 눈에 보이는 범위의 파장을 가지는 것을 말하며, 빨강, 주황, 노랑, 초록, 파랑, 남색, 보라 일곱 가지가 있다. 이보다 파장이 긴 것을 적외선(赤外線), 짧은 것을 자외선(紫外線)이라고 한다.

◈ 거부반응 拒否反應 rejection

거절반응(拒絶反應)이라고도 한다. 생물은 체내에 침입한 이물질을 축출하려는 본능이 있어 한 개체의 장기(臟器)나 조직을 다른 개체에 이식하면 처음 며칠 동안은 성공한 것처럼 보여도 이내 염증을 일으키며 괴사(壞死)하는 현상이 일어난다.

◈ 거식증 拒食症

신경성 식욕부진증이라고도 하는데, 살이 찌는 것에 대한 극단적인 두려움 때문에 나타나는 정신질환이다. 체중 증가에 대한 혐오증 때문에 식사 양을 무리하게 줄이고 식후에는 무리하게 토해 내거나 해서 영양실조로 죽음에 이르는 경우도 있다. 여성의 경우에는 표준 체중에서 20% 이상 살이 빠지거나 월경이 나타나지 않는 등의 증세를 보인다.

◈ 게놈 Genome

Gene(유전자)와 Chromosome(염색체)의 합성어. 인간의 몸은 약 60조 개나 되는 세포로 되어 있는데, 각 세포핵에는 1쌍의 성염색체(여성은 XX, 남성은 XY)를 포함한 23쌍의 염색체가 자리잡고 있다. 이 23쌍의 염색체는 DNA로 이루어져 있고, 모든 생명 활동의 정보가 들어있다. 이 23개의 염색체 세트를 'genome'이라고 한다. 게놈을 해독해 유전자 지도를 작성하고 유전자 배열을 분석하는 연구작업을 게놈 프로젝트(Genome Project)라고 하며, 1990년부터 미국, 영국 등 18개국에서 이 연구에 참여하고 있다.

◈ 광역통신망 WAN; Wide Area Network

지역적으로 넓은 영역에 걸쳐 구축하는 다양하고 포괄적인 컴퓨터 통신망을 말한다. LAN은 좁은 지역, 또는 구내 통신망과 같이 통신 영역이 좁은 데 비해 WAN은 한 개의 도시보다도 넓은 지역의 광역 통신망을 말한다. 이것이 전국적으로 확대된 것이 ISDN, 즉 종합디지털 서비스망이고, 인터넷은 세계적 규모의 WAN이라 할 수 있다.

◈ 국제표준도서번호 ISBN; International Standard Book Number

국제적으로 표준화된 방법에 따라 전 세계에서 생산되는 도서에 부여하는 고유번호이다. 원활한 도서 유통과 재고 파악 등을 컴퓨터로 처리하기 위해 도서마다 부여하며, 출판된 서적의 국별 기호, 출판사 기호, 타이틀 기호, 기호가 정확한가를 컴퓨터로 체크할 수 있는 확인 숫자의 순서로 구성되어 있다.

◈ 굴절 屈折

빛이 한 매질로부터 다른 매질로 통과할 때 그 경계면에서 꺾이는 현상을 말한다. 신기루, 아지랑이, 무지개 등이 빛의 굴절현상 때문에 생기는 현상이다.

◈ 근거리 통신망 LAN; Local Area Network

사무실이나 공장처럼 범위가 그리 넓지 않은 일정 지역 내에서, 다수의 컴퓨터나 OA 기기 등을 속도가 빠른 통신선로로 연결하여 통신이 가능하도록 하는 시스템이다. 고속 통신이 가능하고 확장이 간편하며, 통신 오류율이 낮다.

◈ 나노 기술 Nano-Technology

10억분의 1 수준의 정밀도를 요구하는 극미세가공 과학기술. 나노란 '난쟁이' 란 뜻의 그리스어로, 1나노미터(㎚)는 10억 분의 1미터로 전자현미경으로나 볼 수 있는 수준의 크기다. 신물질 개발, 원자·분자 크기의 모터를 이용한 동력개발, 생명체의 합성 및 의학에의 응용, 전자소자를 대체하는 원자 크기의 기본소자 개발 및 이를 이용한 컴퓨터 개발, 생물체와 무기물 소자와의 접속장치 개발 등 응용분야가 다양하다.

◆ 날짜변경선 international date line

날짜를 변경하기 위해 편의상 설정한 경계선을 말하며 날짜선 또는 일부 변경선(日附變更線)이라고도 한다. 태평양의 거의 중앙인 대략 경도 180°선을 따라 남북으로 설정되어 있다. 이 선을 경계로 동쪽과 서쪽에서 날짜가 하루 달라진다.

◆ 녹조 綠藻 Green Tide

부영양화된 호소 또는 흐름이 느린 하천이나 호수에서 녹조류가 크게 늘어나 물빛이 녹색이 되는 현상이다. 유발 생물이 조류와 남조류여서 녹색을 띠게 된다. 물속의 용존산소를 감소시키고 유해물질을 발생시켜 수중생태계를 교란시킨다.

◆ 농축 우라늄 Enriched Uranium

핵분열을 일으키는 우라늄 235의 함유율을 천연 우라늄보다 인위적으로 높인 우라늄으로, 주로 원자력발전의 연료로 사용하기 위해 제조한다. 우라늄 235의 함유율이 20% 이하이면 저농축 우라늄, 90% 이상이면 고농축 우라늄이라고 한다. 원자폭탄에는 99.999%까지 농축한 우라늄을 사용한다.

◆ 뇌사 腦死 Brain Death

뇌기능이 완전히 정지되어 회복불능한 상태가 되는 것을 말한다. 호흡과 심장도 함께 정지되지만 인공호흡기로 뇌사 후에도 심장은 계속 뛰게 할 수 있다. 뇌사로 판정된 환자가 회생하는 일은 없어 뇌사를 법적으로 인정하자는 의견이 대두되고 있다.

◆ 뉴런 neuron

신경계의 구조적 · 기능적 단위로 신경세포와 거기서 나온 돌기를 합친 것을 말한다. 자극에 반응하여 그에 따른 흥분을 전달하는 작용을 한다. 신경세포는 핵과 그 주위의 세포질로 이루어지며, 돌기에는 수상돌기와 축색돌기가 있다. 이것은 시냅스에 의해 다른 뉴런과 기능적 연락을 가지며 반사궁(反射弓)을 형성하여 신경계로서의 기능을 발휘한다.

◈ 뉴로 컴퓨터 Neuro Computer

생물의 신경세포 구조를 응용한 회로소자를 이용하여 만든 컴퓨터이다. 신경회로를 뜻하는 뉴런(neuron)에서 이름 붙였으며, 뉴럴 컴퓨터(neural computer)라고도 한다.

◈ 다운사이징 Downsizing

중앙 컴퓨터에 집중되어 있는 정보처리 능력을 사용자에게 분배해서 정보처리 효율을 높이는 것이다. 중앙 컴퓨터가 고장 나도 모든 업무가 정지되는 것을 막을 수 있으며, 대형 컴퓨터를 설치·유지하는 비용을 절감할 수 있다. 사물의 소형화, 기업의 감량경영을 일컫는 일반 개념으로도 쓰인다.

◈ 대류 對流

액체나 기체가 열을 받으면 팽창에 의해 열을 받은 부분이 위로 올라가고 열을 받지 않은 부분은 아래로 내려가는 현상을 말한다.

◈ 대륙성 기후 continental climate

일반적으로 기온의 연교차와 일교차가 크고 연간 총강수량이 적으며, 낮은 상대습도를 보이는 기후이다. 대륙성 기후는 해양의 영향이 적고 복사에 의한 가열과 냉각이 크며 고기압지역인 대륙 내부에서 뚜렷하게 나타난다. 우리나라에서는 연교차가 북쪽과 내륙일수록 큰 반면 동해안과 남쪽일수록 작게 나타난다.

◈ 데이터베이스 Data Base

여러 사람에게 사용될 목적으로 통합 관리되는 데이터의 집합이다. 데이터 뱅크보다는 소규모이고, 특정한 요구나 불특정한 다수의 요구에 응할 수 있도록 필요 정보를 축적, 정리 보관, 정비해서 요구에 따라 정보를 제공하는 시스템이다.

◈ 데이터 스모그 Data smog

1997년 데이비드 셍크의 『데이터 스모그』라는 저서에서 유래된 용어이다. 인터넷의 발달로 정보의 유통속도가 빨라졌지만 쓰레기 정보나 허위 정보들이 마치 대기오염의 주범인 스모그처럼 가상공간을 어지럽힌다는 뜻이다. 현대인들은 정보 과다로 인해 극심한 정보피로증후군에 시달리고 있으며, 유용한 정보를 선별하는 능력이 필수적이라는 것이다.

◈ 돌연변이 突然變異 mutation

유전자 또는 염색체의 변이로 어버이의 계통에는 없던 새로운 형질(形質)이 자손이 되는 생물체에 나타나 유전하는 일을 말한다. 네덜란드의 드 브리스가 달맞이꽃을 재배하다 발견했다.

◈ 동위원소 同位元素 Isotope

원자번호는 같으나 질량수가 다른 원소를 말한다. 1906년 방사성 원소의 붕괴 과정에서 처음 발견되었으며 현재는 1,200종 이상이나 된다. 일반적인 화학반응에서 화학적 성질은 같지만 물리적 성질은 다른 경우가 많다.

◈ 디버깅 Debugging

프로그램 개발의 마지막 단계에서 프로그램의 오류를 찾고 그 원인을 밝히는 작업 또는 그 프로그램를 말한다. 프로그램에 있는 에러를 가리켜 버그(bug, 벌레)라 하며, 버그를 제거하는 것을 디버깅이라고 한다.

◈ 디제라티 Digerati

디지털 시대의 파워 엘리트로 부상하고 있는 신지식인으로, 디지털(digital) 과 지식계급(literati)의 합성어다. 인터넷 비즈니스로 성공한 기업인들을 가리키기도 한다. 이들은 학연, 지연에 얽매이지 않는 수평적인 네트워크를 추구하고 인문과학과 자연과학의 경계를 아우르면서 제3의 문화를 창조하는 새로운 권력층으로 부상하고 있다. 마이크로소프트사의 빌 게이츠, 소프트뱅크의 손정의, 야후를 만든 제리 양, 아마존의 제프 베이조스 등이 대표적이다.

◈ 디지털 아카이빙 Digital Archiving

디지털 문헌을 안전하게 보존할 수 있는 활동을 말하며, 시간이 지나도 접근할 수 있고 원본을 유지할 수 있도록 하는 모든 행위를 말한다. 정보기술의 발전으로 인해 디지털 정보의 생산과 유통이 급격하게 증가하면서 부각되었으며, 인류가 현재와 유사한 언어와 문자 커뮤니케이션 시스템을 사용하는 한 보존의 대상이 되는 디지털 객체를 읽고 이해할 수 있는 상태로 관리하는 것이다.

◈ 디지털 워터마킹 Digital Watermarking

멀티미디어 저작물의 불법 복제를 막고 저작권자 보호를 위한 디지털 콘텐츠 저작권 보호기술이다. 디지털 워터마킹은 디지털 콘텐츠에 저작권자의 고유마크(fingerprint)를 집어넣는 기술이며, 워터마킹된 데이터에 어떤 조작이나 변형을 가할 경우 워터마킹된 부분이 훼손되게 해서 식별이 가능하도록 해서 분쟁이 생겼을 때 소유권을 주장할 수 있는 근거가 된다.

◈ 디지털 통신 Digital Communication

전화, 팩시밀리, 텔레비전 등 모든 정보를 디지털 신호로 변환하고, 디지털 통신망을 통해 전송하는 통신을 말한다. 팩시밀리나 음성, 컴퓨터의 데이터까지도 신호 구별 없이 교환할 수 있다.

◈ 로밍 Roming

다른 통신 사업자의 서비스 지역에서도 통신이 가능하게 해주는 서비스이
다. 통신업체끼리 서로 제휴해서 서비스의 품질과 영역을 넓히는 서비스로,
국내와 국외의 전화사업자들끼리 망을 연결하면 국제 로밍이 된다.

◈ 루게릭 병 Lou Gehrig's Disease

근육이 위축되는 질환으로, 1930년대 이 질병을 앓았던 유명한 미국의 야
구선수 이름에 유래했다. 척수신경 또는 간뇌(間腦)의 운동세포가 서서히 파
괴되면서 근육이 위축되어 전혀 걷거나 움직일 수 없게 되고, 누군가의 도
움 없이는 음식조차 삼킬 수 없는 상태가 되는 불치병이다.

◈ 리아스식 해안 rias coast

육지의 침강 또는 해수면의 상승에 의해서 육지가 바닷속에 가라앉아 이루
어진 해안으로, 침강하기 전에 하천의 침식으로 산지와 골짜기가 발달해 많
은 기복면을 이루었을 때는 굴곡이 심한 해안선을 이루게 된다. 산이었던
부분은 섬으로, 산등성이는 바다로 돌출한 곳을 이루며, 골짜기는 만을 이
루어 해안선이 톱니 모양의 복잡한 굴곡면을 이루게 된다.

◈ 리얼 타임 처리 Real Time Processing

데이터가 발생하자마자 입력하고 처리해서 즉시 결과를 얻을 수 있는 방식
을 말하는 컴퓨터 용어이다. 리얼 타임 처리는 시시각각 변하는 업무를 관리
하는 데 효율적이어서 좌석을 예약하거나 현금 자동인출 등의 업무에 활용
된다. 데이터를 한데 모아두었다가 처리하는 '배치 처리(batch processing)' 에
대응되는 말이다.

◆ 마하 mach

고속으로 움직이는 물체의 속도를 음속으로 나타내는 단위로, 소리가 1시간에 도달할 수 있는 거리를 마하 1이라 한다. 음속은 15℃일 때 초속 340m이므로, 마하 1은 1,224km가 된다.

◆ 만유인력의 법칙 law of gravitation

두 물체 사이에 작용하는 만유인력의 크기 F는, 물체의 종류 또는 물체 사이에 존재하는 매질에 관계없이 그 물체의 질량 m, m′ 의 곱에 비례하고, 물체 사이의 거리 r의 제곱에 반비례한다. 이것을 뉴턴의 만유인력의 법칙이라 하고, 비례상수 G를 만유인력의 상수라고 한다.

◆ 멀티미디어 메시징 서비스 MMS; Multimedia Messaging Service

휴대폰을 통해 문자, 그래픽, 음악, 사진, 비디오 클립 등의 데이터를 주고받을 수 있게 하는 서비스이다.

◆ 멀티즌 Multizen

멀티미디어(multimedia)와 시민(citizen)의 합성어로 문자, 음성, 동영상 등의 복합 멀티미디어 컨텐츠를 동시에 활용하는 인터넷 이용자를 말한다. 이들은 PC 카메라로 화상채팅을 하고 자신이 만든 동영상 메일을 보내는 등 멀티미디어 콘텐츠를 직접 만든다.

◆ 메커트로닉스 Mechatronics

기계공학(mechanism)과 전자공학(electronics)의 합성어로, 기계공학과 전자공학을 통합한 학문 분야이다. 기계제어 등에 전자기술을 응용하여 고성능화·자동화를 꾀한 것으로, 전자식 탁상형 계산기, 전자식 재봉틀, 수치제어기계, 산업용 로봇 등이 해당된다.

◈ 메트칼프의 법칙 Metcalfe's Law

1981년에 로버트 메트칼프가 세운 법칙으로 네트워크의 가치는 그 네트워크를 사용하는 사람의 제곱에 비례한다는 법칙이다. 사용자 환경이 PC에서 네트워크 중심으로 이동되면서 네트워크의 성장속도와 이를 전달하는 인터넷의 중요성을 설명하고 있다.

◈ 멘델의 법칙 Mendel's Law

생물의 형질이 유전자에 의해 자손에게 전해질 때 나타나는 우열의 법칙, 분리의 법칙, 독립의 법칙 등 세 가지 법칙을 말한다. 멘델(Mendel)이 완두콩을 이용한 교배 실험을 통해서 밝혀낸 유전의 법칙이다.

◈ 모듈 Module

여러 전자부품이나 기계부품 등으로 조립된 특정 기능을 가진·장치를 말한다. 컴퓨터, 전자기기 등이 복잡해짐에 따라 부품과 제품의 중간적 존재로 모듈이라는 개념을 사용한다. 컴퓨터 시스템에서 중앙연산처리장치(CPU), 주기억장치, 입출력장치 등이 모듈이라고 할 수 있다.

◈ 모바일 비즈니스 Mobile Business

모바일이란 휴대폰이나 PDA(개인휴대단말기)처럼 정보통신에서 이동성을 가진 모든 것을 총칭하는 말이다. 모바일을 이용해 각종 서비스를 제공하는 새로운 산업으로, 단말기 한 대로 언제 어디서나 무엇이든 할 수 있다는 특징 때문에 시장이 급성장하고 있다.

◈ 모바일 카드 Mobile Card

신용카드의 뒷면 마그네틱 띠 대신 손톱만한 집적회로(IC) 칩을 넣어 신용, 직불, 교통, 의료정보, 전자화폐, 신분증 등 다양한 기능을 할 수 있는 카드를 스마트 카드라고 한다. 모바일 카드는 스마트 카드의 칩을 휴대전화 속에 넣어 신용카드처럼 물건을 살 수도 있고, 교통카드로 사용할 수도 있으며, 온라인 결제수단으로 이용할 수 있게 만든 것이다.

◈ 모세혈관 毛細血管 Capillary Vessel

동맥과 정맥 사이를 연결하며 주변 조직과 산소, 영양분 및 물질교환을 담당하는 혈관이다. 모세혈관은 육안으로 볼 수 없는 미세구조로, 현미경적 조직검사에서만 확인이 가능하며, 확산에 의해 혈액과 조직 사이에서 산소, 이산화탄소, 영양분 및 기타 물질의 교환이 이루어진다.

◈ 모티즌 Motizen

무선 인터넷을 즐겨 사용하는 사람들을 가리키는 말이다. 모바일과 네티즌의 합성어로, 일반적인 인터넷 이용자를 지칭하는 네티즌보다 더욱 인터넷에 심취하거나 이용률이 높다. 이동통신업체들이 서비스 개발에 가장 주력하는 분야도 모티즌들을 대상으로 한다.

◈ 몬순 기후 monsoon climate

건조한 바람이 겨울에는 대륙에서 대양으로, 여름에는 습윤한 바람이 대양에서 대륙을 향해 약 반 년의 주기로 바뀌어 부는 계절풍에 의한 기후를 말한다. 인도, 동남아시아에서 전형적으로 나타난다. 여름철에는 기후가 고온다습하고 비가 많으며 겨울철에는 날씨가 춥고 맑은 날이 많다.

◈ 무역풍 貿易風 trade wind

적도권(赤道圈) 대기의 상승으로 인해 적도 부근이 무풍대(無風帶)를 이루게 되는데, 이 무풍대를 향해 연중 위도 30° 부근의 아열대 지방의 해상에서 부는 바람을 말한다. 북반구에서는 북동풍, 남반구에서는 남동풍이 된다. 이 바람을 이용해 대륙간의 무역이 행해진 데서 무역풍이라고 불리게 되었다.

◆ 무조건반사 無條件反射 Autonomic Reflex

특정한 자극에 대해 무의식적으로 반응하는 것을 가리킨다. 동물이 처음부터 가지고 태어나는 능력이지만 일반적으로 척추동물 수준에서만 인정하는 경우가 많다. 무조건반사는 대뇌가 관여하지 않기 때문에 의식적으로 제어할 수 없지만 빠른 속도로 반응할 수 있기 때문에 생물의 생존에 직결되어 있는 반응을 담당하는 경우가 많다.

◆ 미항공우주국 NASA; National Aeronautics and Space Administration

미국의 비군사적 우주개발 활동의 주체가 되는 정부기관으로, 1958년 10월, 유사한 임무를 띤 여러 기관을 하나로 통합해서 발족했으며 대통령 직속기관으로 워싱턴에 본부가 있다. 부속기관으로 유인 우주선 센터·케네디 우주센터·마샬 우주센터·고더드 우주비행센터 등이 있다. 인간의 달 정복 꿈을 실현한 '아폴로 계획'을 주관했다.

◆ 바이오 디젤 Bio-Diesel

식물성 기름을 원료로 해서 만든 바이오 연료이며, 바이오 에탄올과 함께 가장 널리 사용되는 바이오 연료이다. 콩기름, 유채기름, 폐식물기름, 해조유 따위의 식물성 기름을 원료로 해서 만든 무공해 연료를 통틀어 부른다.

◆ 바이오 인포매틱스 Bioinformatics

생명공학(bio)과 정보학(informatics)의 합성어로 생물학적 데이터를 수집하고 분석·관리하는 기술을 말한다. 컴퓨터를 이용해 각종 생명정보를 처리하는 기술이나 학문으로, 유전자산업의 핵심 요소이며, 제약사와 바이오 업계에서 없어서는 안 되는 중요한 분야다.

◆ 바이오 일렉트로닉스 Bioelectronics

생명공학(biotechnology)과 전자공학(electronics)을 융합한 첨단공학을 말한

다. 생명과학, 즉 단백질의 생체 물질과 생명이 갖추고 있는 교묘한 구조를
이용하는 기술로, 고도 성장이 예상되는 첨단산업이다.

◈ 바이오 컴퓨터 Biocomputer

인간의 뇌에서 이루어지는 인식, 학습, 기억, 추리, 판단 등 고도의 정보처
리 시스템을 모방해 만든 컴퓨터이다. 컴퓨터 자체에 기능을 가지게 해서
패턴 인식, 판단, 유추 등의 작용을 하게 만들어서 최종적으로는 인간의 뇌
에 버금가는 기능을 갖게 만드는 것이다.

◈ 반감기 半減期 half life

방사성 원소가 붕괴해서 질량이 반으로 줄어들 때까지 걸리는 시간을 말한
다. 온도, 압력 등의 외부 조건에 영향을 받지 않고 방사성원소 종류에 따라
일정하다. 라듐의 반감기는 1,622년, 우라늄은 45억 년이다.

◈ 반사 反射

일정한 방향으로 진행하는 파동(波動)이 다른 물체의 표면에 부딪쳐서 진행
방향을 반대로 바꾸는 현상을 말한다.

◈ 발광다이오드 LED; Light Emitting Diode

갈륨비소 등의 화합물에 전류를 흘려 빛을 발산하는 반도체소자를 말한다.
전기 에너지를 광 에너지로 직접 변환하므로 효율적이고 전력 소비가 적으
며, 신뢰성이 높고 고속 응답을 하는 등의 특징이 있다. 따라서 가전제품이
나 자동차 계기류의 표시 소자로, 광통신용 광원의 일부로 사용되고 있다.

◈ 방사능 放射能 radioactivity

1896년 프랑스의 베크렐이 우라늄에서 나오는 방사를 발견했으며, 퀴리부
인이 이것을 방사능이라고 이름 붙였다. 방사능이란 방사선을 방출하는 성

질, 또는 단순히 방사성 물질을 가리키는 말이다. 불안정한 원자핵은 전자(β선), 헬륨원자핵(α선) 등의 입자선을 방출해 다른 원소로 변화되거나 x선보다 파장이 짧은 전자파(γ선) 등을 끊임없이 방출해 안정된 원소가 되려는 성질을 가지고 있다. 방사능은 엄밀히 단위시간에 일어나고 있는 핵변환의 수를 가리키며, 단위는 curie이다.

◈ 방사선 放射線 radioactivity rays

방사성 핵종(核種)의 붕괴에 따라서 방출되는 α선, β선, γ선을 말한다. 이 중에서 α선과 β선은 방사성 붕괴에 의한 원자핵의 붕괴와 직접 관계가 있는 입자선이며, α선의 본체는 헬륨의 원자핵, β선의 본체는 전자(電子)이다. γ선은 파장이 짧은 전자기파이며 원자핵의 붕괴에 관여하지 않는다. 방사선의 단위는 뢴트겐(Rontgen : 기호 R, r), 래드(rad : 기호 rd), 렙(rep), 렘(rem) 등인데, 뢴트겐은 x선 · γ선의 국제단위이며, 표준상태인 공기 1ml 안에 1정전기단위에 상당하는 이온쌍을 만드는 선량을 1R으로 한다.

◈ 방화벽 防火壁 Firewall

컴퓨터망 보안 시스템 소프트웨어의 일종으로, 컴퓨터의 정보 보안을 위해 외부에서 내부의 정보통신망에, 내부에서 외부의 정보통신망에 불법으로 접근하는 것을 차단하는 시스템이다.

◈ 배너 Banner

웹페이지에 특정 웹사이트의 이름이나 내용을 홍보하는 이미지를 말하는데, 현수막처럼 생겨 배너(banner)란 명칭으로 불린다. 일정한 규격의 동영상 파일 등으로 광고를 하고 소정의 광고료를 지불하는 형태이다. 광고효과를 분석하기 위해 사용자들에게 보여진 횟수나 일정 기간 동안 다운로드된 횟수를 광고주에게 알려주기도 한다.

◆ 백야 白夜 White Night

남극과 북극 지역에서 밤낮의 구별 없이 태양이 빛나는 현상으로 가장 긴 곳에서는 6개월이나 계속된다. 북극지방에서는 하지(夏至), 남극지방에서는 동지(冬至)경에 일어나는데, 위도 약 48° 이상의 고위도 지방에서 한여름에 태양이 지평선 아래로 내려가지 않아 생기는 현상이다.

◆ 버퍼링 Buffering

원활한 정보의 송수신을 위해 정보를 일시적으로 저장해서 처리 속도의 차이를 흡수하는 것을 말한다. 원래 버퍼(buffer)란 한 장치에서 다른 장치로 데이터를 송신할 때 일어나는 시간 차이나 데이터 흐름 속도의 차이를 맞추기 위해 사용하는 저장장치다.

◆ 분산 分散

빛 또는 파동에 있어서 굴절률(屈折率)이 파장에 따라 다르기 때문에 일어나는 현상으로, 파장이 다른 여러 개의 빛이 프리즘을 통과할 때 갈라지는 현상 같은 것이다.

◆ 블랙박스 Black Box

항공기가 이륙할 때부터 착륙할 때까지의 무선 교신 내용, 고도, 속도, 방위각, 풍속 및 기관 상태 등 일체의 운행 상황이 자동적으로 기록되는 비행기록장치를 말한다. 항공기의 사고 원인을 찾는 데 열쇠가 되고 있다.

◆ 블리자드 blizzard

남극지방에서 일어나는 거세고 찬 바람을 동반한 눈보라 현상을 말한다. 남극에서는 기온변화가 급격해서 몇 시간 사이에 −10℃에서 −20℃로 급강하하면서 초속 40~80m의 강풍이 불며 눈보라가 몰아친다. 이 현상을 블리자드라고 하는데 이때는 2~3m 앞도 보이지 않고 보행도 불가능해진다.

◈ 사바나 savanna

줄기가 긴 풀과 관목으로 이루어진 습한 열대초원으로, 아프리카의 내륙부,
오스트레일리아의 북부, 브라질의 고지대, 동남아 등이 이에 속한다. 계절
풍에 따른 우량(雨量)에 의해 건기(乾期)와 우기(雨期)로 나뉘며, 사탕수수, 목
화, 커피 등의 재배에 적합하다.

◈ 사이버 스페이스 Cyberspace

컴퓨터와 통신망을 연결해서 만들어지는 가상공간이다. 기존의 공간이나
지역의 개념과는 완전히 다른 영역을 제공하며, 전 세계의 인구가 소유한
정보 능력을 한 곳에 모을 수 있다.

◈ 산란 散亂

빛이 공기를 통과할 때 공기 중의 미립자에 부딪쳐 흩어지는 현상으로, 아
침과 저녁에 하늘이 붉게 보이는 것이 빛의 산란현상 때문이다.

◈ 상대성 이론 相對性理論 theory of relativity

상대성이론에는 특수상대론과 일반상대론이 있다. 이 이론은 아인슈타인
이 1905년과 1916년 '물리학연보 Annalen der Physik'에 발표한 두 논문
을 바탕으로 한다. 특수상대론은 같은 속도로 움직이는 두 기준계에 관한
것이고, 일반상대론은 이것을 가속도 운동하는 좌표계까지 확장한 것이다.
아인슈타인의 상대론은 시간과 공간이 서로 엮여 있고, 또 '나'라는 관찰자
의 운동 상태에 따라 달라진다는 것이다.

◈ 생물학적 산소요구량 BOD; Biochemical Oxygen Demand

물의 오염도를 나타내는 지표로, 박테리아가 일정한 시간 내에 유기물을 산
화·분해하는 데 소비되는 산소량을 ppm으로 나타낸 것이다. 이 BOD가
높을수록 오염이 심한 것이다.

◈ 선캄브리아대 Precambrian Eon

약 40억 년 전부터 6억 년 전까지 약 34억 년 동안 지속된 시대로 한반도 지층의 약 42%를 차지한다. 지질시대 중 가장 오래된 시기로 전지질시대의 85%를 차지한다. 선캄브리아대의 지층에서는 주로 박테리아, 남조류 등의 하등식물 화석이 나타난다.

◈ 성염색체 性染色體

성염색체는 크기에 따라 1번에서 22번까지 번호가 붙여지며 X와 Y로 표시된다. 아버지로부터 성염색체 X인 반수체 정자와 Y인 반수체 정자가 반반씩 형성되고, 어머니로부터는 성염색체가 X인 반수체 난자만이 형성된다. 따라서 X를 가진 정자와 난자가 만나 XX가 되면 여성이 되고, Y를 가진 정자와 난자가 만나 XY가 되면 남성이 된다.

◈ 셋톱박스 Set Top Box

대화식 제어가 가능하게 설계된 쌍방향 TV시스템에 사용되는 핵심 단말기이다. 보고 싶은 프로그램을 원하는 시간에 시청할 수 있는 주문형 서비스를 가능하게 한다. 또한 시청자들이 일반 전화선을 통해 다른 사람과 비디오 게임을 하거나 홈쇼핑을 할 수도 있다.

◈ 셧다운 제도 Shutdown

게임 중독으로부터 청소년을 보호하기 위해 온라인게임 서비스 이용시간을 일부 제한하는 제도이다. 이 제도는 16세 미만의 청소년에게 오전 0시부터 오전 6시까지 심야 6시간 동안 인터넷 게임 제공을 제한하는 것을 주요 내용으로 하며, 인터넷게임 업체들은 이 시간대에 연령과 본인 인증을 통해 청소년의 게임 이용을 원천차단해야 한다.

◈ 소립자 素粒子 Elementary Particle

우주의 모든 물질을 이루는 가장 기본적인 요소이며, 약 300여 종의 소립자가 알려져 있다. 중요한 소립자로는 양자, 전자, 중성자가 있다. 가장 먼저 발견된 소립자는 전자이다.

◈ 소셜 3.0 Social 3.0

SNS(social network service)를 세대별로 구분한 용어이다. 소셜 1.0은 1980년대 동호회 수준의 PC통신 게시판 · 다음 카페 세대, 소셜 2.0은 2000년대 초반 아이러브스쿨 · 싸이월드 등 인간관계를 중시하는 소셜네트워크서비스(SNS) 세대, 소셜 3.0은 온라인에서 사람과 사람을 연결해 주는 네트워크 서비스를 말한다.

◈ 소셜네트워크서비스 Social Network Service

웹상에서 인적 네트워크를 형성할 수 있게 해주는 서비스로 트위터, 페이스북 등이 있다. 간단히 'SNS' 라고 하는데, 인터넷에서 개인의 정보를 공유할 수 있게 하고, 의사소통을 도와주는 1인 미디어, 1인 커뮤니티라고 할 수 있다.

◈ 소셜 애널리틱스 Social Analytics

소셜네트워크서비스(SNS)에 올라온 방대한 메시지를 신속하게 분석하는 기술을 말한다. 이러한 분석은 필요한 정보들만 추출해내는 데이터 마이닝(data mining) 기술을 이용해 소셜 미디어에서 기업명이나 브랜드명이 얼마나 언급되었는지 시기별로 통계를 낼 수도 있고, 어떤 미디어에서 어떻게 마케팅이 진행되고 있는지도 파악할 수 있다.

◈ 소셜 커머스 Social commerce

소셜네트워크서비스(SNS)를 활용해 이루어지는 전자상거래의 일종으로, 일정 수 이상의 구매자가 모일 경우 파격적인 할인가로 상품을 제공하는 판매 방식이다. 2005년 야후의 장바구니 공유서비스인 쇼퍼스피어(Shoposphere) 같은 사이트를 통해 처음 소개되었으며, 2008년 온라인 할인쿠폰업체 그 루폰(Groupon)이 공동구매형 소셜 커머스의 비즈니스 모델을 처음 만들어 성공을 거둔 후 본격적으로 알려지기 시작했다.

◈ 소셜 큐레이션 Social Curation

인터넷상의 정보들 중에서 이용자 개인에게 필요한 검증된 콘텐츠를 골라 주는 서비스이다. '큐레이션'은 주로 미술계에서 사용되는 용어로 미술관 박물관 등 소장 작품의 컬렉션 목록 관리, 전시 등을 통칭하는 의미로 사용 된다. 『큐레이션의 시대』의 저자 사사키 도시나오는 '이미 존재하는 막대 한 정보를 분류하고 유용한 정보를 골라내 수집하고 다른 사람에게 배포하 는 행위'라고 했다.

◈ 스마트 그리드 Smart Grid

기존의 전력망에 정보기술(IT)을 접목해서 전력 공급자와 소비자가 양방향으 로 실시간 정보를 교환함으로써 에너지 효율을 최적화하는 차세대 지능형 전력망을 말한다. 이를 통해 전력 공급자는 전력 사용 현황을 실시간으로 파 악해서 공급량을 탄력적으로 조절할 수 있으며, 전력 소비자는 전력사용 현 황을 실시간으로 파악함으로써 요금이 비싼 시간대를 피해 사용 시간과 사 용량을 조절할 수 있다. 또 가정에서 생산되는 전기를 판매할 수도 있다.

◈ 스마트 카드 Smart Card

IC(integrated circuit : 집적회로) 기억소자를 장착해서 대용량의 정보를 담을 수 있는 전자식 신용카드이다. 위조가 불가능하며 기존의 카드보다 매우 큰 기억용량과 고도의 기능 및 안정성을 지니고 있다. 프랑스에서 개발되어 금 융기관, 의료보험증, 교통카드, 신용카드 등에 이용되고 있다.

◈ 스콜 squall

열대지방에서 거의 매일 오후에 나타나는 소나기를 말한다. 갑자기 불어오
는 강풍, 혹은 강하게 내리쬐는 햇볕으로 공기의 일부가 상승하면서, 그 상
승기류에 의해 비가 내린다.

◈ 스텝 steppe

대륙 온대지방의 반건조 기후에서 발달한 초원지대로 습윤한 삼림지대와
사막과의 중간지대이다. 키가 작은 화본과의 풀이 주로 자라는데 비가 많이
내리는 봄철에는 무성해지지만, 건조한 여름철에는 말라죽는다. 그래서 건
조한 계절에는 불모지가 되고, 비가 많은 계절에는 푸른 들판이 된다.

◈ 스트리밍 Streaming

인터넷상에서 음성이나 영상, 애니메이션 등을 실시간으로 재생하는 기술
이다. 비디오나 오디오 자료를 사용자의 PC에 다운로드하지 않고도 실시
간으로 보고 들을 수 있으며, 저작권 분쟁에서 자유롭고 PC의 하드용량에
영향을 받지 않는다. 스트리밍을 하는 순간 또는 스트리밍 직후 잠시 멈추
는 순간을 버퍼링이라고 한다.

◈ 스파이웨어 Spyware

첩자라는 뜻의 'spy'와 소프트웨어의 'ware'가 합쳐져 생긴 단어로, 사용
자의 컴퓨터에 몰래 숨어 들어와 개인정보를 빼가는 악성 컴퓨터 프로그램
이다. 특정한 사이트를 방문했을 때나 쉐어웨어 혹은 프리웨어를 다운 받았
을 때 자동으로 프로그램을 설치하거나 레지스트리에 특정 사이트 주소를
넣어 두었다가 해당 사이트로 이동하도록 만든다.

◈ 스팸 메일 Spam mail

무작위적으로 추출한 E-mail 주소 목록을 이용해 불특정 다수에게 유포되

는 광고성 메일을 가리키는 용어로, 정크 메일(Junk Mail) 또는 벌크 메일(Bulk Mail)이라고도 한다. 스팸은 제2차 세계대전 때 미군에게 보급됐던 호멜사의 통조림 이름으로, 이 통조림처럼 미리 만들어져 대량 살포된 데서 유래했다고도 하고 이 회사가 신문에 광고 전단을 넣어 무차별 배포했던 것에서 유래되었다고도 한다.

◈ 스페이스 클럽 Space Clup
자국의 영토에서 자국의 기술로 제작한 로켓으로 인공위성을 우주에 쏘아 올린 '위성 자력발사 국가'를 뜻한다. 최초의 스페이스 클럽 국가는 러시아(구 소련)로 1957년 10월 위성 '스푸트니크' 발사에 성공했으며, 그 후 4개월 뒤인 1958년 2월에는 미국에서 '익스플로러' 발사에 성공해서 스페이스 클럽에 합류했다. 1965년에는 프랑스 'A-1'이 1970년에는 일본 '오수미'와 중국의 'DFH-1'이 발사에 성공해 위성 자력발사 국가가 되었다. 그 후 영국, 인도, 이스라엘, 이란 등이 자체적으로 위성발사에 성공함으로써 스페이스 클럽에 이름을 올렸다.

◈ 시냅스 synapse
두 신경세포 사이나 뉴런과 분비세포 또는 근육세포 사이에서 전기적 신경 충격을 전달하는 부위를 말한다. 시냅스는 뉴런이 모여 있는 뇌·척수의 회백질·신경절 등에 집중되어 있다.

◈ 시상화석 示相化石 facies fossil
퇴적 당시의 환경 상황을 나타내는 화석, 즉 고생물의 생활 상태를 추정할 수 있는 화석을 말한다. 이 화석으로 당시 지질시대의 환경을 알 수 있다.

◈ 식물인간 植物人間 Vegetative State
의식이 없고 전신이 경직된 채로 대사(代謝)라는 식물적 기능만을 하는 상태를 말한다. 주로 교통사고, 뇌졸중, 일산화탄소 중독 등이 원인이다. 인공호흡기로 생명이 유지되는 뇌사상태와는 다르다.

◈ 신생대 Cenozoic Era

약 6,500만 년 전부터 현재까지의 기간으로, 중생대에 번영했던 암모나이트류나 파충류인 공룡류 등은 없어지고 포유류, 조류, 경골어류 등이 번성했다. 포유류로는 말, 코끼리, 코뿔소 등의 선조가 발전했으며 인류가 출현했고 속씨식물 등이 뚜렷한 번식을 했다. 범세계적으로 활동한 알프스 조산운동의 결과로 현재 세계의 해륙분포가 만들어졌으며 히말라야, 알프스 등도 이때 형성되었다.

◈ 실리콘 밸리 Silicon Valley

미국의 캘리포니아 주 산타클라라 일대의 첨단기술 연구단지로 원래는 양질의 포도주 생산 지대였다. 실리콘으로 된 반도체 칩을 생산하는 기업이 진출하면서 실리콘 밸리로 불리게 되었다. 애플컴퓨터사를 비롯해서 휴렛패커드, 인텔, 페어차일드, 텐덤 등 4,000여 개의 기업이 모여 있고 미국전자공업협회(AEA) 본부가 있다.

◈ 쌍방향 멀티미디어 Interactive Multimedia

영화와 비디오 등의 음성, 애니메이션 데이터, 신문과 잡지의 문서, 이미지 데이터 등 모든 정보를 쌍방 대화형으로 주고받는 통신수단을 말한다.

◈ 아바타 Avatar

네티즌들이 채팅이나 게임 또는 메일을 보낼 때 자신을 표현하는 이미지로 사용하는 캐릭터를 말한다. 신이 인간 세상에 내려올 때 드러내는 모습을 뜻하는 '아바따라(avataara)'에서 유래되었다. 익명의 공간에서 자신을 표현하고자 하는 네티즌들의 욕구로 일반화되었다.

◆ 안드로이드 Android

스마트폰에서 프로그램을 실행할 수 있도록 하는 모바일 전용 운영체제이다. 구글(Google)사가 안드로이드사를 인수해 개발했으며, 스마트폰에 '안드로이드 마켓'이 있어서 누구나 원하는 게임, 뉴스, 음악 등 콘텐츠를 내려받을 수 있고 구글 검색도 쉽게 할 수 있다. 애플의 아이폰 체제와 달리 운영체제를 공개하고 있어 휴대폰 제조업체는 물론 이동통신사도 채택할 수 있는 것이 가장 큰 특징이다.

◆ 알츠하이머병 Alzheimer's Disease

나이가 들면서 정신 기능이 점점 쇠퇴해지는 노인성 치매를 일으키는 퇴행성 뇌질환이다. 알츠하이머병과 치매를 같은 질환으로 생각하는 경우가 많은데, 치매는 알츠하이머병에 의해서만 생기는 것이 아니라 고혈압이나 당뇨병, 심장질환 등과 같은 성인병에 의해서도 생긴다.

◆ 애플리케이션 Application

컴퓨터장비의 시스템을 이용해 목적한 업무를 수행하기 위한 전용프로그램을 말하며, 응용프로그램이라고도 한다. 워드프로세서, 데이터베이스 프로그램, 웹브라우저, 개발도구, 이미지 편집 프로그램, 통신 프로그램 등이 포함된다.

◆ 액세스 타임 Access Time

기억장치에서 데이터를 꺼내거나, 주변기기에서 데이터를 읽기 위해 소요되는 시간을 말한다. 액세스 타임이 짧을수록 빨리 처리할 수 있으며 이 시간은 기억매체에 따라 다르다. RAM이나 ROM 등의 전자 메모리는 빠르지만 플로피 디스크나 자기 테이프식 메모리 등 기계 부분이 관련된 것은 느려진다.

◆ 앱 스토어 App store

'애플리케이션 스토어(Application Store)'의 준말로, 모바일 애플리케이션(휴대폰에 탑재되는 일정관리, 주소록, 알람, 계산기, 게임, 동영상, 인터넷접속, 음악재생, 내비게이션, 워드, 엑셀 등의 콘텐츠 응용프로그램)을 자유롭게 사고 팔 수 있는 온라인상의 '모바일 콘텐츠(소프트웨어) 장터'를 말한다.

◆ 양성자 陽性子

플러스의 전기 소량을 가진 질량수 1의 소립자로, 프로톤이라고도 한다. 수소의 원자핵을 이루며, 원자핵 구성 입자의 하나이다. 자유상태에서는 안정되어 있지만, 핵반응을 일으키며 양전자와 뉴트리노를 방출하여 중성자로 변한다.

◆ 에너지 보존의 법칙

자연계에 존재하는 여러 가지 형태의 에너지가 서로 일정한 양적 관계를 가지고 변환할 때 그 총량이 일정하게 유지된다는 법칙이다. 열역학 형성에 따라 열역학 제1법칙으로 발전되었다.

◆ 에코 마크 Eco-Mark

'ecological mark'의 합성어로 'eco-label'이라고도 한다. 친환경이고 품질이 우수한 제품에 대해 국가가 친환경상품임을 공인하는 마크이다. 생산, 사용, 폐기 과정에서 환경오염을 축소 또는 제거하거나, 에너지와 자원을 절약하게 하는 제품을 공인기관에서 감정하여 '환경 상품'으로 인정해 주는 제도이다.

◆ 엔도르핀 Endorphin

엔도르핀이란 '내인성(內因性) 모르핀'이라는 뜻이다. 동물의 뇌 등에서 추출되는 것으로 모르핀과 같은 진통효과를 가지는 물질을 가리킨다.

◈ 엔트로피 entropy

물질계에서 열의 가역적(可逆的) 상태를 나타내는 물리량의 하나이다. 자연계 현상은 반드시 엔트로피가 증대되는 방향으로 나아가는데 이를 열역학 제2법칙이라 한다. 엔트로피는 열이 높은 쪽에서 낮은 쪽으로 이동하고, 농도에 차이가 있을 때 서로 섞여 균일해지려는 것과 같이, 불안정한 물질이나 계(系)가 평형적이고 안정된 상태가 되려고 할 때 증대된다.

◈ 엘티이 LTE; long term evolution

3세대 이동통신(3G)을 '장기적으로 진화' 시킨 기술이라는 뜻에서 붙여진 명칭으로 HSDPA(고속하향패킷접속)보다 12배 이상 빠른 고속 무선데이터 패킷통신 규격을 말한다. 이 기술은 기존의 네트워크망과 연동할 수 있어 기지국 설치 등의 투자비와 운용비를 크게 줄일 수 있다. 2008년 12월 LG전자가 세계 최초로 단말기용 LTE칩을 개발했고, 2009년 12월 북유럽 최대의 통신사 텔리아소네라(TeliaSonera)가 한국의 삼성전자에서 제작한 LTE 단말기를 통해 세계 최초로 상용 서비스를 시작했다.

◈ 오로라 aurora

우주공간으로부터 날아온 전기를 띤 입자가 지구자기 변화에 의해 극지방 고도 100~500km 상공에서 대기 중에 있는 산소분자와 충돌해서 생기는 방전현상이다. 오로라가 가장 잘 나타나는 곳은 보통 지구자기(地球磁氣)의 북극을 중심으로 반지름 약 20~25° 부근의 계란형 지대이다.

◈ 오존층 Ozon Layer

성층권 내에서도 많은 양의 오존이 있는, 높이 20~30km 사이에 해당하는 부분을 말한다. 오존은 산소 분자가 태양의 자외선에 의해 분해된 산소원자가 다시 다른 산소분자와 결합하여 만들어진다. 식물의 광합성으로 대기 중에 늘어난 산소가 성층권으로 올라가 오존층의 주요성분이 되며, 자외선의 대부분이 이 오존층에서 흡수됨으로써 지구상의 동식물들이 생명을 유지할 수 있다.

◈ 옴의 법칙 Ohm's Law
1827년 독일의 물리학자 옴에 의해 밝혀졌으며, 전류의 세기는 전기 저항에 반비례한다는 법칙이다. 단위는 Ω(옴)이다. 전류란 단위 시간당 흐르는 전기량으로, 암페어(A)로 세기를 표시한다. 전기저항은 길이가 길수록, 단면적이 적을수록 크다.

◈ 와이브로 Wireless Broadband Internet
이동 중에도 초고속인터넷을 이용할 수 있는 무선휴대인터넷이다. 휴대형 무선단말기를 이용해서 60km로 이동하는 상태에서도 고속전송속도로 인터넷에 접속해서 다양한 정보와 콘텐츠를 이용할 수 있는 기술이다. 2006년 6월 KT와 SK텔레콤이 서울에서 세계 최초로 와이브로 상용서비스를 시작했다.

◈ 와이파이 Wi-Fi; Wireless Fidelity
와이파이(WI-FI)란 하이파이(Hi-Fi, High Fidelity)에 무선기술을 접목한 것으로, 고성능 무선통신을 가능하게 하는 무선랜 기술이다. 전용선이나 전화선 없이 근거리통신망을 이용할 수 있어 가정과 사업장의 네트워크 시스템으로 선택되었으며, 노트북, 휴대전화, 전자게임기 등 다양한 장치의 인터넷 접속을 가능하게 해준다.

◈ 용존산소 溶存酸素量 DO; Dissolved Oxygen
물의 오염 상태를 나타내는 지표로, 물 또는 용액 속에 녹아 있는 분자상태의 산소를 말한다. 물속에서 생활하는 어패류와 호기성 미생물은 용존산소를 호흡하기 때문에 용존산소의 부족은 생존을 위협할 뿐만 아니라 물이 오염되고 탁해지는 원인이 된다.

◆ 원자 原子 atom

물질을 구성하는 가장 기본적인 요소로, (+)의 전기를 띠고 있는 원자핵과 (−)의 전기를 띠고 원자핵 주위를 돌고 있는 같은 양의 전자로 구성된다.

◆ 원자력 原子力 atomic power / nuclear energy

원자핵의 변환에 따라서 방출되는 에너지로, 원자에너지 또는 핵에너지라 고도 한다. 일반적으로 원자핵 변환을 인위적으로 일으켜 이용가능한 에너 지로 만든 것을 말한다. 우라늄, 플루토늄 등 무거운 원소의 원자핵을 분열 시키는 방법(핵분열)과, 중수소 등 가벼운 원자핵을 융합시키는 방법(핵융합) 이 있다. 원자폭탄이나 원자로는 핵분열을 이용한 것이고, 수소폭탄은 핵융 합을 이용한 것이다.

◆ 원적외선 遠赤外線 Far Infrared Ray

적외선 중에서도 파장이 $25\mu m$ 이상인 가장 긴 파장의 빛으로, 파장이 길어 서 눈에 보이지 않고 열작용이 크며 투과력이 강하다. 유기화합물 분자에 대한 공진 및 공명 작용이 강하다. 이러한 특성으로 다양한 산업과 의료 분 야에서 응용되고 있다.

◆ 웹 2.0 Web 2.0

서비스 업자가 제공하는 정보와 서비스를 일방적으로 수신만 하는 형태가 아니라, 제공되는 응용프로그램과 데이터를 이용해 사용자 스스로 다양한 신규 서비스를 창출할 수 있는 웹 환경이다. 누구나 손쉽게 데이터를 생산 하고 인터넷에서 공유할 수 있도록 한 사용자 참여 중심의 플랫폼으로서의 환경을 말한다.

◈ 웹하드 Webhard

일정한 용량의 저장공간인 스토리지를 확보해 어느 곳에서나 자신이 작업한 문서나 파일을 저장, 열람, 편집하고, 다른 사람과 파일을 공유할 수 있는 인터넷 파일관리 시스템이다. 얼마나 많은 양을 사용하는가에 따라 비용이 결정되며 대체적으로 저렴한 편이다.

◈ 웹 호스팅 Web Hosting

대형통신업체나 전문회사가 개인 또는 개별업체에 웹서버를 제공하거나 임대해주는 것을 말한다. 대용량의 고속 인터넷 접속 전용회선을 가진 호스팅 서비스업체들은 홈페이지 공간과 자체 도메인을 제공해주고, 홈페이지 운영자는 웹 호스팅 업체에 매월 일정액을 내고 서버의 일부 공간을 빌려 사용한다. 사용자 입장에서는 저렴한 가격에 홈페이지를 관리할 수 있고 어려운 기능을 쉽게 쓸 수 있다.

◈ 위젯 Widget

'소형장치' 또는 '부품' 이라는 뜻으로 PC, 휴대폰, 블로그, 카페 등에서 날씨, 달력, 계산기 등의 기능과 뉴스, 게임, 주식정보 등을 바로 이용할 수 있게 만든 미니 응용프로그램을 말한다. 아이콘 형태로 만들어 PC 또는 모바일(휴대폰)이나 블로그, 카페, 개인 홈페이지 등으로 퍼가거나 다운로드할 수 있게 만들어져 있어 클릭만 하면 해당 서비스를 바로 이용할 수 있다

◈ 유기농법 有機農法 Organic Farming

일체의 합성화학물질을 사용하지 않고 유기물과 자연광석, 미생물 등 자연적인 자재만을 사용하는 농업을 말한다. 병해에 대한 저항력이 약하고 수확량이 감소해 값이 비싸지만, 농약 피해에 대한 인식이 높아지면서 유기농법으로 재배된 농작물의 수요가 늘고 있다.

◈ 유비쿼터스 통신 Ubiquitous Communication

유비쿼터스란 '언제 어디서나' '동시에 존재한다' 라는 뜻의 라틴어에서 유래했으며, 장소에 상관없이 자유롭게 네트워크에 접속할 수 있는 정보통신환경을 말한다. 소형 컴퓨팅 장치를 일상생활 환경에 접목해서 원활하고 투명하게 운영하는 기술을 의미한다.

◈ 유전자변형 농산물 GMO; Genetically Modified Organism

유전공학을 이용해 기존의 육종방법으로는 나타날 수 없는 형질이나 유전자를 지니도록 개발된 농산물을 말한다. 생산량의 증대와 유통, 가공 상의 편리함이 있지만 유해성 논란이 끊이지 않고 있다.

◈ 인공 강우 人工降雨 Artificial Rainfall

구름에 인공적인 영향을 가해서 비를 내리게 하는 방법 또는 그러한 비를 가리킨다. 베르제론(T. Bergeron) 등이 제창한 빙정설(氷晶說)이 인공 강우의 과학적인 기초를 제공했으며, 1946년 미국의 랭뮤어(I. Langmuir)가 최초로 인공 강우에 성공했다.

◈ 인공지능 人工知能 Artificial Intelligence

인간의 학습능력과 추론능력, 지각능력, 자연언어의 이해능력 등을 컴퓨터 프로그램으로 구현한 기술이다. 1950년대 중반부터 연구가 시작되었으며, 게임, 수학적 증명, 컴퓨터비전, 음성 인식, 자연어 인식, 전문가 시스템, 로봇공학, 생산 자동화 등의 분야에서 널리 연구, 활용되고 있다.

◈ 인슐린 Insulin

'섬' 이란 뜻의 라틴어인 'insula' 에서 유래했으며, 이자의 랑게르한스섬의 β 세포에서 분비되는 호르몬이다. 인슐린은 포도당을 글리코겐으로 바꿔 간장에 저장하는 작용을 한다. 당뇨병은 인슐린이 부족해 혈액 중의 당 농도가 지나치게 높아져서 소변에 섞여 나오는 질환이다. 1978년 미국에서 유전자공학 기술로 인슐린을 대장균에 '위탁생산' 하는 실험에 성공해 실용화되었다.

◈ 인터페론 Interferon
바이러스 억제 인자로, 동물의 세포에 바이러스가 침투했을 때 세포가 생산하는 항(抗)바이러스성 단백질이다. 간염과 유행성 감기, 특정 종류의 암을 억제하는 효과가 있다고 한다.

◈ 인트라넷 Intranet
인터넷 기술과 통신 규약을 이용해 조직의 업무를 통합하는 정보 시스템을 말한다. 인터넷 기술을 기업, 공공기관, 연구소 등의 조직에 적용해서 네트워크 안에서 업무를 수행할 수 있게 하는 그룹웨어 환경이다.

◈ 자기부상열차 磁氣浮上列車 Magnetic Levitation Train
자력을 이용해 선로 위로 부상시켜 움직이는 열차이다. 바퀴가 없기 때문에 저항이 적고 고속운전이 가능하며, 소음이나 진동도 훨씬 적다. 단점은 바퀴식보다 에너지 효율이 약간 낮다는 것이다.

◈ 자바 Java
1995년에 선마이크로시스템스(Sunmicrosystems)가 개발한 프로그래밍 언어로, 자바(JAVA)라는 이름은 개발자인 고슬링(J. Gosling) 등 네 명의 이름에서 첫 글자를 따 만든 것이다. 가전제품을 제어하기 위한 목적으로 개발되었으나, 인터넷이 등장하면서 인터넷용 소프트웨어 개발에 가장 적합한 언어의 하나로 각광받고 있다.

◈ 자연생태계 보전지역 自然生態界保全地域

환경부장관이 자연생태계의 보전이 특별히 필요한 지역에 설치한 자연생태계 보호구역으로, 녹지 보전지역, 자연생태계 보호지역, 특정 야생동식물 보호지역, 해양 생태계 보호지역으로 나뉜다.

◈ 자연휴식년제 自然休息年制

생태계를 보존하기 위해서 훼손의 우려가 있는 지역을 지정해 일정 기간 동안 출입을 통제하는 제도이다. 출입을 통제함으로써 자연을 보호하고 파괴된 생태계를 복원하기 위해서 지정한다. 1991년 1월부터 1993년 12월까지 3년간 14개 공원 30개소에서 등산로를 대상으로 처음 실시되었으며, 서울특별시에서는 1992년 하천휴식년제를 도입했고, 해양수산부는 어장 보호를 위해 1999년부터 오염이 심한 어장에 대해 휴식년제를 실시하고 있다.

◈ 자외선 紫外線 ultraviolet rays

눈에는 보이지 않지만 어떤 표면에 쬐었을 때 가시광선을 방출하는 것을 자외선이라 한다. 자외선 스펙트럼은 보통 2,000~3,000A의 파장을 가지는 근(近)자외선과 100~2,000A의 파장을 가지는 원(遠)자외선으로 나누어진다.

◈ 적외선 赤外線 infrared ray

햇빛이나 백열된 물체로부터 방출되는 빛을 스펙트럼으로 분산시켰을 때 적색스펙트럼의 끝보다 더 바깥쪽에 있는 것을 적외선이라고 한다. 파장 0.75~3㎛의 적외선을 근적외선, 3~25㎛의 적외선을 단순히 적외선이라 하며, 25㎛ 이상의 적외선을 원적외선이라고 한다. 가시광선이나 자외선에 비해 강한 열작용이 있어 열선(熱線)이라고도 한다.

◈ 적조 赤潮 Red Tide

식물성 플랑크톤이 이상 증식하면서 바다나 강이 검붉게 변하는 현상을 말한다. 적조가 발생하면 물속의 용존산소가 급격히 감소하고 유해물질이 발생해서 어패류가 떼죽음을 당하게 된다. 우리나라에서 적조를 일으키는 생물은 43종이고 이 중 유해성 적조생물은 3종이다.

◈ 전자책 Electronic Book

도서로 발행되었거나 발행될 수 있는 저작물을 디지털 데이터로 만들어 유무선 정보통신망을 통해 그 내용을 읽고 보고 들을 수 있도록 한 디지털 도서를 말한다. 최첨단 정보통신기술이 낳은 디지털 콘텐츠 서비스의 한 형태이다. 출판사 입장에서는 제작비와 유통비를 줄일 수 있고, 재고에 대한 부담이 적다는 장점이 있다. 새로운 단말기의 보급과 함께 전자책 시장의 규모가 커지고 있으며 오프라인 서점의 종이책 구입은 줄어들고 있다.

◈ 전자파 電磁波 Electron Wave

전기의 사용으로 발생하는 에너지의 형태를 말하며 전계(電界)와 자계(磁界)의 합성파이다. 주파수에 따라서 가정용 전원주파수 60㎐, 극저주파, 저주파, 통신주파, 마이크로웨이브로 분류되고, 적외선, 가시광선, 자외선, X선, 감마선 순으로 주파수가 높아진다. 이 중 극저주파와 저주파는 전계와 자계가 발생해서 장시간 노출되면 생체리듬이 깨져 질환이 발생한다는 연구결과가 발표되었고, 세계보건기구(WHO)가 조사에 나서는 등 유해성 논란이 계속 되고 있다.

◈ 절대온도 絕對溫度 absolute temperature

물질의 특성과 상관없이 정의되는 온도이다. 절대온도는 물질 중의 열운동(원자·분자의 어지러운 운동)의 에너지를 나타내는 척도로, 절대 $0°$는 모든 열운동이 없어진 상태이며, 물리적으로 가장 낮은 온도이다. 섭씨 $-273.15°$를 절대 $0°$로 해서 보통의 섭씨와 같은 눈금을 잰 온도로서 기호는 K(캘빈)이다.

◈ 제5세대 컴퓨터 Fifth Generation Computer

처리능력을 비약적으로 높여 어떤 데이터가 들어왔는지 스스로 판단해서 적합한 처리를 하도록 하는 컴퓨터로, 인공지능(AI)이라고도 한다. 프로그램 순서대로 데이터를 처리하는 노이만형과 달리 추측·판단까지 가능해서 신세대 컴퓨터라고도 한다.

◈ 제6세대 컴퓨터 Sixth Generation Computer

직감적인 판단과 상반되는 정보까지 종합 판단해서 답을 내려주는 인간에 가까운 컴퓨터를 말한다. 물체의 형태나 상황을 스스로 판단해서 거기에 알맞은 적응과 행동을 하고 리얼타임으로 변화하는 다수의 데이터를 동시에 병렬 처리하여 결론을 도출해낸다.

◈ 제트기류 jet 氣流

몽골의 상공에서부터 한국·일본·알래스카에 걸쳐 불고 있는 바람으로 우리나라의 한파, 집중호우와 관계가 깊다. 편서풍대 중 좁은 띠 모양의 부분에서 특히 집중적으로 강하게 부는 기류로, 약 10km 상공에 축이 있으며 중심부의 풍속은 초속 100m를 넘을 때도 있다.

◈ 조건반사 條件反射 Conditioned Reflex

1900년경 소련의 생리학자 파블로프(I. P. Pavlov)에 의해 만들어진 개념이다. 선천적으로는 자극과 반응이 서로 관계가 없음에도 불구하고 학습을 통해 반사작용이 일어나는 경우를 조건반사라고 한다. 자동차의 운전, 여러 가지 운동, 악기의 연주, 귤을 생각하면 침이 고이는 것 등이 조건반사이다.

◈ 주문형 비디오 시스템 VOD; Video On Demand

컴퓨터 또는 텔레비전을 통해 사용자가 원하는 프로그램을 원하는 시간에 받아볼 수 있는 영상 서비스이다.

◈ 줄기세포 Stem Cell

줄기세포는 신체 내에 있는 모든 조직을 만들어 내는 기본적인 구성요소로, 모든 신체기관으로 전환될 수 있는 미분화 단계의 만능세포이다. 줄기세포는 적절한 조건을 맞춰주면 다양한 조직세포로 분화할 수 있기 때문에 손상된 조직을 재생하는 등의 치료에 응용하기 위한 연구가 활발하게 진행되고 있다.

◈ 중생대 Mesozoic Era

약 2억 2,500만 년 전부터 약 6,500만 년 전까지의 1억 6,000만 년간의 기간이다. 트라이아스기, 쥐라기, 백악기의 3기로 나뉜다. 중생대는 기후가 대체로 온난했으며, 트라이아스기에 대륙중심부가 가끔 건조기후였다. 백악기에 이르러 사계절의 구분이 이루어졌다.

◈ 중성자 中性子

원자는 90종류 이상이 있는데, 모든 원소는 일정한 크기의 양(+)의 전하를 가진 원자핵과 일정한 수의 전자로 이루어져 있다. 일반적으로 원자핵이 무거워질수록 중성자의 수는 증가한다.

◈ 지중해성 기후 地中海性氣候

여름에는 고온건조하고 기온이 매우 높으며 겨울에는 편서풍이 강해 온화하고 비가 많은 기후이다. 미국의 캘리포니아 해안, 오스트레일리아의 남부, 남아연방의 서남부, 지중해 연안 등이 지중해성 기후에 속한다.

◈ 질량불변의 법칙 質量不變法則 Law of Conservation of Mass

프랑스의 화학자 라브와지에가 발견한 법칙으로 질량보존의 법칙이라고도 한다. 화학반응의 전후에서 반응물질의 전질량(全質量)과 생성물질의 전질량은 같다고 하는 법칙이다.

◆ 천정천 天井川

토사가 많이 퇴적되어 주위의 평지보다 강 바닥이 높아진 하천을 말한다. 홍수의 위험이 크고 갈수기에는 건천이 된다. 범람을 잘하기 때문에 이를 막기 위해 양안에 제방을 쌓으면서 발달하게 된다. 제방이 없으면 하천은 유로를 변경하여 주위의 낮은 곳으로 흐르게 된다. 황하는 세계적인 대표적 천정천이다.

◆ 청정 에너지 Clean Energy

환경을 오염시키지 않는 깨끗한 에너지로 클린 에너지 또는 무공해 에너지 라고도 한다. 전력, 액화천연가스(LNG), 태양열, 수력, 조력(潮力) 등이 이에 해당한다.

◆ 체르노빌 원자력발전 사고

1986년 4월 26일 우크라이나의 체르노빌 원자력발전소에서 방사능이 누출 되었던 세계 최대의 참사이다. 이 사고로 두 명의 작업원이 즉사했고, 소화 작업에 나선 사람 대부분이 심각한 방사선 상해를 입었으며, 원자로 주변 30㎞ 안에 거주하던 주민 9만 2,000명이 강제로 이주되었다. 그 후 발전소 해체작업에 동원되었던 노동자 5,722명과 민간인 2,510명이 사망했으며, 43만 명이 각종 후유증을 앓고 있다. 지금까지도 이 사고의 후유증은 계속 되고 있다.

◆ 초전도 超傳導 Superconduction

어떤 종류의 금속이나 합금을 절대0°도 가까이 냉각했을 때, 전기저항이 갑자기 없어지면서 전류가 아무런 장애 없이 흐르는 현상을 말한다. 초전기 전도, 초전도(超電導)라고도 한다. 초전도체는 전기 저항이 없어 저항에 의한 손실을 막을 수 있고, 강한 전류를 흘려서 강한 자기장을 만들 수 있기 때문에 초전도체를 이용한 전자석의 실용화가 연구되고 있다.

◈ **컬럼비아 호** Columbia

미국이 개발한 유인 우주왕복선 제1호기로 1981년에 처음으로 우주궤도를 비행하고 귀환했다. 2003년 1월, 28번째 비행 중 텍사스주 상공에서 일곱 명의 승무원을 태운 채 폭발했다. 미국 건국 초기에 미국 선박으로는 처음으로 세계 일주를 한 탐험선 컬럼비아호에서 이름을 따왔다.

◈ **컴덱스** Comdex; Computer Dealer's Exposition

세계 최대 규모의 컴퓨터 하드웨어 및 소프트웨어 관련 제품 전시회이다. 1979년에 처음 열렸으며, 현재 미국 라스베이거스와 시카고, 서울, 도쿄, 몬트리올 등 세계 17개 지역에서 개최되고 있다. 컴덱스 주최사인 '키 3미디어'가 매년 11월 라스베이거스에서 여는 가을 컴덱스가 가장 크다.

◈ **컴퓨터 단층촬영** CT; Computer Tomography

X선과 컴퓨터를 결합한 기계로, 장기나 조직이 있는 곳뿐만 아니라 공기나 뼈 등 거의 모든 조직에서 정확한 정보를 알 수 있는 진단장치다. 염증성 질환의 여부와 감별, 증세의 정도, 치료 후 결과, 암의 진행 상태까지도 진단할 수 있다. 소량이지만 방사선에 노출된다는 점과 대개는 횡단면만 볼 수 있다는 것이 MRI에 비해 단점이라고 할 수 있다.

◈ **컴퓨터 바이러스** Computer Virus

프로그램이나 실행 가능한 부분을 변형하고 그 부분에 자기 자신 또는 자신의 변형을 복사해 컴퓨터 작동에 피해를 주는 명령어들의 조합을 가리킨다. 컴퓨터 사용에 문제를 일으키고 자신을 복제해서 다른 컴퓨터를 전염시키는 게 생물학적인 바이러스와 비슷하기 때문에 바이러스라는 용어를 사용한다.

◆ 쿠키 Cookie

웹 서버가 웹 브라우저에 보내 저장했다가 서버의 부가적인 요청이 있을때 다시 서버로 보내주는 문자열 정보를 말한다. 사용자가 웹사이트에 접속한 기록을 남겨 두었다가 다음에 접속했을 때 그것을 읽어 이전의 상태를 유지하면서 검색할 수 있게 하는 역할을 한다. 쿠키는 사용하는 웹브라우저가 자동으로 만들기도 하고 갱신하기도 하며 웹사이트로 기록을 전달하기도 한다. 이용자가 어떤 내용을 보았는지, 어떤 상품을 샀는지 등의 모든 정보가 기록되기 때문에 사생활을 침해할 소지가 있다.

◆ 크라우드 펀딩 Crowd Funding

소셜미디어나 인터넷 등의 매체를 활용해 자금을 모으는 투자방식으로, '대중으로부터 자금을 모은다' 는 뜻이다. 적은 금액을 다수의 대중들로부터 모금하기 때문에 투자자 입장에서는 적은 돈으로 참여할 수 있어 부담이 없어 자금이 없는 소규모 창업자나 예술가가 자신의 아이디어를 실행하는 과정이나 사회활동가의 사회공헌 프로젝트에 많이 이용된다. 세계 최초의 크라우드 펀딩 사이트는 2008년 1월 시작한 인디고이며, 가장 유명한 크라우드 펀드는 2009년 4월 출범한 미국의 킥스타터이다.

◆ 클라우딩 컴퓨팅 Clouding Computing

인터넷상의 서버를 통해 데이터 저장, 네트워크, 콘텐츠 사용 등 IT관련 서비스를 한번에 사용할 수 있는 컴퓨팅을 말한다. pc에 소프트웨어를 설치하지 않아도 인터넷을 통해 프로그램을 이용할 수 있고, 개인 저장매체에는 기록이 남지 않기 때문에 보안성이 뛰어나며 비용을 절감할 수 있다. 구글닥스나, 야후, 마이크로소프트가 제공하는 웹 기반의 이메일 서비스 등이 대표적이다.

◈ 태블릿 PC Tablet PC

노트북 PC의 휴대성과 PDA(개인정보단말기)의 편의성을 겸비한 제품이다.
펜 입력을 통해 문자나 그림을 워드 파일이나 오피스에 입력할 수 있으며,
무선랜을 통해 어느 곳에서나 인터넷 접속이 가능한 새로운 플랫폼의 모바
일 PC이다. A4 용지 정도의 크기로 펜 입력이 가능하도록 터치패널이 장
착된다.

◈ 테크 파탈 Tech Fatal

기술을 의미하는 '테크(Tech)'와 치명적인 영향력을 가진 여자를 뜻하는 '팜
므 파탈(Femme Fatale)'을 합친 말로, IT 제품에 관심을 가지고 적극적으로
소비하는 1980년생 이후의 여성을 뜻한다. 최신 기술과 성능을 중요시하는
남성들과 달리, 디자인이나 브랜드 같은 감성적인 부분을 중요하게 여긴다.

◈ 텔레매틱스 Telematics

원격통신(Telecommunication)과 정보과학(Informatics)이 결합된 용어로, 자
동차와 무선통신을 결합한 새로운 개념의 차량 무선인터넷 서비스를 가리
킨다. 운전자가 통신 및 방송망을 이용해 자동차 안에서 위치추적, 인터넷
접속, 원격 차량진단, 사고감지, 교통정보 등을 이용할 수 있다. 무선모뎀을
장착한 오토(auto) PC를 이용한다는 점에서 '오토모티브 텔레매틱스'라고
도 한다.

◈ 토네이도 tornado

매우 빠르게 회전하면서 소용돌이를 일으키는 격렬한 저기압성 폭풍이다.
적란운의 하층으로부터 깔때기 구름이 만들어져 매우 강한 소용돌이를 일
으키며 이동한다. 지름은 200m 정도이며, 풍속은 100~200m/sec 정도이
다. 외부가 내부보다 훨씬 강하기 때문에 주위의 물체를 튕겨버리고 내부는
기압이 낮기 때문에 안으로 들어오는 물체를 위로 날려버린다. 미국 로키

산맥의 동쪽과 특히 미시시피 강 유역의 중앙평원에서 빈번하게 발생한다.

◈ 트위터 Twitter

트위터란 '지저귀다'라는 뜻으로, 블로그의 인터페이스와 미니홈페이지의 '친구맺기' 기능, 메신저의 기능을 모아놓은 소셜네트워크서비스이다. 한 번에 쓸 수 있는 글자 수는 최대 140자이고, 관심 있는 상대방을 뒤따르는 '팔로어(follow)'라는 기능을 중심으로 소통한다. 웹에 직접 접속하지 않더라도 휴대전화의 문자메시지(SMS)나 스마트폰 같은 휴대기기 등 다양한 방법을 통해 글을 올리거나 받아볼 수 있으며, 댓글을 달거나 특정 글을 다른 사용자들에게 퍼뜨릴 수도 있다.

◈ 펄서 Pulsar

별의 수명이 다해 폭발할 때 껍데기 부분은 없어지고, 중심부의 핵만 남아 응축하면서 생기는 중성자로만 이루어져 강한 중력을 갖고 있는 별이다. 직경이 10여 ㎞밖에 되지 않고 빠른 자전을 하면서 등대의 비컨(beacon)과 같이 전파를 발사하는 천체이다.

◈ 페로몬 Pheromone

같은 종의 동물들끼리 서로 소통하기 위해 체외로 분비하는 유기화합물을 말한다. 동료에게 위험을 알리는 경보 페로몬, 이성을 부르는 성 페로몬 등이 있다.

◈ 편서풍 偏西風 westerlies

아열대(亞熱帶)의 고압대와 아한대(亞寒帶)의 저압대 사이의 온대지방인 대륙 서쪽에서 1년 내내 부는 바람이다. 유럽 서안, 북미 서안 등 대륙의 서안 기후에 영향을 끼치며, 겨울에는 강하고 여름에는 약하다.

◆ **표면장력** 表面張力 Surface Tension

액체의 표면이 스스로 수축해서 가능한 한 작은 면적을 취하려는 힘이다. 표면장력은 액체의 자유표면뿐만 아니라 섞이지 않는 액체의 경계면, 고체와 기체, 고체와 고체의 접촉면 등 표면의 변화에 대한 에너지가 존재할 때 보편적으로 생기는 현상이다. 이 때문에 계면장력(界面張力)이라고도 한다. 소금쟁이가 물에 빠지지 않고 걸을 수 있는 것도 표면장력 때문이다.

◆ **표준화석** 標準化石 index fossil

특정한 지질시대의 지층에서만 발견되어서 한 지층의 지질시대를 결정하는 데 도움이 되는 화석이며, 시준화석(示準化石)이라고도 한다. 생존 기간이 짧고, 분포 면적이 넓으며, 개체수가 많은 생물의 화석이 표준화석으로서의 가치가 높다. 고생대의 표준화석으로는 삼엽충(초기), 갑주어(중기), 푸줄리나(후기)가 있고, 중생대의 표준화석으로는 암모나이트, 공룡, 시조새(중기)가 있으며, 신생대의 표준화석으로는 화폐석(초기), 매머드(후기), 에오히푸스(말의 조상)가 있다.

◆ **피오르드** fjord

빙하의 침식으로 생긴 깊고 좁은 골짜기가 침강(沈降)한 자리에 바닷물이 들어온 협만으로, 단면은 U자곡으로, 양측은 절벽을 이루고 있다. 노르웨이, 스코틀랜드, 캐나다, 그린란드, 칠레 남단, 뉴질랜드 등의 해안이 피오르드를 이루고 있다.

◆ **필로폰** Philopon

10여 종의 화학물질을 합성해서 만든 각성제로 냄새가 없는 무색 결정 또는 백색 결정성 분말이다. 아편, 대마초에 이어 제3의 마약이라고도 하며, 소량만 복용해도 피로를 느끼지 않는다. 상시로 복용할 경우 강박관념, 환시(幻視), 환청(幻聽), 피해망상증, 위장경련 등과 같은 정신적 피해와 신체적 피해를 초래한다.

◆ 필수아미노산 Essential Amino Acid
아미노산에는 체내에서 다른 아미노산으로부터 만들어지는 것과, 체내에서는 만들어지지 않고 음식으로 섭취해야만 하는 것이 있다. 이렇게 체내에서 합성할 수 없는 아미노산을 필수아미노산이라고 한다. 필수아미노산의 종류는 성인의 경우 이소류신, 류신, 리신, 페닐알라닌, 메티오닌, 트레오닌, 트립토판, 발린 등 8종이며 어린아이의 경우는 히스티딘이 더해진다.

◆ 항산화물질 抗酸化物質 Antioxidant
산화를 방지하는 물질을 가리키며, 질병을 예방하고 노화를 억제하는 기능이 있다고 알려져 있다. 그러나 과다섭취된 항산화물질은 그 종류에 따라서는 인체에 해가 될 수도 있다.

◆ 해커 Hacker
컴퓨터와 프로그래밍에 뛰어나 네트워크의 보안을 지키는 사람을 말한다. 일반적으로 해커는 다른 컴퓨터에 불법으로 침입해서 자료를 열람하거나, 변조 혹은 파괴하는 부정적인 의미로 사용된다.

◆ 핵겨울 Nuclear Winter
과학자들은 핵전쟁이 일어날 경우 핵폭발에 의해 도시와 삼림이 대화재를 일으키면서 대량의 먼지와 연기가 대기 중으로 올라가 햇빛을 흡수하게 되고, 일사량이 줄어들면서 지구 전체의 기상에 영향을 주어 이상 저온 상태가 장기간 계속될 것으로 예측했다. 이 현상을 핵겨울이라고 한다.

◆ 핵 재처리 核再處理
핵분열 후 잔류하는 방사선물질을 처리하는 기술로, 사용한 핵연료에는 천연 우라늄의 2배에 달하는 농도 1.4%의 핵분열 물질이 남아 있다. 따라서 같은 양의 천연 우라늄을 쓰는 것보다 이론상 66배의 효율을 올릴 수 있다.

◆ 핵티비즘 hacktivism

해커(hacker)와 행동주의(activism)의 합성어이다. 정치·사회적인 목적을 위해 정부나 기업·단체 등의 인터넷 웹사이트를 해킹하는 행위를 말한다. 2002년 9월 포르투갈의 해커들이 인도네시아 정부의 컴퓨터망에 침입해 40대의 서버를 무력화시킨 뒤 '동티모르를 독립시켜라'는 구호를 내걸었다. 같은 해 10월에는 인도 정부의 카슈미르 지역 정보제공 웹사이트에 해커들이 침입해 초기 화면에 '카슈미르를 구하라'는 슬로건을 띄운 뒤 인도 군인들이 살해한 카슈미르인(人)들의 사진을 올렸다. 이러한 정치적인 행위들이 핵티비즘에 해당한다.

◆ 헤모글로빈 heamoglobin

전 혈액량의 14%를 점유하는 일종의 색소 단백질이며, 적혈구 속에 있어 산소를 체내의 여러 조직에 운반하는 작용과 조직 속의 탄산가스를 폐로 운반하는 작용을 한다. 일산화탄소와 결합하면 헤모글로빈의 기능이 현저하게 저하되기 때문에 일산화탄소가 많은 곳에서는 호흡곤란 등의 증상이 나타난다.

제5장

정치
외교
국제

◆ 3권 분립 三權分立

국가권력의 집중과 남용을 방지하고 국민의 자유를 보호하기 위해서, 국가권력의 작용을 입법·행정·사법으로 나누고 별개의 독립된 기관에 분담시켜 상호간에 견제와 균형을 유지하게 하는 통치 조직이다. 우리나라의 현행헌법에서도 입법권은 국회에, 행정권은 행정부에, 사법권은 법원에 속한다고 규정하고 있다.

◆ 6·15 남북공동선언 六一五南北共同宣言

2000년 6월 15일에 김대중 대통령과 김정일 국방위원장이 남북정상회담에서 합의·발표한 공동 선언이다. 통일 문제의 자주적 해결, 남쪽이 주장하고 있는 남북 연합과 북쪽이 주장하고 있는 고려연방제의 공통성 인정, 이산가족과 장기수 해결, 남북 경제 협력과 교류 확대, 당국 간 남북대화 조속 개최 등이 주요 내용이다.

◆ 6·29 민주화선언 六二九民主化宣言

개헌 논의 금지와 제5공화국 헌법 하에서의 차기 대통령 선출이라는 내용의 4·13 조치에 대해 철폐를 요구했던 성명이다. 1987년 6월 29일, 집회와 시위가 전 국민적 차원으로 확산되는 상황에서 당시 민정당의 대통령 후보로 지명되었던 노태우 의원이 발표한 8개항의 시국수습 대책이다. 직선제 개헌 단행, 대통령 선거법 개정, 사면·복권 실시, 언론 자유 최대 보장, 기본권 신장 명시, 지방 교육 자치제의 실현, 정당활동 자유 보장, 사회 비리 척결 등을 내용으로 하고 있다.

◆ 6월 항쟁 六月抗爭

1987년 6월에 학생, 시민, 재야인사, 정치인 등 각계각층이 전국적인 규모로 벌인 민주화 운동이다. 박종철 고문살인사건에 대한 은폐조작이 밝혀지자 국민들의 민주화에 대한 열망이 전국적인 대규모 시위로 나타났다. 전국에서 70만 명 이상이 시위에 참가했고 300명 이상이 구속되었다. 이 민주화운동으로 결국 6·29선언을 이끌어내게 되었다.

◈ NPT Nuclear Non-Proliferation Treaty
정식 명칭은 '핵무기의 불확산에 관한 조약'으로 핵 보유국이 비보유국에 대해 핵무기 양여와 비보유국의 핵무기 보유를 금지하는 조약이다. 1968년 7월에 조인되었고 1970년 3월에 발효되었다. 1960년에 프랑스, 1964년에 중국이 핵실험에 성공하자 제2차 세계대전 패전국의 핵개발을 우려한 미국의 의견에 따라 체결되었다.

◈ 간접민주정치 間接民主政治
국민이 대의원을 선출하고 이들을 통해 국가권력을 행사하는 정치제도이다. 직접민주제의 반대개념이며 대의제 또는 대표 민주제라고도 한다. 오늘날 대부분의 국가가 이 제도를 채택하고 있다.

◈ 감사원 監査院 the Board of Audit and Inspection
행정기관과 공무원에 대한 직무 감찰을 목적으로 설립된 대통령 직속의 국가 최고 감사기관이다. 감사원장을 포함해서 5인 이상 11인 이하의 감사위원으로 구성된다. 대통령의 직속기관이며 직무에 대해서 독립된 지위를 가지고 있다.

◈ 게리맨더링 Gerrymandering
특정 정당이나 후보자가 유리하게 할 목적으로 선거구를 자의적으로 정하는 것을 말한다. 반대당이 강한 지역구를 분할하거나 자기 당에게 유리한 지역구를 마음대로 결합해서 당선을 꾀한다. 1812년 미국 매사추세츠주의 주지사였던 게리가 소속 정당인 공화당에 유리하게 선거구를 재조정했는데, 그 모양이 그리스 신화에 나오는 샐러맨더(salamander : 불 속에 산다는 전

설적인 불도마뱀)와 비슷한 것을 발견하고 반대파가 풍자한 데서 유래했다.

◈ 게티즈버그 연설 Gettysburg Address
1863년 11월 19일에 미국 남북전쟁의 격전지인 펜실베이니아 주 게티즈버그에서 미국 대통령 링컨이 했던 연설이다. 이 자리는 남북전쟁에서 전사한 장병들의 영혼을 위로하는 자리였다. 이 연설에서 '국민의, 국민에 의한, 국민을 위한 정치(government of the people, by the people, for the people)'라는 명언이 등장했다.

◈ 경쟁라운드 CR; Competition Round
공정한 조건의 경쟁을 촉구하며 경쟁 정책과 공정거래 보장을 무역 거래에 연계시키려는 다자간 협상이다. 공정거래제한 철폐도 경쟁라운드의 주요 내용 중 하나다.

◈ 공동경비구역 JSA; Joint Security Area
판문점에 설정되어 있는 남북 공동경비구역으로, 군사분계선상에 세워진 남북 군사 정전 회담장을 중심축으로 반경 400m의 원형 지대이다. 1954년에 맺어진 협약에 따라 유엔 측과 북한 측이 공동으로 경비 임무를 맡고 있다.

◈ 공사 公使 Minister
국가를 대표해 외교 교섭을 하기 위해 외국에 파견되는 제2급 외교사절로, 특명전권공사(特命全權公使)의 약칭이다. 그 아래에 변리공사와 대리공사가 있다.

◈ 공천 公薦 Public Recommendation
대통령 선거나 국회의원 선거를 할 때 정당이 후보자를 추천하는 것을 말한다. 대의정치가 정당정치의 형태로 이루어지는 오늘날의 정치상황에서 정당의 도움 없이는 정치활동을 하기도 힘들 뿐더러 공천 없이는 의회에 진출하기도 어렵다. 하지만 정당의 공천을 입후보의 법적 요건으로는 제한하지는 않는 것이 일반적이다.

◈ 광역의회 廣域議會
광역자치단체(특별시, 광역시, 도)의 중요 사항들을 최종심의하고 결정하는 의결기관이다. 광역의회는 운영 방식과 권한, 의원의 임기 및 신분상 대우는 기초의회와 비슷하지만, 견제 대상 자치단체와 의회사무국의 조직이 크고, 상임위원회를 둘 수 있다.

◈ 교섭단체 交涉團體
의사 진행에 관한 중요한 안건을 협의하기 위해 일정한 수 이상의 국회의원들로 구성된 단체이다. 소속의원 20명 이상의 정당을 단위로 구성하는 것이 원칙이지만 다른 교섭단체에 속하지 않는 20명 이상의 의원들로 별도의 교섭단체를 구성할 수도 있다.

◈ 교차투표 交叉投票 Cross Voting
의회에서 의안에 대해 표결할 때 각 의원이 소속 정당의 당론과는 상관없이 자신의 소신에 따라 투표하는 것을 말한다. 의원들은 자신이 소속된 정당과는 관계없이 유권자의 태도나 자기 자신의 판단에 따라 투표하게 된다.

◈ 국가 신용도 國家信用度 Country Risk
한 국가의 채무 이행 능력과 의사 수준을 표시한 등급이다. 국가 신용도가 하락하면 외국 투자자들이 자금 대출을 꺼리고 대출 금리를 올리게 된다. 국가의 신용등급은 개별기업이나 금융기관의 신용 평가에도 영향을 미치기 때문에 국가 신용도가 낮으면 우량기업도 낮은 평가를 받게 된다.

◈ 국무위원 國務委員

정부의 최고 정책심의기관인 국무회의의 구성원을 말하며, 국무총리의 제청으로 대통령이 임명한다. 국무위원의 해임은 대통령만 할 수 있고, 국무총리는 국무위원의 해임을 건의할 수 있으며, 국회는 해임을 의결할 수 있다. 국무위원은 국무총리 다음으로 대통령의 권한대행권이 있으며, 이 밖에 부서(副署)하는 권한, 국회 출석 발언권 등의 권한을 가지고 있다.

◈ 국무총리 國務總理

대통령의 명을 받아 행정 각부를 총괄하는 대통령의 제1위의 보좌기관이다. 국무총리는 대통령을 보좌하고 국무회의 부의장이 되는데 대통령이 국회의 동의를 얻어 임명한다. 단, 국무총리는 국무위원 임명의 제청권, 국무위원 해임 건의권, 대통령의 권한대행권, 부서(副署)를 하는 권한, 국회 출석 발언권, 행정 각부 통할권, 총리령을 발하는 권한 등을 가진다.

◈ 국무회의 國務會議

정부의 주요 정책들을 심의하는 최고정책심의기관이다. 대통령, 국무총리, 15명 이상 30명 이하의 국무위원으로 구성된다. 대통령이 국무회의의 의장이 되며 국무총리는 부의장이 된다. 일반적으로는 국무총리가 회의를 주재한다.

◈ 국민발안제 國民發案制 Initiative

헌법개정안이나 중요한 법률안을 국민이 직접 제출할 수 있는 제도이며, 국민 창안 또는 이니셔티브(initiative)라고도 한다. 직접 정치제의 한 형태이며, 우리나라에서는 채택하지 않고 있다.

◈ 국민소환제 國民召還制 Recall

선거에 의해 선출된 대표들 중 부적격하다고 생각하는 자를 임기가 끝나기 전에 유권자들이 국민투표로 파면시키는 제도이다. 국민파면(國民罷免), 국민해직(國民解職)이라고도 하며, 직접민주정치 방법의 하나다.

◈ 국민투표제 國民投票制 Referendum

헌법 개정안이나 국가의 중요한 일 등을 국민의 표결에 붙여 결정하는 제도이다. 국민표결 또는 리퍼렌덤(referendum)이라고도 하며, 직접민주정치제의 일종이다. 우리나라에서는 국가의 중요한 정책을 결정하거나 대통령이 제안한 헌법개정안을 확정할 경우에 실시하게 된다.

◈ 국정감사 國政監査

국정감사권에 따라서 국회가 국정 전반에 대해 실시하는 감사이다. '국정'이란 '의회의 입법작용뿐만 아니라 행정·사법을 포함하는 국가작용 전반'을 의미한다. 국정조사는 특별한 사안에 대해 국회 의결에 의해 열린다는 점에서 정기국회 때마다 열리는 국정감사와는 다르다. 국정감사의 대상은 정부조직법 등에 의한 국가기관, 지방자치단체, 정부투자기관, 기타 국회 본회의에서 국정감사가 의결된 기관 등이다.

◈ 국제사면위원회 國際赦免委員會 Amnesty International

국가권력에 의해 억압받는 정치범들을 구제하기 위해 설치된 국제기구로, 이데올로기·정치·종교상의 신념이나 견해 때문에 체포·투옥된 정치범의 석방, 공정한 재판과 옥중에서의 처우 개선, 고문과 사형의 폐지 등을 목적으로 하고 있다. 해당국가의 사회체제와 관계없이 서신 등으로 요구하는 운동을 벌여서 약 2만 명의 정치범을 석방시켰다. 이러한 공로로 1977년에는 노벨평화상을, 1978년에는 UN인권상을 수상했다.

◈ 국제사법재판소 ICJ; International Court of Justice

조약의 해석, 국가 간의 의무 위반의 사실 여부, 위반에 의한 배상 등 국제적 법률 분쟁의 해결을 위해 설치된 상설재판소로, 네덜란드의 헤이그에 본부를 두고 있다. UN가맹국들이 국제사법재판의 당사국이 되며, 비가맹국도 UN의 승인을 얻어 당사국이 될 수 있다. ICJ의 판결은 구속력을 가지며 판결의 결과를 이행하지 않는 국가는 안전보장이사회가 적절한 조치를 취하게 된다. 하지만 강제적 관할권이 없기 때문에 한쪽만의 요청으로는 재판의 의무가 생기지 않는다.

◆ 국제연합 國際聯合 UN; United Nations

전쟁방지와 평화유지를 위해 설립된 국제기구(UN)이다. 1945년 10월 24일에 정식으로 설립되어 1946년 1월 10일에 활동을 시작했다. 주요 기구로는 총회, 안전보장이사회, 경제사회이사회, 신탁통치이사회, 국제사법재판소 및 사무국의 6개 기구가 있으며, 이외에도 많은 보조기관과 전문기구로 구성되어 있다.

◆ 국제연합군의 평화유지활동 PKO ; Peace-Keeping Operations of the United Nations

국제적 분쟁을 평화적으로 해결하기 위한 국제연합의 특별활동을 PKO라고 한다. 평화유지의 의미는 무력충돌의 당사국을 물리적으로 격리시키기 위해 국제연합이 군대를 사용하는 것이다. 따라서 분쟁 당사국의 동의가 있어야 하며, 공정한 중립을 지켜야 하며, 무력을 사용할 때는 국제연합 사무총장의 지휘를 받는다는 원칙에 의해 수행된다.

◆ 국제연합평화유지군 UN PKF; United Nations Peace Keeping Force

국제연합의 안전한 평화유지활동을 위해 안전보장이사회가 각 분쟁지역에 파견하는 군대이다. 크게 정전감시단과 평화유지군으로 나뉘며, 1948년 이스라엘과 아랍 제국 사이의 휴전을 감시하기 위해 배치되었던 국제연합 정전감시기구(UNTSO)를 시초로 한다. 보통 여러 국가에서 자발적으로 차출,

파견되며, UN안보리의 결의에 따라 배치된다.

◈ **국제원자력기구** IAEA; International Atomic Energy Agency
원자력의 평화적 이용을 위한 연구와 국제적인 공동 관리를 위해 설립된 국제연합기구이다. 국제연합의 전문기구는 아니지만 실제로는 그에 준하는 기능을 수행한다. 국제원자력기구는 세계에 원자력의 평화적 이용을 위한 연구개발과 실용화를 장려하고 이에 필요한 물자, 서비스, 설비를 제공하고, 과학적·기술적인 정보교환을 촉진하며, 핵분열 물질이 군사적 목적으로 사용되지 않도록 보장하고 조치를 강구한다.

◈ **국체** 國體 Forms of State
주권이 누구에게 있는가에 따라 분류한 국가형태로, 주권이 한 사람의 군주에게 있는 군주국과 다수의 국민에게 있는 공화국이 있다.

◈ **국회의원** 國會議員 Congressman
보통·평등·직접·비밀선거를 거쳐 국민들에 의해 선출된 국회의 구성원이다. 국회의원은 전국 각 지역 선거구에서 1인씩 선출하는 지역구 의원과 전국 선거구에서 비례 대표제로 선출되는 지역구 정수의 3분의 1로 구성되며, 임기는 4년이다. 25세 이상인 국민으로 결격 사유가 없으면 입후보할 수 있다. 국회의원은 청렴, 국가이익 우선, 지위남용 금지, 겸직 금지 등의 의무를 지며, 국무위원, 장관은 겸직이 가능하다. 또 그 권한을 행사하고 임무를 완수할 수 있도록 불체포 특권과 면책 특권을 가진다.

◈ **그린라운드** GR; Green Round
환경문제와 공해 문제를 무역 거래에 연계시키려는 다자간 협상이다. 선진국들이 지구 환경 보전이란 명분을 앞세워 추진하고 있지만, 자국 제품의 보호와 시장 접근을 제한하려는 목적을 가지고 있다.

◆ 기술라운드 TR; Technology Round

OECD가 중심이 되어 추진해온 것으로, 개발도상국의 기술 개발을 견제하고 선진국의 기술 보호를 목적으로 하는 새로운 국제 기술 규제이다. 정부의 기술개발 지원을 특정산업 지원으로 간주해서, 정부는 기초 연구와 기술의 인프라 구축, 기술 개발의 여건 조성 등으로 그 역할을 국한시켜야 한다고 주장하며 과학기술정책내용을 무역 규제에 연계시키려는 다자간 협상이다.

◆ 기초의회 基礎議會

각 기초자치단체(시, 군, 구)의 중요 사항들을 최종심의하고 결정하는 최고의 결기관이다. 예산 결산의 심의 의결 기능, 조례를 제정하는 입법 기능, 자치행정을 감시하는 통제 기능, 지역 현안에 대한 조정 기능 등의 권한을 가지고 있다.

◆ 나치즘 Nazism

독일국가사회주의(Nationalsozialismus)의 약칭이며, 히틀러(A. Hitler. 1889~1945)가 1919년경부터 일으킨 파시즘 운동의 정치적 지도 이념이다. 독일 민족의 우수성을 극단적으로 강조하고, 일당 독재의 국가주의와 민족주의를 내세웠다. 제2차 세계대전을 일으켰으나 연합군에 패망했다.

◆ 난민의 지위에 관한 조약 Convention Relating to the Status of Refugees

본국의 박해나 생명에 위협으로부터 피하기 위해 해외로 도피한 난민들에 대해서 일반적인 '외국인'과는 별도로 인도주의적 목적에서 그 권리를 보장해주는 조약이이다. 난민조약이라고도 한다. 1951년 7월 26개국이 제네바에서 이 조약을 체결했고 1954년 4월에 발효되었다.

◆ **노 모어 히로시마스** No More Hiroshima's

히로시마의 비극을 되풀이하지 말자는 의미로, 제2차 세계대전 후 일본인들이 벌인 평화운동에 쓰인 구호이다. 제2차 세계대전의 종결을 위해 미국이 일본의 히로시마에 투하한 인류 최초의 원자폭탄으로 인한 피해를 세계에 상기시키며 핵장비는 물론 군비(軍備)와 전쟁을 막자는 뜻을 가지고 있다. 일본 내에 있는 미군기지와 핵무기의 철수, 원자력 추진에 의한 미 군함의 일본 기항에 반대했던 반미·반전주의자들도 이 구호를 사용했다.

◆ **대량 살상무기 반확산** 大量殺傷武器反擴散 Counter-Proliferation

미국의 대량 살상무기 비확산(non-proliferation) 정책은 대량 살상무기를 갖지 못하게 기술이전의 통제와 경제 및 외교 제재를 통해 이루어졌다. 이에 비해 반확산 정책은 대량 살상무기를 보유한 나라들이 이 무기를 사용할 때 공격적으로 대응하는 정책을 말한다.

◆ **대사** 大使 Ambassador

국가를 대표해 외교 교섭을 하기 위해 외국에 파견되는 제1급 외교사절로, 특명전권대사(特命全權大使)의 약칭이다.

◆ **대선거구제** 大選擧區制

한 선거구에서 두 명 이상의 대표를 선출하는 선거제도이다. 전국적인 인물이 당선되기 쉬운 장점이 있지만, 선거구가 넓어서 후보자의 인물 됨됨이나 식견을 판단하기 어렵고 비용이 많이 드는 단점도 있다.

◆ **대통령제** 大統領制 Presidential System

입법부·행정부·사법부, 특히 입법부와 행정부 상호간의 견제와 균형을 통해 권력의 집중을 방지하고 국민의 자유와 권리를 보장하는 현대 민주국가의 정부형태이다. 18세기 미국에서 시작되었으며, 남미, 아시아, 아프리카 국가들에 의해 채택되었다.

◉ 독립국가연합 獨立國家聯合 CIS; Commonwealth of Independent States

소련(소비에트사회주의공화국연방 : USSR)이 해체되면서 독립한 11개 공화국이 1991년 12월 21일 카자흐스탄의 수도 알마아타에서 창설한 국가연합체 혹은 동맹이다. 러시아, 몰도바, 벨라루스, 아르메니아, 아제르바이잔, 우즈베키스탄, 타지키스탄이 회원국이다. 투르크메니스탄은 2005년 탈퇴해서 준회원국으로 참여하고 있으며, 그루지야는 러시아와의 전쟁 후 2008년에 탈퇴했다.

◉ 동북공정 東北工程

'동북변강역사여현상계열연구공정(東北邊疆歷史與現狀系列硏究工程)'의 줄임말로 중국 국경 안에서 이루어진 모든 역사를 중국 역사로 통합하기 위해 2002년부터 추진한 동북쪽 변경지역의 역사와 현상에 관한 연구 프로젝트이다. 2001년 6월에 동북공정에 대한 연구를 추진하기로 결정되었고, 8개월간의 준비 기간을 거쳐 이듬해 2월 18일 정부의 승인을 받아 공식적으로 추진되었다. 2006년까지 5년을 기한으로 진행되었으며, 중국의 전략지역인 동북지역, 그 중에서도 고조선·고구려·발해 등 한반도와 관련된 역사를 중국의 역사로 만들어 한반도가 통일되었을 때 일어날 수도 있는 영토분쟁을 미연에 방지하는 데 그 목적이 있다.

◉ 두바이유 Dubai Oil

아랍에미리트에서 생산되는 원유로, 중동 지역을 대표하기 때문에 중동산 두바이유라고 불린다.

◉ 레임 덕 Lame Duck

미국 남북전쟁 때부터 사용된 말로, 재선에 실패한 현직 대통령이 남은 임기 동안 뒤뚱거리며 걷는 오리처럼 정책집행에 일관성이 없다는 데서 생긴 말이다. 일반적으로 새 대통령이 결정되는 11월 초순부터 새 대통령이 취임하는 다음해 1월 20일까지의 약 3개월간을 가리킨다.

◆ 로그롤링 Logrolling
의원들끼리 서로 선거를 도와주거나 해서 그 대가를 받거나 이권을 챙기는 행위를 말한다. 서로 협력해서 통나무를 모으거나, 강물에 굴려 넣는 놀이에서 유래되었다.

◆ 마키아벨리즘 Machiavellism
마키아벨리(N. Machiavelli)가 『군주론』에서 '군주가 정치권력을 획득·유지·확대하기 위해서는 수단을 가릴 필요가 없다'고 주장한 국가 지상주의를 말한다. 이 말은 지배자의 권모술수 또는 윤리마저도 무시하고 목적을 위해서는 수단과 방법을 가리지 않는 행동까지 뜻하는 말로 쓰이게 되었다. 그의 사상은 근대 부르주아적 정치 권리의 원리를 과학적으로 밝혔다는 점에서 근대 정치학의 시조로 평가받는다.

◆ 매니페스토 운동 Manifesto Movement
후보자들이 정책 공약을 내세울 때 공약을 뒷받침할 수 있는 구체적인 실천 방안과 예산 사용안, 실행 시기 등을 밝히게 함으로써 유권자들의 후보 선택에 도움을 주기 위한 것이다. 우리나라에서는 2006년 5월 지방선거를 기점으로 발족되며, '참공약 선택하기' 또는 '바른 공약 실천운동'으로 쓰인다.

◆ 매카시즘 McCarthyism
1950~54년에 미국을 휩쓴 반(反)공산주의 선풍으로, 논리적인 이론이나 근거 없이 정치적인 반대세력을 비난하거나 또는 공산주의자로 몰아 탄압한

것을 말한다. 1950년 의회에서 공화당의원 매카시(J. R. McCarthy)가 국무부 내에 2,000여 명의 적색분자가 있다고 주장하면서 시작되었다. 제2차 세계 대전 후 체제 유지에 위기를 느낀 보수강경파가 헤게모니를 다지기 위해 의도적으로 일으켰던 '공산주의자 사냥'이다. 격렬한 반발과 국제 관계의 긴장 완화로 사라졌다. 이후로 정적을 공산주의자로 몰아 탄압하는 방식을 매카시 수법이라 부른다.

◈ 메모랜덤 Memorandum

외교상의 교섭에서 일정한 효력을 지닌 문서를 말하며, 각서, 비망록으로 통용되며, 보통은 메모라는 약어로 쓴다. 어떤 회담의 내용을 기록한 의사(議事) 요록과 국가의 일방적인 의사 표시나 국가 간의 합의를 나타내는 문서 등으로, 약식이기는 하지만 공식문서로서의 효력을 갖고 있다. 그 자체로서는 조약이 아니지만 국가 간의 합의를 담고 있는 문서는 조약이나 협정과 같은 구속력을 지니게 된다.

◈ 면책특권 免責特權 Privilege of Speech

국회의원이 국회에서 직무상 행한 발언과 표결에 대해서는 국회 밖에서 책임을 지지 않는 특권이다. 국회의원의 발언·표결의 자유라고도 한다. 영국에서 처음 만들어졌을 때는 의회의 언론자유 특권이었고, 의원 개인의 특권으로 보장된 것은 아니었다. 이후 미국 헌법(1조 6항 1호)에서 비로소 의원의 특권으로 인정되었다.

◈ 모스크바 3상회의

1945년 12월, 종전 후의 처리 문제를 주요 안건으로 소련의 모스크바에서 개최된 미국·영국·소련 3국의 외상회의(外相會議)이다. 이 회의에서 한국의 임시정부 수립, 미·소 공동위원회의 설치, 한국을 5년 이내의 기간 동안 미·영·중·소 4개국의 신탁통치 하에 둘 것 등이 결정되었다. 신탁통치 결정은 거족적인 신탁통치 반대운동이 전개되면서 철회되었다.

◆ 무정부주의 無政府主義 Anarchism

권력 또는 정부나 통치의 부재(不在)를 뜻하는 고대 그리스어 'an archos'에서 유래한다. 모든 정치조직과 권력, 사회적 권위를 부정하는 사상 및 운동이다. 루이 아르망 드 라옹탕으로 인디언의 생활을 기술한 그의 저서 『Nouveaux Voyages dans l' Amerique Septentrionale(1703)』에서 처음으로 국가가 없는 사회란 뜻으로 사용했다. 개인의 자유를 최상의 가치로 내세우고 이를 억압적인 모든 힘을 부정하는 것을 말한다. 최근에는 일상적으로 혼란이나 무질서 등을 의미하는 말로도 사용되고 있다.

◆ 민족 자결주의 民族自決主義 National Self-Determination

미국의 제28대 대통령 윌슨(W. Wilson)이 제창해서 베르사유 조약의 중요한 원칙 중 하나가 되었다. 각 민족은 정치적 운명을 스스로 결정할 권리가 있으며, 다른 민족의 간섭을 받지 않는다는 주장이다. 이 원칙에 따라 핀란드, 라트비아, 에스토니아, 폴란드, 유고슬라비아 등이 독립하는 등 세계 곳곳에서 많은 식민지들이 독립을 쟁취했다. 우리나라의 3 · 1운동에 큰 영향을 주었다.

◆ 민족주의 民族主義 Nationalism

민족의식을 기반으로 정치 · 경제 · 문화 등 모든 분야에서 민족의 독자성을 확립하려는 주의나 주장이다. 민족에 기반을 둔 국가의 형성을 지상목표로 하며, 이를 유지 · 확대하려고 하는 민족의 정신 상태나 정책원리 또는 그 활동을 가리킨다. 오랫동안 식민지로 있었던 아시아, 아프리카의 여러 나라에서 이러한 민족주의가 강하다. 하지만 민족주의가 극단적으로 변하면 배타적 국수주의가 되기 쉽다.

◆ 밀레니엄 라운드 Millenium Round

우루과이라운드(UR)에 이어 체결된 다국간 대규모 무역협상이다. 농업에서
부터 공산품, 서비스 분야에 이르기까지 전 분야의 산업을 총망라하여,
EU(유럽연합)가 세계 자유무역을 확대하기 위해 추진하는 세계 통상 라운드
이다. 비농산품에 대한 관세철폐, 비관세장벽 제거, 투자관계법 재정비, 무
역과 환경의 조화, 지적 재산권의 강화, 재정·금융서비스 개방 등을 주요
한 내용으로 하고 있다.

◆ 배타적 경제수역 排他的經濟水域 EEZ; Exclusive Economic Zone

1982년 12월 채택되고 1994년 12월 발효된 UN 해양법 협약에 따라 새롭
게 규정된 바다와 관련된 영토 개념으로, 자국 연안으로부터 200해리까지
의 모든 자원에 대해 독점적 권리를 행사할 수 있는 유엔 국제해양법상의
수역을 말한다. 이 협약에서는 어업자원 및 해저 광물자원, 해수 풍수를 이
용한 에너지 생산권, 에너지 탐사권, 해양과학 조사 및 관할권, 해양환경 보
호에 관한 관할권 등에 대해 배타적 권리를 인정하고 있다. 타국 어선이 배
타적 경제수역(EEZ)에서 조업하기 위해서는 반드시 연안국의 허가를 받아
야 한다.

◆ 보고타 선언 Bogota Declaration

적도 궤도 바로 밑에 있는 국가들이 합의한 선언으로, 지구 정지위성 궤도
중 자국 영역의 상공에 대해서는 관할권이 있기 때문에 그 지역에서 위성을
이용하려면 해당 국가의 동의를 얻어야 한다는 선언이다. 1973년 ITU 협약
제33조에서 지구정지궤도를 천연자원이라고 규정한 것을 기초로, 콜롬비
아, 콩고, 에콰도르, 인도네시아, 케냐, 우간다, 콩고민주공화국, 브라질 등
8개국(후에 가봉, 소말리아 등이 합류)이 지구정지궤도는 천연자원으로 그 하부
국가의 주권에 속하며, 공해상 위의 지구정지궤도는 인류의 공동유산구역
이라는 내용을 보고타 선언(1976년 12월 3일)으로 발표했다. 하지만 미국을

비롯한 주요 우주 활동국들은 우주공간의 자유이용 원칙을 내세우며 지구 정지궤도의 제한 없는 이용을 주장하고 있다.

◈ 보통선거 Universal Suffrage

사회적 신분, 교육, 재산, 인종, 신앙, 성별 등에 따른 자격요건의 제한 없이 일정한 연령에 달한 모든 국민에게 선거권을 인정하는 것을 말한다. 우리나라는 1948년 제헌헌법에서 보통선거를 채택했고, 현행 헌법에서도 대통령 선거, 국회의원 선거 등 모든 선거에서 보통선거를 시행하도록 규정하고 있다. 제한선거에 대응되는 말이다.

◈ 부시 독트린 Bush Doctrine

테러리스트를 지원하는 국가나 단체 또한 테러리스트와 마찬가지로 테러 작전의 잠재적 표적으로 삼겠다는 미국 부시 행정부의 대외 정책이다. 9·11 테러의 응징으로 아프가니스탄을 공습할 때 UN안전보장이사회에 보낸 서한에서 '자위를 위해서 다른 조직이나 국가에 대한 추가적인 행동이 필요하다고 판단될지도 모른다'며 확전 가능성을 내비쳤다가 세계적인 관심을 받게 되자, 백악관이 '부시 독트린'이란 명칭을 붙였다.

◈ 북방한계선 北方限界線

2006년 3월 제3차 남북장성급 군사회담부터 북한은 서해 북방한계선 재설정 협의를 주장했고, 2007년 10월 남북정상회담에서 서해 평화협력지대 개발 합의로 절충안이 마련되었다. 그리고 한 달 뒤 개최된 제2차 남북국방장관회담에서는 남북군사공동위원회를 구성해 북방한계선 재설정 문제를 논의하기로 합의가 되었다. 그러나 정권이 바뀌면서 남북대화가 중단되었고 협의는 진행되지 못했다.

◈ 불체포특권 不逮捕特權 Privilege

국회의원은 현행범이 아닌 경우에는 회기 중에 국회의 동의 없이 체포 또는 구금되지 않는 특권이다. 회기 전에 체포 또는 구금된 경우라도 국회의 요구에 의해 석방될 수 있는 권리이다.

◈ 브렌트유 Brent Oil

영국의 브렌트유는 미국의 서부텍사스유, 아랍에미리트연방의 두바이유와 함께 세계 3대 유종으로 꼽힌다. 영국 북해 지역에서 생산되며, 유럽과 아프리카 지역에서 거래되는 원유의 가격을 결정하는 기준 원유다.

◈ 블루라운드 BR; Blue Round

국제 사회가 규정하는 근로 조건을 지키지 않는 나라에서 생산된 제품에 대해서는 국제 교역을 제재하겠다는 것을 내용으로 하며, 노동 여건과 근로 기준을 무역 거래에 연계시키려는 다자간 협상이다.

◈ 비례대표제比例代表制

한 표의 가치를 동등하게 계산, 총 득표수에 비례해서 대표를 선출하는 방법이다. 사표가 방지됨으로써 국민의 의사가 투표 결과에 잘 반영된다는 장점이 있는 반면 후보자 추천 순위를 결정할 때 혼란스럽다는 단점이 있다. 일반적으로 사표가 많이 발생하는 소선거구제(다수대표제)에 수반해서 실시되고 있다.

◈ 비준 批准 Ratification

전권위원이 체결·서명한 조약을 조약 체결권자(국가원수 또는 내각)가 최종적으로 확인하고, 동의하는 행위를 말한다. 조약은 의회의 비준과 헌법상 조약 체결권자인 국가원수의 서명으로 효력이 발생한다.

◈ 비폭력주의 非暴力主義 Non-Violence

부정·압제·폭력에 대해 폭력을 사용하지 않고 저항하는 사상이나 주의로 평화주의의 한 형태이다. 원래 자이나교의 대금계(大禁戒)에서 첫째로 꼽히는 불살생(不殺生)·무해(無害), 즉 모든 생물을 죽이지 않으며, 또 남이 죽이는 것도 용인하지 않는다는 사상에서 나왔다. 마하트마 간디(Mahatma Gandhi)는 이 사상에 깊이 공감했으며 레프 톨스토이(Lev N. Tolstoi), 헨리 소로(Henry D. Thoreau) 등의 영향을 받아 아힘사(Ahimsa)를 바탕으로 하는 사티아그라하 운동(비폭력저항투쟁)을 벌였다.

◈ 사회계약설 社會契約說 Theory of Social Contract

17~18세기 홉스(T. Hobbes), 루소(J. J. Rousseau) 등 자연법론자들이 주장하였으며, 정치사회 성립의 역사적·논리적 근거를 평등하고 이성적인 개인 간의 계약에서 구하려는 정치이론이다. 프랑스 혁명과 미국 독립운동의 원동력이 되었으며 근대 민주주의 발전에 큰 영향을 미쳤다.

◈ 서부텍사스중질유 WTI; West Texas Intermediate

국제 원유 가격을 결정하는 기준 원유로, 미국 서부 텍사스 주와 오클라호마 주 일대에서 생산된다. 대표적인 경질유이자 저유황유이며, 미국 국내와 아메리카 지역의 기준 유종이다.

◈ 선거공영제 選擧公營制

선거를 국가 또는 지방자치단체가 관리하는 제도로, 공영선거제라고도 한다. 선거 전 벽보의 작성 및 첨부, 선거 회보의 발행 발송, 연설회 개최 및 유세장의 무료 대여 등을 정부가 주관하는 제도이다. 선거운동의 기회 균등을 보장하고 선거 비용의 일부 또는 전부를 국가가 부담함으로써 선거의 공정을 기하고 자력이 없는 유능한 후보자의 당선을 보장하려는 데 그 목적이 있다.

◈ 선거의 4원칙
보통선거, 평등선거, 직접선거, 비밀선거의 네 가지 원칙을 가리킨다. 보통선거는 일정한 연령이 되면 어떤 조건에 따른 제한 없이 선거권을 주는 제도이며, 평등선거는 투표의 가치에 차등을 두지 않는 제도이다. 직접선거는 선거권자가 직접 투표 장소에 나가 투표하는 제도를 말하며, 비밀선거는 투표자가 누구에게 투표했는지 알 수 없게 하는 제도이다.

◈ 솅겐조약 Shengen Agreement
EU 회원국 간에 무비자 통행을 규정한 조약이다. 독일, 프랑스, 스페인, 포르투갈, 벨기에, 이탈리아, 네덜란드, 룩셈부르크 등 27개 EU 회원국과 스위스, 노르웨이, 아이슬란드, 세르비아, 마케도니아, 보스니아, 체코, 알바니아의 비회원국이 가입되어 있다. 국경 개방과 정보 공유를 목적으로 통관, 경찰, 이민정책 등을 단일화한 조약이다.

◈ 소선거구제 小選擧區制
한 선거구에서 한 명의 대표를 선출하는 제도이다. 선거구가 작아 관리가 쉽고 비용이 적게 들며, 투표가 간편하고 선거인이 후보자를 잘 알 수 있다. 반면 전국적인 인물보다 지방의 명사가 당선되기 쉽고, 선거인을 매수하거나 관권에 간섭 받기 쉽다는 단점이 있다.

◈ 속인주의 屬人主義 Personalprinzip
한 나라의 국민은 소속된 나라의 법에 적용을 받는다는 주의이며, 자국민이 행한 범죄는 자국 형법을 적용한다는 원칙이다. 우리나라는 속인주의를 원칙으로, 속지주의를 보충적으로 채택하고 있다.

◈ 속지주의 屬地主義 Territorialprinzip
한 국가의 영역 안에 있는 사람은 국적 여하에 관계없이 그 나라 법의 적용을 받는다는 주의이다. 자국의 영토 주권이 미치는 곳에서 행해진 범죄에 대해서는 범인이 어느 나라 국민이든 상관없이 그곳의 형법을 적용한다. 대부분의 국가는 상호의 영역을 존중하는 의미로 속지주의를 원칙으로 하면서 속인주의를 보충직으로 채택하고 있다.

◆ 쇼비니즘 Chauvinism
자국의 이익을 위해서는 수단과 방법을 가리지 않으며, 국제 정의조차 부정하는 배타적 애국주의 혹은 광신적 국수주의를 말한다. 프랑스의 연출가 고냐르가 지은 속요(俗謠) '삼색모표(三色帽標)'에 나오는 나폴레옹을 신과 같이 숭배하는 병사의 이름 니콜라 쇼뱅에서 유래했다.

◆ 스윙 보터 Swing Voter
누구에게 투표할지 결정하지 못한 사람들을 가리키는 말이다. 대부분 이념적으로 중도성향이고, 어떤 정당도 자신들을 만족시킬 수 없다고 생각한다. 정치에 대한 불신과 혼란이 심할 때는 쉽게 투표를 포기하기도 한다. 지지하는 정당이나 정치인이 없기 때문에 그때그때의 정치 상황과 이슈에 따라 투표하는 경향이 있다.

◆ 스케이프 고트 scape goat
직접적인 원인이 아닌 다른 방향으로 욕구불만이나 분노 등을 유도하기 위해 전가시키는 대상 또는 수단을 말한다. 특히 정치적 불만에서 생기는 공격성을 다른 대상에게 전가시켜 증오나 반감을 해소시키는 정책이라고 할 수 있다. 이러한 현상은 주로 사회적 약자나 국내의 이민족이나 이단분자, 국외의 약소민 등을 희생양으로 선택하는 경우가 많다.

◆ 시아파 Shia派
수니파와 더불어 이슬람교의 2대 종파이며, '시아'란 분파라는 뜻으로 수니파(정통파) 이외의 분파를 총칭한다. 교조 마호메트에게는 아들이 없었기 때문에 사후에 후계를 둘러싸고 대립하면서 시아파가 생겨났다. 수니파는 마호메트의 후계자를 정통 칼리프왕조와 역대 칼리프왕조의 칼리프로 보는데 반해, 시아파는 마호메트의 사위인 알리(제4대 칼리프)만을 정통 칼리프로 보았다. 그 성립은 정치적인 동기에서 이루어졌지만 동방에서 기원한 이교적 요소들이 혼입되면서 수피즘과 같은 신비주의적 색채가 가미되었다.

◈ 시오니즘 Zionism

팔레스타인에 유대 국가를 건설하기 위해 세계 각처에 흩어져 있던 유대인들 사이에 벌어졌던 민족운동이다. 1890년대부터 본격화된 시온주의 운동은 1948년 이스라엘 공화국의 탄생으로 완성되었다.

◈ 아그레망 Agrement

아그레망은 '동의, 승인'을 뜻하는 프랑스어이다. 국제 관례상의 제도로서의 아르레망은 특정인을 대사·공사 등의 외교사절로 파견할 때 사전에 상대국에 그를 받아들일지의 여부를 조회하는 것을 말한다. 정식으로 임명된 대사를 상대국이 거절함으로써 국제 분쟁이 발생하는 것을 방지하기 위해 만들어졌으며, 아그레망을 거부할 때 파견국에 그 이유를 통지할 의무는 없다.

◈ 악의 축 惡─軸 an Axis of Evil

2002년 1월 29일 미국의 부시 대통령이 반테러 전쟁의 일환으로써 제2단계 표적으로 이라크, 이란, 북한을 지명하면서 사용된 말이다. 이들 나라가 대량살상무기(WMD)를 개발하고, 테러집단을 비호하며, 테러 국가들과 함께 세계 평화를 위협하고 있다고 주장했다. 2002년 5월에는 시리아, 리비아, 쿠바 등이 악의 축에 추가되었다.

◈ 알자지라 Aljazeera

1996년 11월 개국한 뉴스와 시사 인물 인터뷰, 대담 전문 위성 텔레비전 방송이며, 카타르의 수도 도하에 본사를 두고 있다. 24시간 실시간 뉴스와 매주 아랍 지식인을 초청해 벌이는 정치 토론 프로그램 등으로 중동 진역의 지식인들을 시청자로 확보했다. 대부분의 아랍권 언론들이 지배세력들에 의해 장악되어 있는 상황에서, 알자지라 방송은 '독립 언론' 방침을 훼손받지 않고 아랍국 경찰의 고문, 일부다처제, 이슬람과 민주주의 공존 문제 등 이슬람 세계의 금기사항들을 적극적으로 다루었다. 외국 언론사 중 유일하게 아프가니스탄 현지에 특파원을 두고 있으며, 아프가니스탄 군중에 의해 카불 주재 미국대사관이 불타는 장면, 아프가니스탄 상공에 나타난 서방 항공기의 모습, 아프가니스탄 공격 직후 빈 라덴의 녹화테이프 단독 방영 등의 특종으로 세계의 이목을 끌어모았다.

◈ 압력단체 壓力團體 Pressure Group

자신들의 이익이 정책에 반영될 수 있도록 의회나 정부, 정당에 다양한 방법으로 정치적 압력을 가해 영향력을 행사하는 각종 사회단체나 조직을 말한다. 압력단체는 단체 소속원의 특수 이익을 목적으로 하지만, 그 행동의 결과에 대해서는 책임지지 않는다. 이익단체, 노동조합, 교육자 단체, 의사 단체, 재향군인 단체, 변호사 단체 등이 대표적인 압력단체이다.

◈ 야경국가 夜警國家 Nachtwachterstaat

국가는 꼭 필요한 최소한의 임무만을 수행해야 한다는 자유방임주의에 근거한 자본주의 국가의 국가관이다. 극도의 개인주의와 자유주의를 기초로 하고 있다.

◈ 양당제 兩黨制 Two-Party System

세력이 비슷한 두 개의 정당이 선거를 통해 교대로 집권하는 형태를 말한다. 2대 정당제라고도 한다. 정국의 안정을 기할 수 있고, 강력한 정책을 실시할 수 있으며, 정치적 책임이 명확히 드러난다는 장점이 있는 반면 자칫하면 정당의 전횡화(專橫化)를 초래하기 쉽다는 단점이 있다. 영국의 노동당과 보수당, 미국의 민주당과 공화당을 예로 들 수 있다.

◉ 연립내각 聯立內閣 Coalition Cabinet

의원내각제에서 정치적 성격이 비슷한 둘 이상의 정당이 연합해서 구성하는 내각을 말한다. 국회에 과반수를 차지하는 정당이 없을 때 정국 안정을 위해 조직하는 경우가 많다.

◉ 영사 領事 Consul

외국에 주재하면서 외무부장관과 특명전권 대사·공사의 지시를 받아 통상이익을 도모하고, 주재국에 있는 자국민을 보호하는 것을 임무로 하는 공무원이다. 통상과 국민의 보호를 담당하는 파견영사와 주재국에 거주중인 사람들 중에서 선임된 명예영사(또는 선임영사)가 있다. 영사는 외교사절이 아니고, 총영사, 영사, 부영사가 있다.

◉ 왕권신수설 王權神授說 Divine Right of Kings

유럽 근세 초기의 절대왕제에서, 군주권에 정당성을 부여함으로써 군주에 대한 비판을 누르기 위해 만들어진 학설이다. 왕권은 신으로부터 주어진 것이므로 왕은 신에 대해서만 책임을 지며, 인민은 왕에게 절대복종해야 한다는 정치이론이다. 영국의 국왕 제임스 1세와 필머 등이 주장했는데 절대전제적인 군주 세력을 정당화하기 위한 주장이다. 영국의 필머(R. Filmer), 프랑스의 보댕(J. Bodin), 보쉬(B. Bossuet) 등이 주창했다.

◉ 우선감시대상국 優先監視對象國 PWL; Priority Watch List

지적소유권 보호가 미흡한 나라를 감시하고 위반사례가 적발되었을 때는 필요한 조치를 취할 수 있도록 지정된 나라를 말한다. 우선감시대상국으로 지정되면 직접적인 무역 보복을 당하지는 않지만 지속적인 관찰과 조사를 받아야 한다.

◈ **우선협상대상국** 優先協商對象國 PFC; Priority Foreign Countries
1988년 미국이 '미국통상법 슈퍼 301조'에 의거해서 가장 우선적으로 불공정무역관행을 없애는 협상을 추진하도록 지정한 나라이다. 우선협상대상국 선정은 슈퍼301조 외에 지적재산권 분야와 통신 관련 분야에서 불공정 무역 관행을 갖고 있는 국가들에도 적용된다.

◈ **워터게이트 사건** Watergate Affairs
1972년 6월 미국 대통령 선거를 앞두고 닉슨(R. M. Nixon) 대통령의 재선을 꾀한 사람들이, 워싱턴의 워터게이트 빌딩 민주당 본부 사무실에 침입해 도청장치를 설치하려다가 미수에 그치게 되었는데, 이 사건을 은폐하려는 음모에 닉슨 대통령이 연루되었음이 드러난 사건이다. 이 사건으로 하원 사법위원회는 대통령의 탄핵을 가결했고, 닉슨은 대통령직에서 물러났다.

◈ **월가 시위** Occupy Wall Street
빈부격차 심화와 금융기관의 부도덕성에 반발해서 미국 월가에서 일어난 시위이다. 온라인 잡지 〈애드버스터스〉가 2011년 7월 13일 트위터 등 SNS를 통해 제안했으며, 그해 9월 17일부터 'Occupy Wall Street(월가를 점령하라)'라는 구호를 외치며 시작되었다. 시위의 첫날은 뉴욕 맨해튼 주코티 공원에 1,000여 명이 모이는 데 그쳤으나, 경찰의 강제진압 사실이 알려지면서 점차 참여하는 인원이 많아졌다. 2008년 발생한 리먼 브러더스 사태 이후 천문학적 규모의 구제금융을 월가에 투입했으나 월가의 금융회사들은 보너스만으로 200억 달러를 나눠 갖는 등 돈 잔치를 벌였고, 반대로 2008년 이래 국민의 삶은 갈수록 피폐해졌다. 이러한 빈부격차로 인한 갈등이 월가시위를 촉발시켰다.

◈ 유네스코 UNESCO; United Nations Educational Scientific and Cultural Organization
정식 용어는 국제연합교육과학문화기구(國際聯合敎育科學文化機構)이며, 교육·과학·문화의 보급과 교류를 통해 국가 간의 협력증진을 목적으로 1946년에 창설된 국제연합 전문기구이다. 각국 국민 사이의 상호 이해, 일반 교육의 보급, 문화유산의 보존 등을 주요 임무로 하며, 이를 위해 조약의 체결, 권고, 선언 등을 행한다.

◈ 유럽재정안정기금 European Financial Stability Facility
유럽연합이 재정 위기에 처한 회원국들을 돕기 위해 설립한 비상기금이다. 그리스를 포함한 포르투갈, 이탈리아, 아일랜드, 그리스, 스페인 등의 PIGS 국가들의 재정위기가 다른 유럽국가들에게까지 번지는 것을 막을 목적으로, 2010년 5월 9일 EU 27개 회원국 재무장관들이 브뤼셀에 모여 결성에 합의했다.

◈ 의결정족수 議決定足數
구성원의 합의로 의사를 결정하는 조직에서, 의사결정을 하는 데 필요한 구성원의 출석수를 말한다. 국회의 경우에는 원칙적으로 재적의원 과반수의 출석과 출석의원 과반수의 찬성이 필요하다. 법률안 재의(再議)는 재적의원 과반수의 출석과 출석의원 2/3 이상의 찬성, 헌법 개정은 재적의원 2/3 이상의 찬성을 필요로 한다. 상법의 경우에는 보통결의는 의결권의 과반수, 특별결의는 의결권의 2/3 이상이 필요하다.

◈ 의원내각제 議院內閣制 Parliamentary Cabinet System
내각책임제 또는 의회정부제라고도 하며, 정부의 성립과 존립이 국회의 신임을 필수조건으로 하는 정부형태이다. 실질적인 행정권을 담당하는 내각이 의회다수당의 신임에 따라 조직되고 또한 존속하는 의회 중심주의의 권력분립 형태다. 의회는 내각을 불신임할 수 있고 내각(수상)은 의회를 해산할 수 있다. 책임 정치를 구현하고 민의에 충실할 수 있다는 장점이 있는 반면, 특히 연립내각의 경우에는 정국이 불안해질 염려가 있다.

◆ 인사청문회 人事聽聞會

대통령이 임명하려는 정부의 중요한 요직(국무총리, 국정원장, 검찰총장 등)에 대해서 국회의원들이 그 사람의 근무능력, 도덕성, 청렴함 등을 평가해 하자가 없는지 확인하는 절차이다.

◆ 자본주의 資本主義 Capitalism

이윤추구를 목적으로 자본이 지배하는 경제체제이며 시장경제라고도 한다. 봉건사회 붕괴 후에 성립된 시민사회의 경제체제로서 사유재산제도, 영리 원칙, 자유경쟁을 바탕으로 하는 경제 조직이다. 산업혁명을 계기로 확립된 자본주의는 현대 국가의 지배적인 경제체제가 되었다.

◆ 자유방임주의 自由放任主義 Laissez-Faire

개인의 경제활동의 자유를 최대한으로 보장하고, 국가의 간섭은 가능한 한 배제하려는 경제사상 및 정책이다. 18세기 중기 자본주의의 기본 정책으로, 프랑스의 중농주의자나 영국의 고전파 경제학자들에 의해 주장되었다. 아담 스미스의 '보이지 않는 손'은 자유방임주의의 특성을 설명하고 있다.

◆ 전방위 외교 全方位外交 Omnidirectional Diplomacy

이념을 초월해서 전 세계 모든 나라와 외교관계를 수립하려는 정책을 말한다. 유사한 용어로 어떤 나라와도 특별한 관계를 원하지 않는 외교전략을 의미하는 등거리 외교(等距離外交)가 있다.

◉ 전시작전통제권 戰時作戰統制權

한반도 유사시 한국군의 작전을 통제할 수 있는 권리로 평시에는 우리가 독자적으로 행사하지만 대북정보태세인 '데프콘' 3단계가 발령되면 한미연합사령관에게 권한이 넘어간다. 1950년 7월 14일 이승만 대통령이 맥아더 유엔군 사령관에게 국군의 작전지휘권을 넘겨주었다. 2007년 2월 24일 미국에서 열린 한·미 국방장관 회담에서 노무현 전 대통령의 작통권환수계획 추진으로 2012년 4월 17일부로 그 권리가 우리나라로 넘어 올 수 있었지만 이명박 정부 들어 그 기한을 조정하여 연장하기로 합의했다.

◉ 전자정부 電子政府

정보기술을 활용해 행정업무를 혁신해서 대국민서비스를 고급화한 지식정보사회형 정부를 말한다. 일상생활에 필요한 민원서류와, 정부 민원 구비서류, 처리기관, 수수료, 근거 법령 등 다양한 정보를 인터넷으로 신청하거나 열람할 수 있게 한다. 2001년 1월부터 재경부 등 9개 정부 부처와 전자정부특별위원회를 중심으로 추진되었다.

◉ 전체주의 全體主義 Totalitarianism

개인은 전체 속에서만 존재가치를 갖는다는 주장을 근거로 해서, 강력한 국가권력이 국민생활을 간섭·통제해야 한다는 사상과 체제를 말한다. 국가 혹은 민족이라는 전체를 궁극의 실재로 보고 개인은 전체의 존립과 발전을 위해 종속되어야 한다는 이념이며, 국가의 목적을 위해서라면 국민의 자유나 권리는 희생되어도 된다는 사상이다. 나치 독일과 파시스트 이탈리아 체제를 대표로 들 수 있다.

◉ 절대주의 絕對主義 Absolutism

근세 초기 유럽에서 나타난 전제적(專制的) 정치형태로, 군주나 국왕이 무제한의 권력을 가지고 국민을 지배하는 것을 말한다. 중세 사회가 붕괴하면서 봉건제후들의 정치권력이 일원화되는 과정에서 만들어진 형태이다. 마키아벨리(N. Machiavelli), 보댕(J. Bodin), 홉스(T. Hobbes) 등이 주장했으며, 이를 뒷받침하는 학설이 왕권신수설이다.

◈ 정기국회 定期國會

법률이 정한 바에 의해 매년 1회 정기적인 회의를 열도록 되어 있는 국회를 말한다. 헌법상 정기국회는 매년 9월 10일에 개회하며, 기간은 100일을 초과할 수 없다. 정기국회의 가장 큰 임무는 예산 심의이다.

◈ 정당명부제 政黨名簿制

유권자가 국회의원 선거에서 지역구 후보와 정당에 각각 한 표씩 행사하는 1인 2표제 선거제도이다. 한 후보자가 지역구 후보와 비례대표 후보를 겸할 수 있기 때문에 지역구 선거에서 낙선하더라도 비례대표로 당선될 수 있다.

◈ 정보민주주의 情報民主主義 Information Democracy

정보에 관한 기본적인 인권으로, 사생활보호의 권리, 국가의 기밀정보를 알 권리, 정보이용의 권리, 정보참여에의 권리를 말한다.

◈ 정체 政體 Forms of Government

통치권의 운용형식에 따른 정부형태로, 민주정치와 독재정치로 분류된다. 우리나라는 국체는 공화이고, 정체는 민주임을 헌법 제1조 제1항에서 밝히고 있다.

◈ 제3세계 第三世界 Third World

중국이 대소(對蘇) 긴장격화에 따라 국제정세 인식에 변화를 겪으면서, 1960년대 말부터 사용한 용어로, 통상적인 의미로는 동서 냉전의 어느 쪽에도 가담하지 않은 개발도상국가들을 아울러 말한다. 경제적으로 발전된 미국과 서유럽 등 선진 자본주의 국가를 제1세계, 여기에 맞서온 사회주의 국가가 제2세계, 양쪽 모두에 포함되지 않는 국가들이 제3세계로 규정된다. 제3세계로 불리는 국가들은 대부분 지역적으로 라틴아메리카, 아시아, 아프리카, 중동 등에 편중되어 있다.

◈ 제3의 길 the Third Way : the Renewal of Social Democracy

경제적인 효율과 사회적 혁명을 두 축으로 하고 경제 성장과 복지국가를 동시에 유지·발전시키려는 노선을 말한다. 영국의 사회학자 앤서니 기든스가 『좌우를 넘어 래디컬 정치의 미래』에서 주장하고 토니 블레어 영국 총리가 적용한 정치 이념으로, 좌우의 이념을 넘어서는 새로운 형태의 중도 좌파의 길을 말한다.

◈ 제4세계 Fourth World

개발도상국 중에서 자원도 없고 식량 자급도 어려운 여러 국가들을 가리킨다. 1973년 석유위기가 닥치면서 자원을 갖지 못한 개발도상국들이 심각한 타격을 받게 되자, 1974년 4월 국제연합 자원특별총회에서 같은 제3세계에 속했던 산유국들과 구별하면서 이 용어를 사용하기 시작했다. 개발도상국 중에서 자원은 없지만 사회개발이 어느 정도 앞선 나라들을 제4세계 또는 후발개발도상국이라 하고, 그보다도 더 빈곤한 국가들을 제5세계 또는 최빈국이라고 한다.

◈ 주민투표제 主民投票制

지방자치단체의 중요 정책사항 등을 주민투표로 결정하는 제도이다. 지방자치단체의 폐지나 분합, 주민에게 과도한 부담이나 중대한 영향을 미치는 주요 결정사항 등에 대해 주민투표를 할 수 있도록 지방자치법의 제13조 2에 규정하고 있다. 유권자 5~20% 서명으로 발의하며 발의 20~30일 이내에 투표일을 협의해 유권자 3분의 1의 투표와 과반수의 찬성으로 통과된다.

◈ 중앙선거관리위원회 中央選擧管理委員會

선거와 국민투표의 공정한 관리 및 정당에 관한 사무를 관할하기 위해 설치된 최상급의 선거관리위원회이다. 대통령이 직접 임명하는 3명, 국회에서 선출하는 3명, 대법원장이 지명하는 3명 등 9명(모두 대통령이 임명)으로 구성되며, 임기는 5년이고 위원장은 위원 중에서 호선한다.

◈ 지하드 Jihad

성전(聖戰)을 뜻하는 아랍어로 이슬람교도에게 부과된 종교적이고 신성한 의무이다. 신의 뜻에 입각한 전쟁에서 사망한 사람은 순교자가 되고 그들에게는 천국이 약속돼 있다고 믿는다. 이슬람교 성립 초기에는 신자들에게 부여된 최대의 의무였다.

◈ 직능대표제 職能代表制

국민의 각계각층의 대표를 의회에 참여시키는 제도이다. 지역 단위로만 의회 의원이 선출되기 때문에 정당한 국민 대표라 할 수 없다는 것이 직능대표제를 주장하는 이유이다.

◈ 직접민주정치 直接民主政治

모든 국민이 직접 국가의 의사를 결정하는 데 참여하는 정치 형태이다. 현대의 국가들은 영토가 넓고 인구가 많아 간접민주정치를 원칙으로 하면서 직접민주정치를 보조 수단으로 채택하고 있다. 국민발안, 국민투표, 국민소환 등이 직접민주정치의 예라고 할 수 있다.

◈ 철혈정책 鐵血政策 Blut und Eisen Politik

1862년에 독일의 비스마르크(O. E. L. Bismarck)가 제창한 독일의 통일 정책으로, 비스마르크는 독일의 통일은 웅변이나 다수결이 아닌 철(鐵)과 피(血), 즉 무기와 병력에 의해서만 이루어진다고 주장했다. 그는 프로이센 의회의 자유주의에 대항해 군비를 확장하고 군부와 융커(Junker)를 기반으로 통일을 추진했다.

◉ 최고인민회의 最高人民會議
북한의 최고주권기관으로 우리의 국회에 해당하는 입법권을 행사하는 최고입법기관이다. 1948년 8월에 북한인민총선거에 의해 창설되었으며, 북한 헌법 87조는 최고인민회의를 '헌법을 수정·보충하고 법을 제정하는 최고의 주권기관'으로 규정하고 있다.

◉ 출구조사 出口調査 Exit Poll
투표를 마치고 나오는 유권자에게 어느 후보를 선택했는지 물어 조사하는 방법이다. 우리나라에서는 15대 총선에서는 투표소에서 200m 이상으로 거리 제한 규정을 두어 사실상 출구조사를 막았지만, 16대 총선에서는 범위가 200m로 완화되었다.

◉ 치킨게임 Chicken Game
1950년대 미국 젊은이들 사이에서 유행하던 자동차 게임의 이름에서 유래한다. 한밤중에 도로의 양쪽에서 두 명의 경쟁자가 자신의 차를 몰고 정면으로 돌진하는데 충돌 직전에 핸들을 꺾는 사람이 지는 게임이다. 어느 한쪽도 핸들을 꺾지 않으면 둘 다 승자가 되지만, 그와 동시에 양쪽 다 자멸하게 된다. 즉, 어느 한 쪽이 양보하지 않을 경우 양쪽 모두 파국으로 치닫게 된다는 극단적인 게임이론이다. 1950~70년대 미국과 소련 사이의 극심한 군비경쟁을 꼬집는 용어로 사용되면서 국제정치학 용어로 굳어졌으며, 오늘날에는 극단적인 경쟁으로 치닫는 여러 상황들을 가리킬 때도 사용된다.

◈ 캐스팅 보트 Casting Vote

합의체의 의결에서 찬성과 반대의 수가 같은 경우 의장이 가지는 결정권을 말한다. 법률상으로는 어느 편에 표를 던져도 관계없지만 운영상 현상 유지를 위해 반대표를 던지는 것이 바람직하다고 여겨진다. 관행상 국회의장은 표결에 참가하지 않는다. 현재는 두 당파의 세력이 팽팽하게 균형을 이룰 때 승패를 가를 수 있는 열쇠를 쥔 제3당의 표를 뜻하기도 한다.

◈ 쿠데타 Coup d'Etat

지배층 내의 일부세력이 비합법적인 수단을 이용해서 기습적으로 정권을 탈취하는 권력투쟁을 말한다. 지배층 내부의 투쟁이라는 점에서, 피지배 계급의 반역, 또는 한 사회 계급에서 다른 계급으로의 권력의 이동을 가리키는 혁명과는 다르다. 쿠데타에서 혁명 또는 반혁명으로 바뀌는 경우도 있기 때문에 넓은 의미에서는 쿠데타를 혁명에 포함시키기도 한다.

◈ 탄핵소추 彈劾訴追

고위직 공직자에 의한 헌법침해로부터 헌법을 보호하기 위해 만든 재판제도이다. 국회 재적의원 3분의 1 이상의 발의와 재적의원 과반수 이상의 찬성으로 의결할 수 있다. 대통령의 경우는 재적의원 과반수의 발의와 재적의원 3분의 2 이상의 찬성이 있어야 한다.

◈ 탄핵심판 彈劾審判

국회의 탄핵소추에 따라 헌법재판소가 해당 공무원을 탄핵할 것인지를 결정하는 재판이다. 탄핵심판과 결정은 헌법위원회에서 하며 위원 6인 이상의 찬성을 필요로 한다. 탄핵소추 대상은 대통령, 국무총리, 국무위원, 행정 각부의 장, 헌법재판소 재판관, 법관, 중앙선거관리위원회 위원, 감사위원 등이다.

◈ 탈레반 Taleban

1994년 아프가니스탄 남부 칸다하르 주에서 결성된 회교 율법을 공부하는 학생들로 구성된 무장정치세력이다. 약 2만 5,000명의 학생들이 중심이 되어 결성되었으며 그 해 국토의 약 80%를 장악하고, 그 다음 해에 수도 카불(Kabul)을 점령했으며, 14년 동안 계속된 내전과 4년간의 무자헤딘(Mujahidin : 무장 게릴라 조직)의 권력투쟁을 종식시켰다. 과도정부인 이슬람 공화국을 선포했지만 인권을 침해하고, 이슬람교에 대한 엄격한 해석으로 사회 차별이 심화되는 등의 부작용이 생겨 국제사회로부터 비난을 받게 되었다. 2001년 9월 11일 발생한 미국 테러 사건의 배후자인 오사마 빈 라덴과 그를 추종하는 조직인 알 카에다를 미국에 인도하지 않은 것이 빌미가 되어 결국 미국의 무력에 의해 끝을 맞이하게 되었다.

◈ 텔레데모크라시 Teledemocracy

커뮤니케이션 미디어를 통해 이루어지는 민주주의를 말한다. 즉, 인터넷과 각종 미디어의 발달로 시민과 정치인들의 의견 교환이 자유로워지고 정치에 참여할 수 있는 기회도 넓어지면서 의견을 제시하는 것도 반영하는 것도 쉬워져 새로운 형태의 정치 문화로 자리잡고 있다.

◈ 파시즘 Fascism

이탈리아어인 파쇼(fascio)에서 나온 말로, 1919년 이탈리아의 B. 무솔리니가 주장하고 조직한, 국수주의적이고 권위주의적이고 반공적인 정치적 주의 운동을 말한다. 독재, 노동계급 탄압, 시민의 자유 말살, 대외적인 침략 전쟁 등을 그 특징으로 한다.

◈ 패권주의 覇權主義

강력한 군사력을 배경으로 세계를 지배하려는 제국주의 정책을 이르는 말로, 1968년 중국의 신화사 통신이 소련군의 체코슬로바키아 침공을 비난하면서 처음 사용했다. 중국이 말하는 패권주의에는 미국의 한국에 대한 영향권 강화, 일본에서의 군사기지 강화, 월남전 이후 구소련의 아시아에서의 집단 안전보장 실현 움직임 등이 포함되어 있다.

◆ 평화배당금 平和配當金 Peace Dividends

동서 화해에 따라 국방 예산이 줄어들면서 그 절약되는 부분을 평화적인 목적에 사용하자는 뜻을 담고 있다. 최근 미국에 새롭게 등장해서 각광을 받는 용어이다.

◆ 평화봉사단 平和奉仕團 the Peace Corps

미국 케네디 대통령이 뉴 프런티어 정책의 일환으로 제창해서 1961년에 발족된 후진국 개발 원조 계획 단체이다. 이 단체는 미국 정부가 미국 안에서 모집한 청년 중심의 봉사자를 훈련하고 파견하는 일을 한다. 미국 내의 우수한 대학 졸업생을 최저 2년 동안 저개발국에 파견해서 현지에 동화시킴으로써 그 나라의 경제적·문화적 발전을 꾀하려는 취지에서 만들어졌다. 교육, 말라리아 퇴치, 보건위생사업, 농촌생활 개선, 산업계획과 건설공사, 행정 사무 등의 다양한 사업을 펼치고 있다.

◆ 포괄수가제 包括酬價制

일정한 기준에 의해 분류된 질병군에 대해 병원에서 치료를 받을 때 진료의 종류나 양과 관계없이 미리 정해진 일정액의 진료비만을 부담하는 제도이다. 과다한 진료행위나 환자의 진료비 부담이 줄어드는 장점이 있지만 7개 질병군에 관련된 질환에 한정되며 단계적으로 도입될 예정이다.

◆ 포괄적 핵실험금지조약 CTBT; Comprehensive Test Ban Treaty

1996년 국제연합(UN) 총회에서 어떠한 형태·규모·장소에서도 핵폭발 실험을 금지하는 것을 목적으로 하는 국제조약이다. 이 조약은 어떠한 장소에

서도 어떠한 형태로도 핵실험을 금지하고 있으며, '평화적' 목적의 핵실험
까지도 금지하고 있다.

◈ 포츠담 선언 Potsdam Declaration

1945년 7월 26일 독일의 포츠담에서 열린 미국·영국·중국 3개국 수뇌회
담 후 발표된 공동선언을 말한다. 일본의 무조건적인 항복 요구와 영토 제
한, 일본 점령 등 13개 항목으로 이루어져 있으며, 일본이 이 조건을 받아들
임으로써 우리나라는 해방되었다.

◈ 포퓰리즘 Populism

일반 대중의 인기에 영합하는 정치행태를 말한다. 반대되는 개념으로는 엘
리트주의(Elitism)가 있다. 포퓰리즘은 1870년대 러시아의 브나로드(Vnarod)
운동에서 비롯되었는데, 당시에는 '민중 속으로' 라는 슬로건을 내건 러시
아 급진주의의 정치 이데올로기였고, 농민을 주체로 하는 사회개혁사상의
중심이었다. 현대의 포퓰리즘은 단순하게 '대중화(popular)' 에 초점을 맞추
는 것을 뜻하며, 정치적인 지지를 얻을 목적으로 일반대중, 저소득계층, 중
소기업 등을 위한 경제정책을 펴는 것 등을 말한다.

◈ 프랑스 인권선언

프랑스 혁명 당시 라 파예(La Fayette)가 기초한 '인간 및 시민의 권리 선언
(인권 선언)' 을 국민 의회의 결의에 의하여 발표한 선언이다. 영국의 권리장
전, 미국의 독립선언과 함께 근대 시민정치의 3대 선언으로 불린다.

◈ 프로보노 Pro Bono

'공익을 위하여' 라는 뜻으로, 미국 변호사들의 공익활동을 가리킨다. 변호
사를 선임할 비용이 없는 개인이나 단체를 위해 보수를 받지 않고 법률서비
스를 제공하는 활동을 의미한다. 미국에서는 프로보노 활동 순위가 로펌의

명성을 평가하는 중요한 요소가 되고 있다. 현재는 법률뿐만 아니라 의료, 교육, 경영, 전문기술 등 다양한 분야의 전문가들이 하는 봉사활동을 통칭하는 말로 확장되었다.

◈ 프롤레타리아 혁명 Proletarian Revolution
프롤레타리아트(노동자 계급)가 지도주체가 되는 계급혁명을 통해 자본주의적 관계를 모두 소멸시키고 공산주의 사회를 건설해 나가는 과정을 말한다. 러시아의 10월 혁명이 그 대표적인 경우이다.

◈ 필리버스터 Filibuster
의회 안에서의 합법적이고 계획적인 의사진행방해 행위를 가리킨다. 법안의 통과·의결 등을 막기 위한 오랜 시간 동안의 발언, 유회·산회(散會)의 동의, 불신임안 제출, 투표의 지연 등을 수단으로 하며 주로 소수파에 의해 사용된다. 1957년 미 의회에 상정된 민권법안을 반대하기 위해 스트롬 서먼드 상원의원이 무려 24시간 8분 동안 연설한 것이 최장기록이다. 우리나라에서는 1969년 8월 29일 박한상 신민당 의원이 3선개헌을 막기 위해 10시간 15분 동안 발언을 했지만 개헌안을 막지는 못했다.

◈ 하마스 Hamas
'이슬람 저항운동'이란 뜻으로, 회교 원리주의 조직을 말한다. 1987년 이스라엘에 저항하기 위한 팔레스타인 무장단체로 시작되어 강력한 저항활동을 펼쳤다. 하마스는 1990년대 들어 시작된 이스라엘과의 평화협상을 반대하고, 1996년 1월에 실시된 팔레스타인의 자치지역 총선도 거부했다. 무장 저항활동과 함께 빈민가에는 학교와 병원을 지어 돌보면서 빈민들의 폭넓은 지지를 얻었다. 2006년 1월 25일에 실시된 팔레스타인 자치정부 총선에서 40년 동안 집권했던 파타당을 밀어내고 집권당이 되었다.

◆ 한미상호방위조약 韓美相互防衛條約

1953년 10월 1일 한국과 미국 간에 조인된 상호방위를 목적으로 하는 조약이며, 우리나라의 방위를 위해 외국과 맺은 유일한 군사동맹조약이다. 이 조약을 통해 우리나라는 북한의 재침입에 대비한 강력한 군사동맹을 요구했고 미국은 강력한 방위조약을 약속했다. 이 조약에 따라 미국은 우리나라의 영토에 군대를 배치할 수 있게 되었다.

◆ 한민족공동체통일방안 韓民族共同體統一方案

1989년에 발표된, 남북이 민족공동체라는 공동의 인식 아래 서로 대결하는 구조를 청산하고, 공동체 의식을 발전시켜 평화적 통일을 이루는 것을 골자로 하는 제6공화국의 통일 방안이다. 이 방안에는 통일 기반을 조성해나가는 과도적 통일 체제인 남북연합이라는 개념을 도입한 것이 특징이다. 평화를 정착시키고 민족 동질성과 민족 공동생활권을 형성한 뒤 사회·문화·경제적 공동체를 이룬 뒤 단일 민족국가로 통일하는 방안이다.

◆ 핫 라인 Hot Line

1963년 3월 미국의 워싱턴과 소련의 모스크바 사이에 개설된 양국 정부 간의 긴급 연락용 직통 통신선으로 우발적이거나 혹은 착오에 의해 전쟁이 발발하는 것을 막기 위해 설치되었다. 케네디와 흐루시초프 간의 합의로 설치되었기 때문에 'KK라인'이라고도 부르며, 1967년 중동전쟁 때 처음 사용되었다. 1966년에는 프랑스와 소련, 1967년에는 영국과 소련 간에도 핫라인이 설치되었다.

◆ 햇볕정책 Sunshine Policy

김대중 정부의 대북·통일정책의 기조이며, 북한의 개혁·개방을 위해서는 봉쇄나 압력보다 지원과 교류 협력이 효과적이라는 논리에서 만들어진 대북 포용정책이다. 나그네의 외투를 벗게 만든 것은 추운 바람(강경정책)이 아니라 따뜻한 햇볕(유화정책)이었다는 이솝우화의 이야기에서 인용되었다.

◈ 허브 Hub
원래는 바퀴살이 모이는 중앙을 말하지만, 다른 용어의 앞에 붙어서 변화된 의미를 가지는 경우가 많다. 통신에서는 광섬유 케이블 네트워크 중 가장 중심이 되는 축선을 허브 망이라 하고, 경부고속도로는 허브 고속도로, 인 터넷에서는 포털의 포털 역할을 할 경우 허브 포털이라고 한다. 학문적 · 기 술적으로 공인된 용어는 아니다.

◈ 헤즈볼라 Hezbollah
아랍어로 '신의 당' 이라는 뜻을 가지고 있으며, 레바논의 이슬람교 시아파 단체이자 정당조직이다. 레바논의 이슬람교 시아파 무장단체 가운데 가장 규모가 크다. 1980년대 초, 이스라엘이 레바논을 2차 침공했을 때 만들어 졌다.

◈ 혼합민주정치 混合民主政治
간접민주정치에 직접민주정치인 국민투표와 국민발안 등을 절충한 형태 로, 우리나라, 프랑스, 일본이 채택하고 있다. 간접민주정치에 직접민주정 치의 의회방식을 가미한 혼합민주정치로는 스위스의 정치제도가 있다.

◈ 홍위병 紅衛兵 Red Guards
중국 문화대혁명(1966~76) 기간에 준군사적인 조직을 이루어 투쟁한 대학 생 및 고교생 집단을 말한다. 1966년 베이징의 천안문 광장에서 거행된 문 혁(文革) 축하 100만 명 집회에 처음으로 등장했으며, 구사상, 구문화, 구풍 속, 구습관의 타파를 내세우면서 행동대 역할을 했다.

◆ 회기불계속의 원칙 會期不繼續─原則

국회 또는 지방 의회의 회기 중에 의결되지 않은 의안은 폐기되며, 다음 회기에도 인계되지 않는다는 원칙이다.

제6장

사회
노동
법률
환경

◆ FIT족 Free Intelligent Tribe

배우자에 대한 기대치가 높거나 자신의 일에 지나치게 몰두하느라 '나홀로' 족을 자청하는 전문직 독신을 가리킨다. 과거의 독신과는 다르게 적극적으로 자신의 인생을 즐기며 독신 생활에 만족해 한다.

◆ J턴 현상

대도시에 취직한 지방 출신 노동자가 도시생활에 지쳐, 고향과 대도시의 중간에 있는 중·소 지방도시로 가서 취직하는 노동력 이동을 말한다.

◆ U턴 현상

대도시에 취직한 지방 출신 노동자가 고향으로 되돌아가는 노동력 이동을 말한다. 과밀과 공해로 인해 도시생활에 지친 사람이 늘어나고, 지방의 임금수준이 높아지고 있는 것도 도시탈출을 촉진시키는 한 이유이다.

◆ 가면현상 Imposter Phenomenon

사회적으로 인정받는 지위와 신분에 오른 사람이 스스로 자신이 가면을 쓰고 있다는 망상에 시달리는 현상이다. 사회적으로 존경받는 지위에 올랐음에도 불구하고 정작 본인은 '이것은 나의 참모습이 아니며 언젠가는 가면이 벗겨질지도 모른다' 는 생각 때문에 괴로워하는 것이 특징이다.

◆ 가석방 假釋放

징역 또는 금고형을 받고 수형중인 사람이 개선이 뚜렷해 나머지 형벌의 집행이 필요하지 않다고 인정되는 경우에 일정한 조건 하에 임시로 석방하는 제도이다. 무기의 경우에는 20년, 유기의 경우에는 형기의 3분의 1을 마친 뒤 행정처분에 의해 조기에 석방한다.

◈ 갑종 근로소득세 甲種勤勞所得稅

갑종 근로소득으로 분류된 소득에 대해 부과되는 조세이다. 근로를 제공한 대가로 받는 봉급, 상여금, 보수, 세비, 임금, 수당, 급료, 연금 또는 이와 유사한 근로소득에 대해 원천징수를 하는 직접 국세이다. 갑근세라고도 한다. 을종 근로소득세는 외국인이나 외국법인에 고용된 사람의 소득에 부과하는 소득세를 말한다.

◈ 개인파산 個人破産

채무자의 생활환경이나 급여 수준을 고려하지 않고 채무를 분할해서 변제하게 하는 사적 구제제도를 말한다.

◈ 견제와 균형의 원칙 Principle of Checks and Balances

국가권력을 분산시켜서 서로 견제하게 함으로써 국가질서의 균형을 이루도록 하는 통치원리이다. 입법, 행정, 사법으로 나누어 독립된 기관으로서 서로 견제하고 균형을 취하게 한다. 이러한 삼권분립을 통해 국민의 자유와 권리가 보장되고 독재 권력이 발생하지 않게 한다는 원칙이다.

◈ 고령화 사회 高齡化社會 Aging Society

UN은 65세 이상의 인구가 총인구에서 차지하는 비율이 7% 이상일 때 고령화사회라고 한다. 의학의 발달, 생활수준과 생활환경의 개선으로 평균 수명이 높아지는 반면 출생률은 낮아짐으로써 만들어진다. 이에 따라 고령에 따르는 질병, 빈곤, 고독, 무직업 등의 문제가 발생함에 따라 사회경제적 대책이 필요하다.

◈ 고발 告發 accusation

범인 또는 피해자 이외의 제3자가 수사기관에 범죄 사실을 신고하고, 그 수사와 소추를 구하는 의사 표시를 말한다. 제3자는 누구나 범죄행위가 행해졌다고 판단될 때는 고발을 할 수 있고, 기간 제한이 없어서 취소한 후에도 다시 고발할 수 있다. 그 방식과 절차는 고소와 같다.

◈ 고소 告訴 complaint

범죄의 피해자 또는 기타 피해자의 법정 대리인, 친족 등이 수사기관에 범죄 사실을 신고하고 그에 대한 수사와 소추를 요구하는 의사 표시를 말한다. 서면이나 구두로 검사 또는 사법경찰관에게 해야 하고, 고소를 받은 경우 조서를 작성해야 한다.

◈ 고용보험제 雇傭保險制

직장을 잃은 실업자에게 실업보험금을 지급하고, 직업훈련 등을 위한 장려금을 기업에 지원하고, 취업을 알선하는 제도를 말한다. 고용보험은 3대 사업으로 실업급여, 고용안정, 직업능력개발사업 등을 실시하고 있다.

◈ 고용허가제 雇用許可制

외국인 근로자를 고용하려는 사업자가 직종과 목적 등을 밝히고 신청을 하면 정부가 타당성을 검토해서 허가 여부를 결정하는 외국 인력 도입정책이다. 내국인 근로자를 고용할 수 없다는 것을 입증해야만 외국인 근로자를 고용할 수 있기 때문에 내국인 근로자의 고용기회가 보장되고, 근로조건을 준수할 수 있는 사업자인가를 허가 과정에서 확인할 수 있어 무자격 사업자의 외국인 근로자 고용을 미리 방지할 수 있다.

◈ 공기업 公企業 Public Enterprise

공기업은 출자 주체에 따라 국가 공기업과 지방 공기업으로 나뉜다. 국가 공기업은 정부기업, 정부투자기관, 정부출자기관, 정부투자기관 출자회사로 구분된다. 지방 공기업은 상수도사업과 같이 지방정부가 직접 운영하는 것을 말한다.

◈ 공동화 현상 空洞化現象

거주지역과 업무지역 일부가 외곽지역으로 빠지면서 공공기관과 상업기관만 남아 도심이 텅 비어 버리는 현상으로 그 모양을 따 도넛현상이라고도 한다. 도심지역 내의 땅값 상승, 공해 증가, 교통 혼잡 등이 원인이 되어 공동화 현상이 생기게 된다. 공동화 현상이 심해지면 외곽에서 도심까지의 교통난과 업무상의 비능률이 심해져 다시 도심으로 회귀하는 현상이 일어나기도 한다.

◈ 공소 公訴 public prosecution

검사가 형사사건에 대해 법원에 재판을 청구하는 신청을 말하며, 이런 신청 절차를 공소 제기(提起), 또는 기소(起訴)라고 한다. 공소 제기를 할 때는 기소장의 제출이 필요하며 공소 취소는 제1심 판결이 있기까지 가능하다.

◈ 공소시효 公訴時效

일정한 기간이 경과하면 범죄사건에 대한 형벌권이 없어지는 제도이다. 공소시효가 지나면 형벌권이 없어져서 검사는 공소를 제기할 수 없다.

◈ 공정거래법 公正去來法

정식 명칭은 '독점 규제 및 공정거래에 관한 법률'이다. 독점에 의해 발생하는 부당한 거래를 제한하고, 독점 자체를 배제 또는 규제하기 위해 만들어진 법률이다. 경쟁질서를 확립하고 시장기능을 활성화함으로써 기업 체질을 개선해 국제 경쟁력을 강화하고, 시장 지배적 지위의 남용과 부당 거래 행위 등으로부터 소비자를 보호하며 경제의 균형 발전을 도모하려는 목적으로 만들어졌다.

◈ 공증인 公證人

공증인은 공정증서의 작성과 사서증서 인증의 직무를 행하는 사람을 가리킨다. 공증인은 일정한 자격을 가진 자로서 법무부장관이 임명하며, 법무부장관이 지정한 지방검찰청의 관할지역을 직무 집행구역으로 한다. 임기는 5년이며, 재임명할 수 있고 75세가 정년이다.

◆ 공탁 供託

변제자(辨濟者)가 변제의 목적으로 공탁소(供託所)에 공탁을 하고 채무를 면하는 것을 말한다. 채권자가 변제를 받지 않거나 받을 수 없는 경우, 채권자를 알 수 없는 경우에 행해진다. 변제 공탁, 담보 공탁, 보관 공탁, 특수 공탁 등이 있다.

◆ 구류 拘留

1일 이상 30일 미만 동안 교도소 또는 경찰서 유치장에 구치하는 형벌(형법 41조7호 · 46 · 68조)을 가리킨다.

◆ 구속영장 실질심사제도 拘束令狀實質審査制度

수사기관에 체포되거나 또는 긴급체포된 피의자가 수사기관이 청구한 구속영장이 적합한지 판단해주기를 관할법원에 신청하는 제도로, '구속 전 피의자심문제도' 라고도 한다. 판사가 피의자를 직접 심문한 뒤 영장발부 여부를 결정하는 제도로, 구속영장을 청구받은 지방법원의 판사가 구속의 사유를 판단하거나, 피의자 또는 변호인 등의 신청에 의해 피의자를 심문할 수 있는 제도이다.

◆ 구속적부심사제도 拘束適否審査制度

구속된 피의자에 대해 법원이 구속의 적법성과 필요성을 심사해서 타당성이 없다고 판단되면 피의자를 석방하는 제도이다. 우리나라 헌법에는 '누구든지 체포 · 구금을 당한 때에는 법률이 정하는 바에 의하여 적부(適否)의 심사를 법원에 청구할 권리를 가진다' 고 규정되어 있다.

◆ 국경 없는 의사회 Medecins Sans Frontieres

1971년 파리에서 설립된 세계 최대의 국제 민간의료 구호단체이다. 세계 45개국 2,900여 명의 자원봉사자들로 구성되어 있으며, 소말리아·체첸·르완다 등에서의 활발한 구호활동을 인정받아 1999년 노벨 평화상을 수상했다. 중립, 공평, 자원의 3대 원칙에 따라 현재까지 약 70여개국에서 구호활동을 펼치고 있다.

◆ 국민건강보험 國民健康保險制度

보험원리에 의거해서 국민들이 낸 보험료를 기금화해 보험사고가 발생했을 때 보험급여를 함으로써 위험을 분담하고 의료서비스를 제공하는 사회보장제도이다. 우연한 질병이나 부상에 따른 고액의 진료비 때문에 가계가 파탄되는 것을 막기 위해 실시되었다. 일정한 법적 요건이 충족되면 강제로 적용되며, 소득수준 등 부담능력에 따라 차등적으로 부담한다.

◆ 국민기초생활보장제도 國民基礎生活保障制度

국가가 빈곤계층의 생계, 주거, 교육, 의료 등 기본적인 생활을 보장하는 제도를 말하는데, 생계가 어려운 사람들에게 돈을 지급해 최저생활을 보장하고 자활을 조성하는 것을 목적으로 한다. 1961년부터 시행되었던 생활보호제도(생활보호법)를 폐지하고 국민기초생활보장법에 근거, 2000년 10월부터 시행된 제도이다.

◆ 국민연금제 國民年金制

소득활동을 할 때 보험료를 납부해서 적립해두었다가 나이가 들거나, 갑작스런 사고나 질병으로 사망 또는 장애를 입어 소득활동이 중단되었을 때 본인이나 유족에게 연금을 지급함으로써 기본생활을 유지할 수 있게 하는 소득보장제도이다. 18세 이상 60세 미만의 모든 국민이 가입대상이며, 종류는 노령연금, 장애연금, 유족연금, 반환 일시금 등 네 가지이다.

◆ 그린벨트 Greenbelt
도시의 비대화를 막고, 공해를 방지하며, 자연 환경 보존을 목적으로, 도시 주위의 일정 지역을 녹지대로 유지하도록 법제화한 도시 정화 정책의 하나이다. 생산녹지와 차단녹지로 구분되며, 건축물의 신축·증축, 용도변경, 토지의 형질변경 및 토지분할 등이 제한된다.

◆ 그린피스 Green Peace
남태평양에서 실시된 프랑스의 핵실험에 반대하기 위해 1970년 발족된 국제적인 환경보호단체이다. 본부는 암스테르담에 있으며 유럽 여러 나라와 미국, 캐나다, 오스트레일리아에 지부가 있다. 고래 보호 단체로 널리 알려져 있으며 원자력 반대, 방사성 폐기물의 해양투기 저지 운동을 인상적으로 펼쳐왔다.

◆ 근로기준법 勤勞基準法
기본적인 생활을 보장하고 향상시키고 노동자를 보호하려는 목적으로 만들어진 법으로, 근로보호법이라고도 한다. 이 법은 최저 노동조건을 정하고 있으며, 이 기준에 미달하는 조건을 정한 근로계약은 그 부분만 효력을 인정받지 못한다.

◆ 근로자 파견제 勤勞者派遣制
자신이 고용한 근로자를 다른 사용자의 사업장에서 일하도록 하는 것을 말하며, 노동시장의 유연성 제고를 위해 1998년 7월부터 시행되었다. 파견업체와 고용계약을 체결한 후 원하는 사업체에 일정 기간 파견되어 업무를 수행하는 형식이다. 임금은 정식 직원의 80% 수준이며, 퇴직금·의료보험·산재보상·주택자금융자 등의 혜택도 받는다. 근로시간·휴일 등과 같은 기본적인 근로조건은 사용주가 보장해야 한다.

◈ 글로컬리즘 Glocalism

세계 통합주의(Globalism)와 지역 중심주의(Localism)를 합성한 말로, 세계화를 추구하면서 동시에 현지 국가의 기업 환경을 존중하는 경영 방식이다. 가령 중국에 독립채산제 현지법인을 설립할 경우 경영책임을 중국인 경영자에게 위임한다거나, 현지 정서에 맞는 노무관리를 적용하는 방법으로 현지 고용자들과의 마찰을 완화하는 방식 등이 있다.

◈ 금치산자 禁治産者

자신이 하는 행위의 결과를 판단할 수 없다고 인정되어 가정법원으로부터 금치산의 선고를 받은 법률상의 무능력자를 가리킨다. 정신 기능의 장애로 인해 선악을 구별할 능력이 없거나 의사를 결정할 능력이 없다고 판단될 때, 본인, 배우자, 검사 등의 청구에 의해 법원으로부터 금치산 선고를 받게 된다. 금치산자에게는 선거권, 피선거권이 없으며, 법률상의 행위는 후견인이 대행한다.

◈ 기소유예 起訴猶豫 suspension of indictment

죄를 범한 사람에 대해서 공소 제기를 하지 않는 검사의 처분이다. 검사는 범인의 연령·성행(性行), 지능과 환경, 피해자와의 관계, 범행 동기·수단과 결과, 범행 후의 정황 등을 참작해서 소추(訴追)할 필요가 없다고 판단될 때에는 공소를 제기하지 않을 수 있다.

◈ 기소편의주의 起訴便宜主義 Opportunitatsprinzip

검사의 재량권을 인정하지 않고 반드시 공소 제기를 해야 한다는 기소법정주의와 대응되는 개념이다. 형사소송법상 공소 제기에 관해 범죄가 성립되고 소송 조건이 완비된 경우에도 검사의 기소·불기소에 관한 재량권이 인정되는 제도이다. 이 제도를 통해 검사는 제반 사정을 합리적으로 판단해서 기소 혹은 불기소를 결정함으로써 구체적 정의를 실현할 수 있다. 반면 검사가 정치적 영향을 받을 수 있고 자의(恣意) 또는 독선(獨善)에 빠질 수 있어 엄중한 주의를 필요로 한다. 우리나라도 기소편의주의를 채택하고 있다.

◈ 기초노령연금제도 基礎老齡年金制度

65세 이상의 전체 노인들 중에서 소득과 재산이 적은 70%의 노인들에게 매달 일정한 연금을 지급하는 제도이다. 2007년 4월 재정 공포된 기초노령 연금법에 기초해, 노후를 대비할 수 없었던 노인들과 생활이 어려운 노인들 에게 매월 연금을 지급함으로써 생활안정과 복지를 증진할 목적으로 실시 하고 있다.

◈ 긴급체포 緊急逮捕

사형·무기 또는 장기 3년 이상의 징역이나 금고에 해당하는 죄를 범했다 고 의심할 만한 상당한 이유가 있고, 증거인멸 또는 도주의 우려가 있다고 판단될 때 검사 또는 사법경찰관이 그 사유를 고지하고 영장 없이 피의자를 체포할 수 있는 제도이다. 사법경찰관이 긴급체포를 했을 때는 사후에 검사 의 승인을 받아야 한다. 긴급체포 후 48시간 내에 구속영장이 청구되지 않 으면 피의자를 석방해야 한다.

◈ 내셔널 트러스트 National Trust

보존가치가 있는 자연이나 역사 건축물 등을 기부금, 기증, 유언 등으로 구 입해서 보전, 유지, 관리, 공개함으로써 다음 세대에게 물려주는 것을 목적 으로 하는 시민운동이다. 1895년 영국에서 시작되었으며 '자연신탁국민운 동'이라고도 한다. 산업혁명 이후 무분별한 개발과 산업화에 밀려 사라져 가는 전원지역이나 유서 깊은 건물 등의 소유권을 취득할 목적으로 시작되 었다.

◈ **노동 3권** 勞動三權

노동자가 헌법상의 기본권으로 가지는 세 가지 권리인 단결권, 단체교섭권, 단체행동권을 말한다. 단결권은 근로조건의 유지와 개선을 목적으로 사용자와 대등한 교섭력을 가지기 위해 노동조합과 같은 집단을 구성할 수 있는 권리다. 단체교섭권은 노동조합의 대표자가 근로조건의 유지와 개선 등에 대해 사용자와 직접 교섭할 수 있는 권리다. 단체행동권은 근로자의 의사가 관철되지 않을 때 쟁의행위를 할 수 있는 권리다.

◈ **노동기사단** 勞動騎士團

미국 최초의 전국적인 노동조합으로, 1886년 5월 1일 8시간 노동제를 위한 시위를 벌여 성공을 거두었다. 이 날을 기념하기 위해 5월 1일을 국제적인 노동절(메이 데이)로 정했다.

◈ **노동쟁의** 勞動爭議

노동조합이 기업주와 단체 교섭을 할 때 요구 조건에 대한 협약을 이루지 못했을 경우에 하는 단체행동을 말한다. 노동쟁의에는 동맹 파업(Strike), 태업(Sabotage), 불매운동(Boycott), 생산관리 등이 있다.

◈ **노멀라이제이션** Normalization

고령자나 장애인 등을 사회의 구성원으로 여기고 일반인들과 함께 살아야 한다는 관점의 이념이다. 사회복지사업의 대상자를 격리해서 보살피는 것보다 일반 사회에서 함께 생활하도록 하는 것이 바람직하다는 생각에 바탕을 두고 있다. 1950년대 말, 스웨덴의 정신장애인협회 사무국장 벤트 니르제 등에 의해 체계화되어 1967년에 스웨덴에서 장애인복지정책으로 도입되었다. 오늘날에는 이 이념이 확대되어 노인주택의 아파트화, 지역사회 보호 서비스의 중시, 지역복지의 확충, 의료 및 교육과 복지의 통합 등 여러 방식으로 진행되고 있다.

◈ 노모포비아 증후군 Nomophobia

휴대전화가 없는(Nomobile)과 공포증(Phobia)의 합성어이다. 한순간도 휴대전화를 가지고 있지 않으면 불안증세, 강박증 등과 같은 심리적 불안감을 보이는 증후군을 말한다. 하루 세 시간 이상 휴대전화를 사용하는 사람의 경우 노모포비아에 걸릴 확률이 높다고 한다.

◈ 노비즘 Nobyism

자신에게만 피해가 생기지 않으면 이웃이나 사회에 피해가 가더라도 무관심한 현상을 말한다. 공공장소나 도로 등에 쓰레기를 버리는 것은 무관심하지만 자신의 집에 버리는 것은 참지 못하는 개인주의적인 사고이다.

◈ 논 칼라 non-collar

후기 산업사회에서 볼 수 있는, 블루칼라로서 손에 기름을 묻히는 것도 아니고 화이트 칼라로서 서류에 매달리지도 않는 컴퓨터 세대를 가리킨다. 현대사회에서 노동의 질과 노동시장의 구조가 변화함에 따라 2차 산업에서 3차 산업으로, 블루칼라가 화이트 칼라로, 화이트 칼라가 논 칼라로 변하면서 등장했다.

◈ 뉴 리치 현상 new rich

실제로는 중하류층인 서민들이 스스로를 중류층이라고 생각하는 현상을 말한다. 이들은 중하류 정도의 수입만으로도 빈곤하다고 생각하지 않는데, 이 현상은 중류층의 개념과 개인이 자신의 생활수준을 인식하는 사이에 괴리가 생기면서 비롯된다. 이와 반대로 실제로는 경제수준이 중류이면서 여유가 없다고 생각하는 새로운 빈곤 현상을 뉴 푸어(new poor) 현상이라고 한다.

◈ 다원적 무지 多元的 無知

사회적으로 쟁점이 되는 문제들에 대해 소수의 의견을 다수의 의견으로, 혹은 다수의 의견을 소수의 의견으로 잘못 인지하는 현상을 말한다. 각각의 개인들이 서로 의견교환을 하지 않음으로써 여론을 정확하게 파악하지 못하는 데서 비롯되며, 스스로를 다수의견의 집단이 아닌 소수의견의 집단에 속한다고 생각한다.

◆ 단체협약 團體協約

사용자와 노동조합이 노동조건이나 기타의 사항들에 대해 맺는 계약이다. 근로관계를 규율하는 규범적 부분과, 그 규범의 효과적인 실시를 위해 당사자가 준수해야 할 의무를 규정하는 채권법적 부분으로 성립된다. 규범적인 부분이 핵심이 된다.

◆ 대안학교 代案學校 alternative school

공교육제도의 문제점을 극복하고자 만들어진 학교로, 일반학교와는 달리 전인교육과 체험학습 등에 중점을 둔 별도의 교육 프로그램을 운영한다.

◆ 대체근로제 代替勤勞制

노조의 쟁의행위 기간 동안 사용자가 같은 법인 내의 다른 근로자들을 투입해서 조업을 계속할 수 있도록 하는 제도이다. 사업장 내의 다른 근로자들로 대체하기가 불가능한 경우에는 외부의 근로자들을 한시적으로 채용하거나 하도급(외주)을 줄 수도 있다.

◆ 더블 스쿨맨 Double School Man

일반적으로 셀러리 맨 같은 화이트 칼라보다는 전문직을 선호하는 사람들을 가리킨다. 이들은 대학에 적을 두고 있으면서도 자격증을 취득하기 위해 전문학원에 더 치중하거나 대학 졸업 후에 다시 전문대학이나 다른 전공으로 대학에 들어가기도 한다. 명예나 학벌보다는 실용적인 능력을 쌓는 것을 더 중요시해서 취업이나 막연한 미래를 위해 자격증을 취득하려고 노력한다.

◈ 로드 맵 Road Map

원래의 의미는 말 그대로 도로 지도이며, 보통은 어떤 일의 기준과 목표를 만들어 놓은 것을 말한다. 2004년 초 노무현 당선자의 정권인수위원회가 가동되면서 본격적으로 등장한 용어이다. 공약을 이행하기 위한 부처별 정책목표와 추진 일정을 큰 그림으로 그린 것이 바로 로드 맵이었다. 재정세제개혁 로드 맵과 시장개혁 로드 맵, 노사관계 로드 맵이 참여정부의 큰 정책 줄기가 되었다. 이후 부처 간 이해 갈등 조정 방안 로드 맵, 인터넷망 보호 로드 맵 등 정부정책 앞에 로드 맵을 붙이는 게 유행이 되었다.

◈ 로비스트 Lobbyist

1830년대에 미국 '연방 의회나 주 의회 로비에서 서성대는 사람'을 일컫는 데서 유래했으며, 특정 조직의 이익을 위해 의회에서 활동하는 사람을 가리킨다. 이러한 로비 활동이 독직의 온상이라 해서 미국에서도 비판의 표적이 되는 일이 잦았는데, 1976년에 있었던 박동선 사건과 1986년의 디버 파문이 그 대표적인 경우이다.

◈ 로펌 Law Firm

변호사인 소유주가 다른 변호사를 고용하는 형태를 취하며, 전문 변호사들로 구성된 법률회사를 말한다. 국제 통상, 증권, 금융, 특허, M&A, 신규 사업 같은 기업 활동 전반에 참여하면서 법률 컨설팅을 주 업무로 한다.

◈ 로하스 LoHAS; Lifestyles of Health And Sustainability

건강한 생활을 지속적으로 가능하게 하는 라이프 스타일을 의미하며, 웰빙(Well-being)에 환경이 더해진 개념으로 웰빙보다 광범위하고 포괄적이다. 선진국을 중심으로 로하스족의 수가 늘고 있으며, 제품을 구매할 때 친환경

요소를 꼼꼼하게 따지는 '그린 소비자'도 중요한 고객층으로 자리잡았다. 미국에서는 2003년에 이미 로하스족의 비율이 30%를 넘어섰고, 이들 중 절반은 20% 이상 웃돈을 지불하더라도 친환경 제품을 구입하겠다는 조사 결과가 나오기도 했다.

◈ 롤 플레잉 Roll Playing

감독자나 세일즈맨의 훈련 등에 활용되는 체험적 학습법의 하나로, 원래 심리 요법에서 사용되었다. 역할 연기법(役割演技法)이라고도 한다. 참가자들은 주어진 역할과 문제를 해결하기 위한 방법을 연기를 통해 습득하게 된다.

◈ 마인드 맵 이론 mind-map theory

영국의 전직 언론인이었던 토니 버전의 이론을 기반으로 하며, 읽고 분석하고 기억하는 모든 것을 지도를 그리듯 사고하는 훈련법이다. 좌뇌의 지배를 받는 언어·숫자·기호를 이용한 기록에 의지하면 시야가 좁아지고, 이런 기록 습관은 우뇌의 기능을 막아 두뇌의 종합적 사고를 가로막는다는 이론이다. 따라서 읽고 생각하고 분석하는 모든 것들을 마음속에 지도를 그리듯 기록하면 창의력·기억력·이해력을 극대화할 수 있다는 이론이다.

◈ 매라비언의 법칙 The Law of Mehrabian

대화를 할 때 시각과 청각 이미지가 언어보다 중요하다는 커뮤니케이션 이론이다. 캘리포니아대학교 심리학과 교수인 앨버트 매라비언(Albert Mehrabian)이 1971년에 출간한 『Silent Messages』에 발표한 이론으로, 대화를 할 때 한 사람이 상대방으로부터 받는 이미지는 시각이 55%, 청각이 38%, 언어가 7%에 이른다는 법칙이다.

◈ 명예퇴직제 名譽退職制

정년이 되기 전에 직원을 퇴직시키는 제도로 보통 정년을 2, 3년 앞둔 사람에게 적용된다. 기업은 인건비 절감과 조직 활성화, 경영 합리화를 꾀할 수 있고, 명예퇴직자는 2, 3년의 여유를 가지면서 정년 이후를 준비할 수 있다. 일반적으로 퇴직금과 함께 정년까지 근무했을 때 받을 수 있는 급여 중의 일부를 받게 된다.

◉ 몽타주 Montage

수사를 위해 합성으로 만든 범인의 얼굴 사진을 말하며, 수사기관에서는 몽타주 사진이라고 한다. 사진이 없을 때 범인의 얼굴을 목격한 사람들의 기억을 떠올리게 해서 윤곽, 눈, 코, 입, 귀, 턱, 눈썹, 머리모양 등의 예시를 참고하며 닮은 부분을 골라내 합성한다. 목격자가 기억하고 있는 범인의 모습과 같아질 때까지 반복해서 수정하면 매우 정확한 몽타주 사진이 만들어진다.

◉ 무과실 책임 無過失責任

손해를 발생시킨 사람에게 고의적인 과실이 없더라도 손해배상의 책임을 지우는 것을 말한다. 경제가 성장하고 과학 기술이 발달함에 따라 직접적인 고의나 과실이 없어도 다른 사람들에게 손해를 입히는 일이 많아지면서, 과실의 유무가 확실하지 않더라도 가해 사실이 인정되면 책임을 지게 하는 것이다.

◉ 무노동 무임금 원칙 無勞動無賃金原則

파업을 하는 기간 동안에는 임금을 지불하지 않는다는 원칙이다. 사용주들은 파업 기간 중에도 임금을 지불하면 파업이 장기화될 것이라고 주장하며, 노조 측은 쟁의기금이 적립되어 있지 않을 뿐만 아니라 사회보장제도도 미흡한 상태에서 파업 기간에 임금이 지불되지 않는 것은 노동운동에 대한 탄압이라고 주장한다.

◈ **무능력자** 無能力者 incompetency

단독으로는 완전한 법률행위를 할 수 없는 자, 즉 행위능력(行爲能力)이 없는 자를 가리킨다. 미성년자, 금치산자, 한정치산자가 민법상의 무능력자이다.

◈ **묵비권** 默秘權 right of silence

자기에게 불리한 진술을 거부할 수 있는 권리를 말한다. 피의자나 피고인 또는 증인이 검사나 사법경찰관 및 법관의 심문(審問)에 대해 자신에게 불리할 수도 있는 대답을 거부할 수 있는 권리이다.

◈ **미란다 원칙** Miranda

경찰이나 검찰이 범죄용의자를 연행할 때 혐의 내용과 묵비권, 변호사 선임권 등을 고지해야 하며 그러지 않을 경우 자백을 증거로 인정하지 않는다는 인권보호 차원의 법정신이다. 1966년 미국 법원이, 검찰이 제출한 성폭행 피의자 미란다의 자백을 증거로 채택하지 않은 데서 유래했다. '당신을 000혐의로 체포합니다. 당신은 묵비권을 행사할 수 있고 변호사를 선임할 수 있으며 지금부터 말하는 모든 발언은 법정에서 불리하게 적용될 수 있습니다.' 라고 고지한다.

◈ **미필적 고의** 未畢的故意

어떤 결과가 발생할지 모르지만 나쁜 결과가 생기더라도 부득이하다고 생각해 개의치 않고 행한 경우가 미필적 고의이다.

◈ **반의사불벌죄** 反意思不罰罪

피해자의 고소가 없어도 수사기관이 수사해서 처벌할 수 있는 죄이지만, 피해자가 처벌을 원치 않는다는 의사를 표시할 때는 처벌하지 못하는 죄를 말한다. 피해자가 적극적으로 처벌을 원하지 않을 경우 형벌권이 없어지기 때문에 '해제조건부 범죄' 라고도 한다.

◈ 배심제도 陪審制度
법률전문가가 아닌 일반 국민 가운데서 선출된 일정 수의 배심원이 형사사건의 심리(審理) 또는 기소에 참여하는 제도이다. 심판을 행하는 것을 심리배심 또는 소배심(小陪審)이라 하고, 기소를 행하는 것을 기소배심 또는 대배심이라고 한다.

◈ 배임죄 背任罪 Untreue
다른 사람의 사무를 맡아서 하는 사람이 자기 자신이나 혹은 제3자의 이익을 위해서, 또는 본인(주인)에게 손해를 입힐 목적으로 그 임무에 위배되는 행위를 하는 죄를 말한다.

◈ 백 페이 back pay
부당노동행위에 해당하는 해고에 대해서 노동위원회가 노동자의 원직복귀와 함께 해고될 때부터 복직할 때까지 받지 못한 임금을 소급해서 지급토록하는 것을 말한다.

◈ 백색 스모그 White Smog
선진국형 대기오염이라고 불리는 광화학 스모그 현상으로, 우리나라에서도 서울과 대도시에서 자주 발생하고 있다. 대낮에도 대기가 뿌옇게 흐려지는 현상이다.

◈ 번아웃 신드롬 burnout syndrome
미국의 정신분석 의사인 H. 프뤼덴버그가 사용한 심리학 용어로, '탈진증후군' 이라고도 한다. 한 가지 일에 과도하게 몰두하던 사람이 극도의 신체적 · 정신적 피로로 인해 무기력증 · 자기혐오 등에 빠지는 증후군이다. 일

밖에 모르는 사람 또는 업무에 대한 강박관념에 시달리는 사람들이 주로 겪게 된다고 한다.

◆ 법률불소급의 원칙 法律不遡及-原則

법은 시행 후에 발생한 사항에 대해서만 적용되며, 그 시행 이전에 발생한 사항에 대해서는 소급해서 적용되지 않는다는 원칙이다. 유효하게 취득한 권리나 적법하게 성립한 행위를 나중에 제정된 법으로 침해하거나 박탈·또는 처벌할 수 없게 함으로써 사회의 안정을 유지하며, 기득권을 존중하고 법적 안정성을 유지하기 위해 만들어진 법률의 기본원칙이다.

◆ 베드 타운 Bed Town

도시가 팽창하면서 주변의 소도시나 농촌이 대도시 사람들의 주택지로 변하면서 생긴 대도시 주변의 주택지대를 말한다.

◆ 베버리지 보고서 Beveridge Report

1941년 6월에 영국에서 창설된 '사회보험 및 관련 사업에 관한 각 부처의 연락 위원회'의 위원장이었던 W. H. 베버리지가 1942년에 제출한 보고서이다. 베버리지는 현대사회의 진보를 가로막고 있는 5대 악으로 결핍, 질병, 나태, 무지, 불결을 들었으며, 사회보장의 궁극적인 목표는 궁핍 해소라고 주장했다. 그는 궁핍의 원인이 실업·질병·노령·사망 등에 의한 소득의 중단이라고 했으며 이를 막기 위해 사회보장보험과 국민 부조(扶助)를 제안했다.

◆ 보금자리주택

무주택 서민과 저소득층의 주거문제를 해결하기 위해 2008년 9월 '국민 주거안정을 위한 도심공급 활성화 및 보금자리주택 건설방안'을 통해 발표한 주택정책이다. 공공임대주택뿐만 아니라 공공이 짓는 중소형 분양주택과 임대주택을 포괄하는 새로운 개념의 주택을 가리킨다.

◈ 보상과 배상 補償 賠償
보상이란 적법행위에 의해 가해진 손실을 보전(補塡)하고자 제공되는 대상
(代償)을, 배상이란 불법행위로 인해 받은 손해를 보충하는 것을 말한다.

◈ 보석 保釋
확정판결 전에 피고인 측의 청구나 법관의 직권으로 증거인멸 또는 도주의
우려가 없다고 인정될 때 일정한 보증금을 납입하게 한 뒤 피고인을 석방시
키는 제도이다.

◈ 부동산 실명제 不動産實名制
부동산을 거래할 때 실제 소유자 이름으로만 등기를 하게 만든 제도이다.
1995년 7월부터 시행되었으며, 부동산의 흐름을 한눈에 파악할 수 있도록
거래 관계를 투명하게 하고 탈세를 막으려는 취지에서 만들어졌다. 남의 이
름으로 등기를 할 경우 효력을 인정받지 못함은 물론 처벌까지 받게 된다.

◈ 부영양화 富榮養化 Eutrophication
강, 바다, 호수 등에서 미생물이 유기물을 분해하면서 영양물질이 많아지는
현상이다. 자연현상으로서의 부영양화는 수천 년이 걸리지만 공장 폐수나
생활하수 등의 유입이 심하면 20~30년 정도의 시간만으로도 부영양화가
될 수 있다. 부영양화가 심해지면 식물성 플랑크톤 등이 이상 번식해서 적
조가 발생하고 더 심해지면 용존산소량(DO)이 부족해져서 물고기와 물새가
죽고 심한 악취를 풍기게 된다.

◈ 불고지죄 不告知罪 False Charge
반국가활동을 한 사람을 알면서도 수사기관이나 정보기관에 신고하지 않

는 경우에 성립되는 죄이다. 국가보안법 10조는 불고지의 요건을 국가보안법상 '반국가단체의 구성, 지령·목적 수행, 자진 지원과 금품 수수, 잠입·탈출, 찬양·고무, 회합·통신, 편의 제공 등 7개의 죄를 지은 자임을 알면서도 수사기관 또는 정보기관에 알리지 않은 경우'로 규정하고 있다.

◈ 브레인스토밍 Brainstorming

한 가지 문제에 대해 제각기 자유롭게 의견을 말하게 해서 정상적인 사고방식으로는 생각해낼 수 없는 독창적인 아이디어가 튀어나오도록 하는 아이디어 창출 방법이다. 브레인스토밍을 성공적으로 진행하기 위해서는 다른 사람의 아이디어를 비판하지 말 것, 자유분방한 아이디어를 환영할 것, 되도록 많은 아이디어를 서로 내놓을 것 등의 원칙을 지키는 것이 중요하다.

◈ 블랙 컨슈머 Black Consumer

악성을 뜻하는 블랙(black)과 소비자란 뜻의 컨슈머(consumer)가 합쳐진 말이다. 구매한 상품의 하자를 문제 삼아서 기업에 과도한 피해보상금을 요구하거나, 피해를 본 것처럼 조작해서 보상을 요구하는 소비자들을 가리킨다.

◈ 블루 벨트 Blue Belt

수산자원 보호를 위해 설정한 수산자원 보호지구이며, 청정해역이라고도 한다. 무분별한 개발을 통제해서 수산자원을 보호하기 위해 주요 연안 지역에 설정한 개발제한지역이다.

◈ 비정규직 근로자 非定規職勤勞者

비정규직 근로자란 고용계약기간이 설정돼 있는 한시적 근로자와 시간제 근로자, 파견 근로자, 용역 근로자, 특수고용 근로자, 가내·재택근로자 등을 말한다. 비정규직 근로란 정규근로의 전형적인 특징에서 벗어나는 노동형태이다.

◈ 비정부기구 NGO; Non-Government Organization

정부기관이나 관련 단체가 아닌 순수한 민간 조직을 뜻한다. 1970년대 초부터 UN이 주관하는 국제회의에 민간단체들이 참가해 NGO포럼을 열면서 이 용어가 널리 쓰이게 되었다. 1863년 스위스에서 시작된 국제적십자사 운동이 그 효시이며, 세계적으로 알려진 NGO는 약 1만 5,000여 개, 회원 수는 3,000만 명에 이른다. 세계자연보호기금, 그린피스, 국제사면위원회가 대표적이다.

◈ 사급삼심제 四級三審制

우리나라의 경우 법원은 지방법원 · 가정법원의 단독심, 지방법원 합의심, 고등법원, 대법원의 4급으로 되어 있으나, 동일 사건에 대한 재판을 세 번 이상 받지 못하도록 규정하고 있다. 민사사건이나 형사사건 중 가벼운 사건은 지방법원 단독부 → 지방법원 합의부 → 대법원의 순서로 3심을 거치고, 중대한 사건은 지방법원 합의부 또는 가정법원 → 고등법원 → 대법원의 순서로 3심을 거친다.

◈ 사면 赦免 pardon

국가원수의 특권으로, 선고된 형의 전부 또는 일부를 소멸시키거나, 형의 선고를 받지 않은 자에 대해 공소권(公訴權)을 소멸시키는 것을 말한다. 우리나라에서는 헌법과 사면법에 의해 대통령이 행사할 수 있으며, 사면의 종류로는 사면 · 감형 · 복권이 있다.

◈ 사보타주 sabotage

태업(怠業)을 뜻하는 말로, 직장에서 벗어나지 않고 불완전노동의 형태로 하는 노동쟁의방식이다. 불완전한 제품을 만들거나, 원료 · 재료를 필요 이상으로 소비하거나, 노동을 해야 할 시간에 일을 하지 않는 등의 방법으로 요구를 관철시키는 쟁의수단이다.

◆ 사회간접자본 社會間接資本 SOC; Social Overhead Capital

제품 생산에 직접 사용되지는 않지만 생산활동에 간접적으로 필요한 자본을 말한다. 도로, 항만, 철도, 상하수도, 공항, 댐, 보험·교육, 대중보건에 필요한 시설 등이 이에 해당하며, 인프라(INFRA; Infrastructure)라고도 한다.

◆ 사회보험 社會保險

사회정책을 수행하기 위해 보험의 원리와 방식을 도입해서 만든 사회경제 제도이다. 업무상의 재해에 대해서는 산업재해보상보험, 질병과 부상에 대해서는 건강보험 또는 질병보험, 폐질·사망·노령 등에 대해서는 연금보험, 실업에 대해서는 고용보험제도가 담당하며 4대 사회보험이라고 한다.

◆ 사회봉사명령제 社會奉仕命令制

집행유예·가석방 등으로 풀려나거나 죄질이 경미한 범죄인에게 일정 기간 동안 무보수로 봉사활동에 종사하도록 하는 형벌의 일종이다.

◆ 상고 上告 Revision

고등법원이나 지방법원 합의부의 제1심 판결에 대해 부당하다고 생각하는 당사자가 재판의 확정 전에 대법원에 다시 재판을 청구하는 것을 말한다.

◆ 상소 上訴 Rechsmittel

법원의 판결 또는 결정에 대해 억울하다고 생각하는 당사자가 재판의 확정 전에 상급법원에 다시 재판을 청구하는 것을 말한다. 항소(抗訴), 상고(上告), 항고(抗告)의 세 가지가 있다.

◆ 선고유예 宣告猶豫

범인의 범죄를 인정하는 데서 그치거나, 범죄자의 정상을 참작해서 유죄 판결을 일정 기간 동안 유예하는 것을 말한다. 그 기간을 무사히 경과했을 때는 유죄판결을 언도하지 않는다. 1년 이하의 징역이나 금고 · 자격정지 또는 벌금형을 선고할 경우에 해당한다.

◈ 세계문화유산 世界文化遺産 World Heritage

유네스코가 세계유산협약에 따라 1972년부터 인류 전체를 위해 보호해야할 가치가 있다고 인정한 유산이다. 세계유산으로는 역사적으로 중요한 가치가 있는 문화유산, 지구의 역사를 나타내는 자연유산, 복합유산으로 구분된다. 우리나라는 1988년에 '세계문화 및 자연유산 보호협약'에 가입했고, 석굴암과 불국사, 해인사 장경판전, 종묘, 창덕궁, 수원화성, 경주 역사유적지구, 고창 · 화순 · 강화 지역의 고인돌 유적, 조선왕릉 등이 세계문화유산목록에 등재되었다.

◈ 세계인권선언 世界人權宣言 Universal Declaration of Human Rights

1948년 12월 10일, UN총회에서 인종 · 민족 · 국가를 초월한 인권의 보장을 위해 채택된 선언이다. '세계헌법의 전문'이라 불리며 특히 사상 · 언론의 자유, 인간의 평등권, 개인의 기본적 자유권, 생존권과 근로권 등에 관한 선언을 담고 있다. 구속력은 없지만 인권 보장의 표준을 제시했다는 점에서 큰 의미가 있다.

◈ 센서스 census

인구조사를 가리키는 말이었으나, 현재는 인구 센서스 외에도 공업센서스, 농업센서스, 임업센서스, 산업센서스 등과 같이 집단을 구성하는 단위를 전수조사해서, 그 크기, 구조 등을 관찰하는 경우에도 쓰이고 있다. 센서스를 통해 인구증가와 인구분포의 변화, 연령과 선별구조의 변화와 같은 기본적인 인구통계학적 경향을 파악할 수 있다.

◈ 소멸시효 消滅時效

권리를 가지고 있으면서도 그 권리를 행사하지 않은 상태가 일정한 기간 동안 계속된 경우, 그 권리의 소멸을 인정하는 제도이다. 소유권 외의 재산권은 모두 소멸시효에 해당하지만 상인권(相隣權), 점유권(占有權), 물권적 청구권(物權的 請求權), 담보물권(擔保物權)은 소멸시효에 해당하지 않는다.

◈ 소셜테이너 Socialtainer

사회를 뜻하는 소사이어티(society)와 연예인을 가리키는 엔터테이너(entertainer)를 합쳐서 만든 말이다. 사회적인 이슈에 대해서 적극적으로 자신의 의견을 밝히거나 직접 참여하는 연예인을 가리킨다.

◈ 손해배상 청구권 損害賠償請求權

공무원의 직무상 불법행위로 인해 손해를 입었을 때 국가 또는 공공단체에 그 배상을 청구할 수 있는 권리를 말한다. 공무원의 직무상 행위에 고의 또는 과실이 있을 때, 손해를 끼친 행위와 손해 발생 사이의 인과관계가 있을 때 등이 그 요건에 해당한다.

◈ 솔로산업 Solo Industry

독신자들이 늘어나면서 사회의 새로운 계층으로 등장하자 이들을 겨냥해서 새롭게 생겨난 산업이다. 사회적 진출에 따른 독신여성 비율의 증가, 부모로부터 일찍 독립하는 신세대의 증가, 이혼의 증가, 남자의 평균 초혼연령의 연장 등으로 독신자들이 늘어나고 있다. 독신자용 가전제품 사업, 24시간 코인셀프 세탁 편의점, 야식이나 반찬 배달점, 비디오방, 인터넷 게임방, 간이 포장마차 등이 솔로산업으로 등장했다.

◈ 스마드족 SMAD

스마트(smart)와 노마드(nomad)가 합쳐진 신조어다. 각종 디지털 기기를 이용해서 다양한 정보를 조합해 새로운 정보를 신속하게 얻고 면밀하게 분석해서 현명하게 구매하는 소비자를 말한다. 각종 정보를 분석해서 스마트하게 구매한다는 의미와 시간과 장소에 구애 받지 않고 새로운 곳을 찾아 떠돈다는 노마드의 의미를 함께 갖고 있다.

◈ 스트라이크 strike
동맹파업이라고 하며, 노동자들이 요구조건을 관철시키기 위해 작업을 전면 거부하는 것을 말한다. 사용자에게 손해를 줌으로써 노동자의 요구를 받아들이도록 하는 적극적인 형태의 쟁의 수단이라고 할 수 있다. 헝거 스트라이크(hunger strike)는 단식투쟁행위, 제너럴 스트라이크(general strike)는 총파업을 뜻하는데 모든 생산활동과 사회적 기능을 마비시켜 정부나 여당, 지배계층에 큰 위협을 줄 수 있다.

◈ 습지보전법 濕地保全法
습지란 담수·기수 또는 염수가 영구적 또는 일시적으로 그 표면을 덮고 있는 지역으로 내륙습지 및 연안습지를 말한다. 습지는 생물다양성의 보고인 동시에 오염물질 정화기능을 한다. 습지에 관한 협약(람사조약)의 취지를 살려 국제협력을 증진시키기 위해 제정된 법률이다.

◈ 신드롬 Syndrome
증후군이라고도 하며, 어떤 공통성이 있는 병적 징후들을 총괄적으로 나타내는 말이다. 증세로는 일괄할 수 있지만 병명을 붙이기에는 인과관계가 확실하지 않을 때 이를 신드롬이라고 한다.

◈ 실버타운 Silver Town
양로원이나 요양원과는 다르게 입주자들의 입주금으로 운영되는 노인 거주단지를 말한다. 병원, 백화점, 수영장, 레스토랑, 은행, 영화관, 레크리에

이션 센터 등의 편의시설과 노인 전용 아파트, 유료 양로원, 유료 요양원, 노인병원, 치매병원 등 다양한 주거시설이 갖추어져 있다.

◈ 아파르트헤이트 Apartheid

Apartheid는 영어의 apartness(분리)에 해당되는 아프리칸스어(남아프리카 공화국의 공용어)로, 남아프리카 공화국에서 행해진 인종차별·인종격리 정책을 말한다. 17세기 중엽 백인들의 이주와 함께 시작된 제도이며, 전 국민의 16%밖에 안 되는 백인들이 법률로써 흑인 등 토착민에 대해 광범위하게 차별 대우를 함으로써 전 세계의 비난을 받았다. 1991년 토지법, 분리주거법, 주민등록법이 폐지되었고, 1994년 실시된 최초의 자유 총선거에서 만델라가 최초의 흑인 대통령으로 당선되면서 이 제도는 사라지게 되었다.

◈ 악어의 눈물 Crocodile Tears

거짓 눈물 또는 위선적인 행위를 가리키는 말로, 보통은 위정자를 빗대어 하는 말이다. 악어가 자기가 먹고 있는 동물의 죽음을 슬퍼하며 눈물을 흘린다는 이야기에서 유래했으며, 주로 패배한 정적 앞에서 흘리는 위선적인 눈물을 말한다.

◈ 에너지 하베스팅 Energy Harvesting

주변에서 버려지는 에너지를 모아서 다시 사용할 수 있는 전기에너지로 변환하고 이용한다는 뜻이며, 주요 에너지원은 진동, 사람의 움직임, 빛, 열, 전자기파 등이 있다.

◈ 에스컬레이터 조항

물가의 상승이나 생산량의 증가에 비례해서 노동자의 임금도 인상하는 것을 규정한 조항이다. 이 조항을 노사협약에 포함시키면 노동자의 생활이 안정된다.

◈ 영장제도 令狀制度

영장주의라고도 하며, 원칙적으로 법원 또는 법관이 발부한 영장이 있어야만 강제처분(強制處分)을 할 수 있게 규정한 제도이다. 헌법상 체포 · 구금 · 수색 · 압수, 주거에 대한 수색이나 압수 등에 영장제도를 규정하고 있다.

◈ 온실 효과 溫室效果 Greenhouse Effect

대기를 가지고 있는 행성에서 지표면으로부터의 복사에너지가 빠져나가지 못하고 대기에 남아 있어서 기온이 상승하는 현상이다. 탄산가스는 태양으로부터 직사되는 에너지는 투과시키고 지표로부터의 복사열은 흡수해서 열이 우주로 발산되는 것을 막는다. 하지만 탄산가스가 증가하면 지구가 받는 열의 양과 내보내는 열의 양 사이의 균형이 깨지면서 온실에서와 같이 대기의 온도가 상승하게 된다. 석탄이나 석유 등과 같은 화석연료의 사용 증가로 이산화탄소의 양이 꾸준히 증가하고 있다.

◈ 워킹홀리데이 Working Holiday

노동력이 부족한 국가에서 외국의 젊은이들에게 특별비자를 발급해 입국을 허락하고 취업자격을 주는 제도이다. 이때 발급되는 특별비자는 입국해서 취업한 지 1년이 지나면 관광비자로 바꿔 여행도 할 수 있다. 이렇게 외국에 가서 돈도 벌고 여행도 할 수 있다는 점 때문에 젊은이들 사이에 인기가 많은 제도이다.

◈ 웰빙 Well Being

육체적 · 정신적인 건강의 조화를 통해 행복한 삶을 추구하는 삶의 형태나 문화를 일컫는 개념이다. 사치스럽고 고풍스러운 삶보다는 여유롭고, 조화로운 소박한 삶을 추구하며 자연, 건강, 안정, 여유, 행복이 웰빙족의 키워드이다. 우리나라에서는 요가와 스파, 피트니스 클럽, 명품을 누리는 것으로 왜곡되어 있다.

◈ 유한계급 有閑階級

생산적인 노동에는 의욕이 없고 비생산적인 소비생활을 하는 계층을 말한다. 미국의 경제학자 베블렌(T. Veblen)이 『유한계급론』에서 이에 관해 처음으로 제기했다. 유한계급의 숫자가 많은 사회는 사회정의에서나 자본주의 체제의 생산적 운영 면에서 부정적 효과가 보인다.

◈ 인격권 人格權 Personlichkeitsrecht

생명, 신체, 자유, 정조, 성명 등을 목적으로 하는 사권(私權)이며, 인격적 이익을 내용으로 하는 권리이다. 민법은 타인의 신체 · 자유 · 명예를 침해하면 불법행위를 구성한다고 규정하고 있으며, 그 밖의 다른 인격적 이익도 이를 침해하면 불법행위가 성립된다. 타인의 성명이나 초상의 무단사용, 정조의 침해, 생활 방해 등도 불법행위에 해당된다.

◈ 인터폴 Interpol

국제형사경찰기구(ICPO; International Criminal Police Organization)라고 하며, 가맹국의 경찰들이 국제 범죄의 방지와 진압에 협력하기 위해 만든 조직이다. 국제 범죄자나 국경을 넘어 도망친 범죄자의 수사, 정보 교환 등이 주된 일이다. 정치, 군사, 종교, 인종 문제 등에 관여하는 것은 금지되고 있고 국제법상의 협정이 아니므로 강제 수사권이나 체포권은 없다. 본부는 프랑스 파리에 있으며, 우리나라는 1964년에 가입했다.

◈ 인턴 사원제도

대학 졸업 예정자 중에서 선발된 사원 후보를 일정 기간 동안 인턴(실습사원)으로 근무토록 한 다음, 적격자를 사원으로 채용하는 제도이다. 이 제도를 통해 수습과정을 입사 전에 시작하게 함으로써 기업으로서는 개개인의 적성과 능력을 미리 파악해서 사원들의 배치를 효율적으로 할 수 있고, 애사심을 키울 수 있으며, 우수한 인력을 사전에 발굴할 수 있는 장점이 있다.

대학생들로서는 사회 진출 이전에 사회 적응력을 배양하고 수습기간이 단축되며, 아르바이트 기회를 가질 수 있다.

◆ 인포메이션 아파르트헤이트 information apartheid
항상 첨단의 컴퓨터 문화와 접촉하고 있는 계층과 그렇지 못한 계층은 같은 지역에서도 빈부의 격차에 따라 그 차이가 심하다. 이를 남아프리카공화국에서 자행되었던 아파르트헤이트에 빗대어 만든 말이다.

◆ 일사부재리 一事不再理
어떤 사건에 대해 일단 판결이 내려지고 나면 다시는 그 사건에 대한 소송으로 심리하거나 재판하지 않는다는 원칙이다.

◆ 일사부재의 一事不再議
의회에서 한 번 부결된 안건은 같은 회기 내에 다시 제출할 수 없다는 원칙이다. 이 제도는 합의체의 의사진행을 원활하게 하는 데 목적이 있다.

◆ 일조권 日照權 right of light
타인에 의해 햇볕을 차단당하지 않고 마음껏 누릴 수 있는 권리를 규정한 법이다. 건물의 고층화와 밀집화 때문에 이 같은 권리가 침해되자 최소한 주거지역만이라도 권리가 보장되도록 건물 간격을 일정 기준 이상이 되도록 규정하고 있다.

◆ 자유권 自由權 Right to Freedom
개인이 국가권력으로부터 간섭이나 침해를 받지 않을 권리로, 자유권적 기본권이라고도 한다. 자유권은 국가로부터의 자유이고 국가권력에 대한 방어적·소극적 권리인 동시에 천부적·초국가적 인간의 권리이며, 포괄적 권리이면서 직접 효력을 가진 권리이다.

◈ 잡 셰어링 Job Sharing

경기가 불황일 때 근로자를 해고하는 대신 1인당 근무시간을 단축해서 여러 사람이 그 일을 나누는 방식으로 고용을 유지하거나 창출하는 노동형태를 가리킨다. 경기 후퇴 등으로 대량 실업이 발생했을 때 총 근로시간을 단축해서 해고를 회피하는 수단으로 이용된다.

◈ 저작권법 著作權法 copyright law

문학, 학술, 미술, 사진, 음악, 각본 등의 창작물을 보호하기 위해 만들어진 법률이며, 외국 저작물의 경우에는 우리나라가 가입한 국제협약에 따라 보호를 받는다. 저작권은 공표권, 성명표시권, 동일성유지권을 포함하는 인격권, 복제권, 공연권, 방송권, 전시권, 배포권 및 2차 저작물 등의 작성권을 포함하는 재산권으로 구성되어 있다.

◈ 저항권 抵抗權 Right of Resistance

국가 권력의 불법적 행사에 의해 국민의 기본권을 침해당했을 때 복종을 거부하거나 실력행사를 통해 저항할 수 있는 권리이다. 국민들이 헌법 질서에 따르기 위한 전제로서의 근원적인 권리라 할 수 있으며, 헌법상에 명기되어 있지 않아도 내재하는 것으로 간주한다.

◈ 정당방위 正當防衛 Notwehr

자신 또는 다른 사람이 급박하고 부당한 침해를 받았을 때 이를 방어하기 위해 부득이하게 행사하는 가해(加害)행위이다. 형법상으로 처벌되지 않으며, 민사상의 손해배상 책임도 지지 않는다.

◈ 정리해고 整理解雇

경영의 악화 또는 생산성 향상을 위한 작업 형태의 변경 등 긴박한 경영상의 필요가 있을 때 근로자를 해고할 수 있는 제도이다. 이때 사용자는 노동조합과 근로자에게 60일 전에 문서 등으로 사전에 알려야 한다.

◈ 정보공개제도 情報公開制度

공공기관이 관리하고 있는 정보를 청구 요구가 있을 때 열람, 사본, 복제 등
의 형태로 청구인에게 공개하거나, 공공기관이 자발적으로 또는 법령 등의
규정에 의거해서 보유하고 있는 정보를 배포 또는 공표 등의 형태로 제공하
는 제도이다. 전자를 '청구공개' 후자를 '정보제공'이라고 한다.

◈ 제노비스 신드롬 Genovese Syndrome

1964년 미국 뉴욕의 주택가, 새벽 3시 15분에 키티 제노비스란 이름을 가
진 여성이 야간근무를 마치고 아파트로 귀가하다가 괴한을 만나 칼에 찔려
사망했다. 하지만 그녀의 죽어가는 모습을 최소한 38명이 듣거나 보았지만
그들 중 누구도 도와주거나 경찰에 신고하지 않은 사건에서 유래한다. 목격
자가 많을수록 책임감이 분산되기 때문에 개인이 느끼는 책임감이 줄어들
어 도와주지 않고 방관하게 되는 심리현상을 가리킨다. 방관자효과
(Bystander effect)라고도 한다.

◈ 젠더 Gender

성(性)에 대한 영문표기인 섹스(Sex)를 대신해서 쓰기로 한 용어이다. 1995
년 베이징에서 열린 제4차 여성대회 정부기구회의에서 결정되었다. 영어로
젠더는 사회적인 의미의 성을, 섹스는 생물학적인 의미의 성을 의미한다.
젠더는 대등한 남녀 간의 관계를 내포하고 있다.

◈ 조류독감 鳥類毒感 Pathogenic Avian Influenza

닭 같은 가금류와 야생 조류를 통해 감염되는 급성 바이러스 전염병으로 조
류에 서식하는 H5N1형 바이러스에 의한 독감을 말한다. 1997년 5월 홍콩
에서 처음으로 조류독감 환자가 발생했으며, 2003년 후반에는 중국, 홍콩,

태국, 베트남, 우리나라 등 아시아 전역으로 확산되어 많은 재산과 인명 피해가 있었다. 감염되면 심한 고열과 근육통이 생기며 폐렴으로 이어지는 경우가 많다.

◈ 조세 법률주의 租稅法律主義

조세의 부과와 징수는 반드시 국민의 대표로 구성된 국회에서 제정하는 법률에 의해야 한다는 주의이며, '대표 없이 과세 없다' 말로 표현된다. 근대의 국가들은 모두 이를 인정하고 있으며, 우리나라도 '모든 국민은 법률이 정하는 바에 의하여 납세의 의무를 진다' 와 '조세의 종목과 세율은 법률로 이를 정한다' 라고 헌법으로 규정하고 있다.

◈ 조용한 혁명 Silent Revoluton

삶의 목적이 객관적이고 양적인 지표를 중시하던 것에서 주관적 지표인 삶의 질을 중시하는 방향으로 바뀌는 현상을 말한다. 미국의 잉글하트(R. Inglehart) 교수에 의해 '조용한 혁명' 이라고 불리게 되었다. 지적 · 심미적 만족, 사랑 · 존경에의 욕구 등이 삶의 질에서 중요시되는 항목이다.

◈ 죄형 법정주의 罪刑法定主義 Grundsatz nulla poena sine lege

어떤 행위가 범죄이며, 범죄를 처벌하기 위해서 어떤 형벌을 내릴 것인가를 법률로 명문화해서 국가의 권력 남용으로부터 개인의 자유와 권리를 보장하려는 근대 형법상의 원칙이다. 법률 이외의 관습법 적용의 배제, 형벌 조문의 유추 해석 금지, 사후 입법의 금지, 광범위한 부정기형의 금지 등 네 가지 원칙이 포함된다. 죄형법정주의를 처음으로 형법상의 원칙으로 입법화한 것은 나폴레옹 헌법이다.

◈ 주변인 周邊人 Marginal Man

둘 이상의 이질적인 사회 집단이나 문화에 속해 있으면서 어느 쪽에도 속할 수 없는 사람을 말한다. 독일의 심리학자 레빈(K. Lewin)이 한 말로 경계인, 한계인이라고도 한다. 상류사회에 갑자기 들어간 중류 사회의 사람, 어린이와 어른의 중간적인 성향을 가지고 있는 청소년, 미국의 혼혈아나 유럽의 유대인, 동양계 2세, 이민·이주로 다른 문화와 접촉한 사람들이 그 예이다.

◆ 지적 소유권 知的所有權 Intellectual Property

지적 재산권이라고도 하며 발명·상표·의장(意匠) 등의 공업 소유권과 문학·음악·미술 작품 등에 관한 저작권의 총칭이다. 세계지적소유권기구(WIPO)는 '문학·예술 및 과학 작품, 연출, 예술가의 공연·음반 및 방송, 발명, 과학적 발견, 공업의장·등록상표·상호 등에 대한 보호 권리와 공업·과학·문학 또는 예술분야의 지적 활동에서 발생하는 기타 모든 권리를 포함한다'라고 정의하고 있다.

◆ 집행유예 執行猶豫

3년 이하의 징역 또는 금고의 형을 선고할 경우, 그 정상을 참작할 만한 사유가 있을 때 1년 이상 5년 이하의 기간 동안 형의 집행을 유예하는 제도이다. 특정한 사고 없이 유예 기간이 경과하면 형의 선고가 효력을 잃고 없었던 것과 같은 효과를 발생한다. 하지만 유예 기간 동안에 금고 이상의 형을 선고받아 그 판결이 확정될 때는 집행유예 선고는 효력이 없어진다. 단기 자유형의 폐해를 막기 위해 만들어진 제도이며 주로 초범자들에게 적용된다.

◆ 창조적 파괴 創造的 破壞

미국의 경제학자 슘페터(J. A. Schumpeter)가 주장한 혁신 이론의 중심 개념이다. 그는 자본주의 체제가 새 재화의 생산, 새 생산 방법 도입, 새 시장 개척, 새 조직 결성 등과 같은 혁신을 통해 생산력을 급증시키는 과정을 창조적 파괴라고 했다.

◈ 초상권 肖像權

자신의 그림이나 사진 등이 허락 없이 신문이나 잡지 · 서적 등에 게재되지 않을 권리를 말한다. 이를 어겼을 경우에는 손해 배상을 청구할 수 있다. 저널리즘과 관련되어서 초상권의 범위는 점점 더 확대되고 있는 추세이며 1985년 미국 캘리포니아주에서는 사망한 유명인의 초상까지도 보호되어야 한다는 공표법이 제정되기도 했다.

◈ 최저임금제도 最低賃金制度

국가가 최저 수준의 임금을 결정하고 사업주에게 법적으로 강제하는 제도이다. 적용대상은 1인 이상 근로자를 고용하는 모든 사업 또는 사업장이다.

◈ 치외법권 治外法權 extraterritoriality

일반적으로는 현재 머물고 있는 나라의 재판을 받지 않는 권리를 말하며, 국제법상으로는 외국의 원수 · 외교사절, 군대 · 군함 · 군용 항공기, 국제연합의 대표자 등이 주재국(駐在國) 법률의 적용을 받지 않는 특권을 말한다.

◈ 친고죄 親告罪 Antragsdelikt

범죄 피해자나 법률에 규정된 사람의 고소가 있어야 공소를 제기할 수 있는 범죄이다. 친고죄에는 기소하는 것이 불명예 등 피해자에게 불이익이 되는 경우와, 피해가 경미해서 피해자의 의사에 반하면서까지 기소할 필요가 없는 경우 두 가지 유형이 있다. 하지만 고소나 고발이 없어도 수사는 할 수 있다.

◈ 친권 親權 Elterliche Gewalt

부모가 미성년인 자식을 대신해서 가지는 신분상 · 재산상의 권리와 의무를 말한다. 친권자는 자식의 신분에 관한 권리 의무와, 재산관리, 재산상 법률행위의 동의 · 대리 등 자식의 재산에 관한 권리 의무를 지닌다.

◈ 쿼터리즘 quarterism

4분의 1을 뜻하는 영어 쿼터(Quarter)에서 나온 말이며, 인내심을 잃어버린 최근의 청소년들의 사고와 행동 양식 등을 말한다. 신세대의 사고와 행동에 걸리는 시간이 기성세대의 4분의 1(Quarter), 혹은 15분밖에 되지 않는다는 뜻이었지만, 요즘은 '생각은 짧게 행동은 빨리' 하는 신세대를 가리키는 말이다. 이러한 행동 특성은 직관적인 사고나 감각적이며 순발력이 요구되는 아이디어를 만들어 내는 데는 장점으로 작용한다.

◈ 킬러 애플리케이션 Killer Application

증기기관, 금속활자, 자동차, 안경, 컴퓨터, 인터넷 등과 같이 시장에 나오자마자 산업과 시장을 재편해서 경쟁 제품을 완전히 몰아내고, 투자한 비용의 수십 배 이상을 회수할 수 있는 발명품이나 서비스를 통틀어서 이르는 말이다.

◈ 타임오프제 Time-off

노조 전임자에 대한 임금지급을 금지하되 노사교섭, 산업안전, 고충처리 등과 같은 노무관리적 성격이 있는 업무에 한해서는 근무시간으로 인정해 임금을 지급하는 제도이다. 2009년 말에 노사정 합의에 의해 도입되었고, 2010년 7월 1일부터 시행되었다.

◈ 탄소 포인트제

온실가스 감축 실적에 따라 탄소 포인트를 발급하고, 이에 대한 인센티브를 제공하는 형태로, 국민 개개인이 온실가스 감축에 직접 참여하도록 유도하는 제도이다. 가정과 상업시설에서 전기, 수도, 도시가스, 지역난방 등의 사용량을 절감하면 그 실적에 따라 탄소 포인트를 발급받고, 지방자치단체로부터 이에 상응하는 인센티브를 제공받게 된다.

◈ 탈리오의 법칙 Lex Talionis

피해자가 입은 피해와 같은 정도의 손해를 가해자에게 가하는 법칙으로, '눈에는 눈, 이에는 이'과 같은 식의 보복을 기본으로 하고 있다. 가해와 보복의 균형을 꾀함으로써 정의감을 만족시키고, 사적인 복수를 종결시키려고 한 고대 사회의 전형적인 형벌 사상이다. 함무라비 법전이 대표적이다.

◈ 토지 공개념 土地公槪念

공공의 이익을 위해 토지의 소유와 처분을 제한할 수 있다는 개념이다. 토지는 공공적인 의미가 크기 때문에 소유권을 제한함으로써 공적인 의미를 부여한다는 뜻이다. 자본주의 국가에서도 점차 토지가 공공재로 인식되면서 토지 소유권에 대한 개념에도 변화가 요구되고 있는 추세이다. 우리나라에서도 1989년 '택지 소유에 관한 법률', 토지 초과 이득세법', '개발 이익 환수에 관한 법률' 등 세 종류의 토지 공개념 관련 법률이 제정되었다.

◈ 특별검사제 特別檢事制

고위 공직자의 비리나 위법 혐의에 대해 수사와 기소를 행정부로부터 독립된 변호사에게 담당하게 하는 제도이다. 검찰이 가지고 있는 기소 독점주의의 예외 규정으로, 우리나라에서도 옷 로비 사건, 조폐공사의 파업 유도 의혹, 대북 송금 문제를 특별검사를 통해서 수사한 예가 있다.

◈ 파레토의 법칙 Pareto's Law

이탈리아의 경제학자 V. 파레토에 의해 발표된 소득분포의 불평등에 관한 법칙이다. '전체 결과의 80%는 전체 원인 중 20%에서 비롯된다'는 법칙에서 2080법칙이라고도 불린다. 개인적으로는 20%의 중요한 일에 집중해서 노력하면 성공적인 삶을 살 수 있다는 법칙이기도 하고, 시간관리를 할 때는 긴급성보다 중요도에 따라 행동해야 한다는 뜻이기도 하다.

◈ 파킨슨의 법칙 Parkinson's Law

영국의 역사학자이자 경영연구가인 C. N. 파킨슨이 사회를 풍자적으로 분석해서 주장한 사회생태학적 법칙이다. 그는 '상급 공무원으로 출세하기 위해 부하의 수를 늘릴 필요가 있으므로 공무원의 수는 일의 유무나 경중에 상관없이 일정 비율로 증가한다' 라는 사실을 수학적 법칙으로 정리했다.

◈ 푸드뱅크 Food Bank

식품제조업체나 개인으로부터 식품을 기부 받아 결식아동 · 무의탁 노인 · 무료 급식소 · 노숙자 보호소 · 사회복지시설 등에 전달하는 복지서비스단체이다. 경제 대공황과 제2차 세계대전 이후 미국과 유럽에서는 푸드뱅크가 정부를 대신해서 빈민들을 위한 무료급식을 맡아서 했다. 우리나라에서는 1998년에 먹을거리 나누기 운동협의회를 결성해 푸드뱅크를 시작했다.

◈ 프리랜서 Free Lancer

프리랜스(free lance)는 어떤 영주에게도 소속되지 않은 자유로운(free) 창기병(槍騎兵, lance)이라는 뜻으로, 중세 서양의 용병단에서 유래했다. 현재는 특정한 일에 대해서만 계약을 맺고 일하면서, 집단이나 조직에 구속 받지 않고 자기 자신의 판단에 따라 독자적으로 일하는 사람을 가리킨다. 저널리스트, 음악가, 작가 기타의 사람들이 여기에 속한다.

◈ 프리터족 Free Arbeiter

프리 아르바이터를 줄인 말로, 필요한 돈이 모일 때까지만 아르바이트로 일하는 사람들을 가리킨다. 이들은 필요한 돈이 모일 때까지만 아르바이트로 일하고 쉽게 떠난다. 일본 노동성은 아르바이트나 시간제로 돈을 버는 15~34세의 노동인구라고 정의하고 있다. 자신에게 어떤 직업이 맞는지 정하지 못한 젊은이들, 일반 직장에서는 일한 만큼 대우를 받지 못한다고 생각하는 사람들이 많다.

◈ 하이퍼컬처 Hyper Culture

컴퓨터와 네트워크 기술의 발달로 나타난 새로운 사회상으로, 속도를 최고의 가치로 여기는 미래의 속도경쟁문화를 가리킨다. 빌 게이츠는 『생각의 속도』에서 앞으로의 10년 동안에 과거 50년 동안의 변화보다 더 빠른 속도로 생활 전반에 혁명적인 변화가 일어날 것으로 전망했다. 때문에 이 변화의 속도를 따라가지 못하면 정보화 사회에서 길을 잃고 헤매게 될 것이라고 했다.

◈ 한정치산자 限定治産者

심신박약자 또는 자신과 가족들의 생활을 궁핍하게 할 정도로 심한 낭비벽이 있는 자를 말하며, 법원으로부터 한정치산의 선고를 받는다. 한정치산자의 행위 능력은 미성년자와 같다.

◈ 항고 抗告 Beschwerde

지방법원의 결정이나 명령에 불복해서 당사자 또는 제3자가 상급법원에 상소하는 것이다. 불복을 신청할 수 없는 경우라도 헌법해석의 착오, 기타 헌법위반이 있음을 이유로 할 때는 대법원에 특별항고를 할 수 있다.

◈ 항소 抗訴 Berufung

지방법원이나 그 지원(支院)에서 받은 제1심 판결에 대해 억울하다고 생각하는 당사자가, 재판이 확정되기 전에 고등법원 또는 지방법원 본원(本院) 합의부에 다시 재판을 청구하는 것이다. 항소기간은 민사소송의 경우는 2주일, 형사소송은 7일 이내이며, 항소기일이 지나면 선고는 확정된다. 또한 보통군사법원 판결에 대한 고등군사법원에서의 상소도 항소라 한다.

◈ 행복 추구권 幸福追求權

모든 국민이 인간으로서의 존엄과 가치를 가지며 행복을 추구할 권리이다.

헌법에 규정된 인간의 존엄과 가치 · 행복 추구권은 국가의 기본 질서이며 법해석의 최고 기준인 근본 규범이다.

◈ 헌법소원 憲法訴願

국가나 지방자치단체 등의 공권력 행사 혹은 불행사로 인해 헌법에 보장된 기본권을 침해받은 국민이, 그 권리를 되찾기 위해 헌법재판소에 심판을 청구하는 것을 말한다. 헌법소원심판을 청구할 때는 반드시 변호사를 선임해야 하며 변호사를 선임할 능력이 없을 때는 국선대리인의 선임을 신청할 수 있다.

◈ 헤게모니 Hegemony

통상적인 의미로는 한 집단 · 국가 · 문화가, 다른 집단 · 국가 · 문화를 지배하는 것을 말한다. 보통은 의회나 단체에서 지도적인 위치를 획득하는 것을 말하며, 주로 사회운동 등의 패권 또는 지도권을 말한다. 한 가지 문제를 둘러싸고 서로 주도권을 갖기 위해 다투는 것을 헤게모니 싸움이라고 한다.

◈ 헤일로 효과 Halo Effect

후광 효과라고도 하며, 인상만으로 사람의 됨됨이를 판단하거나, 포장지나 브랜드만 보고 상품을 평가하는 등 특정 요소 하나가 전체를 평가하는 데 영향을 주는 현상을 가리키는 심리학 용어이다.

◈ 형벌 불소급의 원칙 刑罰不遡及原則

형벌은 행위 당시의 법률에 의해서만 구성되며, 행위 후에 시행되는 법률에 의해서는 소추나 형벌을 받지 않는다는 원칙이다. 개인의 신체 자유를 보장하기 위해 만들어졌다. 하지만 법적 안정성을 해칠 우려가 없거나 새로 만들어진 법이 관계인에게 더 유리할 때는 적용하지 않는 경우도 있다.

◆ 호스피스 Hospice

죽음을 앞둔 환자가 평안한 임종을 맞을 수 있도록 위안과 안락을 베푸는 봉사활동이다. 원래는 순례자의 숙박소, 환자나 극빈자 등을 위한 수용소, 구빈원(救貧院)을 가리키는 것이었지만, 최근에는 환자가 가급적 고통 없이 임종을 맞이할 수 있도록 배려해 주는 활동을 뜻한다.

◆ 화이트 칼라 블루스 현상

사무직 근로자인 화이트 칼라의 고용 불안이 심화되는 현상을 말한다. 화이트 칼라가 가지고 있던 임금 프리미엄이 없어지고 고용 불안전성이 증대되며 생산성과 능력에 대한 엄격한 평가가 적용되는 등 화이트 칼라가 블루 칼라로 진행되는 것을 말한다.

◆ 환경 호르몬

산업활동을 통해서 생성·방출된 화학물질로, 생물체에 흡수되면 내분비계의 정상적인 기능을 방해하거나 혼란스럽게 만든다. 극히 적은 양으로도 생태계와 인간에게 중대한 영향을 끼치기 때문에 심각한 환경문제로 대두되었다. 1970년대에는 불임여성의 증가, 음경발달 부진, 1980년대에는 플로리다 악어의 부화율 감소, 성기의 왜소 증상, 1990년대에는 남성의 정자 수 감소, 수컷 잉어의 정소 축소, 바다 고등어류의 자웅동체 등이 나타났다.

◆ 환경영향평가제 環境影響評價制

사회간접자본 시설 및 기타 간척사업 등을 할 때 그 사업이 환경에 미칠 영향을 예측, 분석, 평가해서 미리 대책을 수립, 이행하는 제도이다. 우리나라에서는 1977년 환경정책 기본법을 제정해서 시행되었다. 하지만 이 제도는 사업 시행 전에 실시하는 일종의 요식행위로 여겨져 사실상 환경파괴에 대한 면죄부로 인식되고 있다.

◆ 황견계약 黃犬契約

차별대우를 교환조건으로, 노동조합에 가입하지 않고 쟁의에도 참가하지 않으며, 또는 조합에서 탈퇴한다는 등의 내용으로 노동자와 사용자가 개별적으로 맺는 고용계약을 말한다. 우리나라의 노동조합법은 황견계약을 사용자의 부당노동행위로 간주하고 있으며, '비열계약'이라고도 한다.